Sarah Saf

Interkulturelle Konfliktkompetenz in der Migrationsgesellschaft

Modelle und Methoden für die Praxis

Mit einem Vorwort von Naika Foroutan
und einem Beitrag von Veronika Kourabas

Vandenhoeck & Ruprecht

Für Ihsan

Mit 12 Abbildungen, 3 Tabellen und 38 QR-Codes

Bibliografische Information der Deutschen Nationalbibliothek:
Die Deutsche Nationalbibliothek verzeichnet diese Publikation in der
Deutschen Nationalbibliografie; detaillierte bibliografische Daten sind
im Internet über https://dnb.de abrufbar.

© 2022 Vandenhoeck & Ruprecht, Theaterstraße 13, D-37073 Göttingen,
ein Imprint der Brill-Gruppe
(Koninklijke Brill NV, Leiden, Niederlande; Brill USA Inc., Boston MA, USA;
Brill Asia Pte Ltd, Singapore; Brill Deutschland GmbH, Paderborn, Deutschland;
Brill Österreich GmbH, Wien, Österreich)
Koninklijke Brill NV umfasst die Imprints Brill, Brill Nijhoff, Brill Hotei,
Brill Schöningh, Brill Fink, Brill mentis, Vandenhoeck & Ruprecht, Böhlau,
V&R unipress.

Alle Rechte vorbehalten. Das Werk und seine Teile sind urheberrechtlich
geschützt. Jede Verwertung in anderen als den gesetzlich zugelassenen Fällen
bedarf der vorherigen schriftlichen Einwilligung des Verlages.

Umschlagabbildung und Illustrationen: © Dian Gohring

Satz: SchwabScantechnik, Göttingen
Druck und Bindung: ⊕ Hubert & Co. BuchPartner, Göttingen
Printed in the EU

Vandenhoeck & Ruprecht Verlage | www.vandenhoeck-ruprecht-verlage.com

ISBN 978-3-525-70319-9

Inhalt

1. Vorwort von Prof. Dr.ⁱⁿ Naika Foroutan 9

2. Einleitung 11
   Weshalb ein Buch über interkulturelle Konfliktkompetenz? 13
   Buchaufbau und -handhabung 17

3. Kulturtheorien und hegemoniale Kulturnarrative 19
   3.1 Kulturverständnis nach Bolten 23
       Kulturbegriff »Pflege« 24
       Enger Kulturbegriff: »Hochkultur« 25
       Erweiterter Kulturbegriff: »Lebenswelt« 27
       Geschlossener Kulturbegriff: »Container« 27
       Offener Kulturbegriff: »Offenes Netzwerk« 29
       Holistischer Kulturbegriff, Fuzzy Culture 30
   3.2 Kulturverständnis nach Auernheimer 30
   3.3 Kulturverständnis nach Hofstede 32
   3.4 Kultur als Eisbergmodell 35
   3.5 Einfluss von Kulturtheorien und -narrativen auf Konflikte:
       Kulturranking, Fremdbilder und Stereotype 37
   3.6 Interkulturalität 40
   3.7 Kulturbegriff und Handlungsimpulse für die Praxis 43
       Kulturverständnis aus Trainerinnenperspektive 43
       Handlungsimpulse aus Trainerinnenperspektive 44
   3.8 Zur Vertiefung 45

4. Interkulturelle Kompetenz (iK) in der Migrationsgesellschaft:
   Impulse und Entwicklungsmöglichkeiten 46
   4.1 Historie und Definitionen von interkultureller Kompetenz 48
       Interkulturelle Kompetenz nach Deardorff 51
       Interkulturelle Kompetenz nach Bolten 53
   4.2 Berücksichtigung von Machtasymmetrien in der interkulturellen
       Kompetenz(entwicklung): Das heuristische Modell zur
       Interpretation interkultureller Begegnungen nach Auernheimer 57
   4.3 Interkulturelle Kompetenz von mehrheimisch Verorteten 61
   4.4 Interkulturelle Kompetenz: non-Western approach 62
   4.5 Einfluss interkultureller Kompetenz auf Konflikte 63
   4.6 Interkulturelle Kompetenz und Handlungsimpulse
       für die Praxis 66
       Interkulturelle Kompetenz aus Trainerinnenperspektive 66
       Handlungsimpulse aus Trainerinnenperspektive 67
   4.7 Zur Vertiefung 68

5. »Rassismus (nicht) sprechen« –
   Sprache, Rassismus und widerständige Praktiken 69
   5.1 Sprache als performative und wirklichkeitskonstituierende Praxis 70
   5.2 Historisches Erbe und seine Gegenwart: Rassismus und Sprache 72
   5.3 Rassismus als »Sprache das Hasses« und der Zuneigung 73
   5.4 Sprache als symbolische Machtpraxis rassismuskritisch reflektieren 75
   5.5 Ausblick 77
   5.6 Reflexionsanregungen aus Dozent*innenperspektive 78
   5.7 Zur Vertiefung 79

6. Konflikte: Potenziale, Selbstbilder, Strategien
   und die Frage nach der Interkulturalität 81
   6.1 Konfliktbegriff 82
   6.2 Intrapersonale Konflikte 83
       Identitätskonflikt als intrapersonaler Konflikt 84
       Identitätsentwicklung und hybride Identitäten als Lösungskonzept
       von intrapersonalen Konflikten bei PoC-Mehrheimischen 88
   6.3 Interpersonale (soziale) Konflikte 95
   6.4 (Interkulturelle?) Konflikte in der Migrationsgesellschaft 99
   6.5 Konflikte durch gesellschaftliche Öffnungsprozesse 102

  6.6 Konfliktstrategien 106
    Thomas-Kilmann-Modell 106
    Ein interkultureller Ansatz mit dem Acht-Stile-Konfliktraster 108
  6.7 »Face« als kultureller und individueller Ursprung zwischenmenschlicher Konflikte 113
  6.8 Interkulturelle Konflikte und Handlungsimpulse für die Praxis ... 115
    Konflikte in der Migrationsgesellschaft aus Trainerinnenperspektive 115
    Handlungsimpulse aus Trainerinnenperspektive 116
  6.9 Zur Vertiefung 117

7. Interkulturelle Konfliktkompetenz und praxiserprobte Konfliktlösungsstrategien 118
  7.1 Konfliktanalyse, Reflexion und Fallbearbeitung mit dem Wirkdreieck-Modell 119
  7.2 Konfliktanalyse, Reflexion und Fallbearbeitung mit dem Vier-Perspektiven-Modell 123
  7.3 Konfliktkompetenz, non-Western approach 125
  7.4 (Self-)Empowerment als Methode der Konfliktbehandlung 135
    Empowerment. Historie und Begriffsklärung 137
    Powersharing 142
    Empowersharing 146
  7.5 Self-Empowerment am Beispiel von Postmigrant*innen mit künstlerischer/kreativer Performanz 155
  7.6 Postmigrantische Allianzen 169
  7.7 Interkulturelle Konfliktkompetenz für die Praxis 173
    Interkulturelle Konfliktkompetenz aus Trainerinnenperspektive 173
    Handlungsimpulse aus Trainerinnenperspektive 174
  7.8 Zur Vertiefung 175

8. Statt eines utopischen Fazits: Ein utopisches Manifest 177

Glossar 179

Literatur 200

Downloadmaterial 210

1. Vorwort von Prof. Dr.ⁱⁿ Naika Foroutan

Wir leben in einer Gesellschaft, in der Migration längst schon Realität ist. Ein Viertel der hier lebenden Menschen hat laut statistischem Bundesamt einen Migrationshintergrund.[1] Aber auch unabhängig von Migration wird diese Gesellschaft pluraler. Dennoch erleben wir eine zunehmende Polarisierung in der Gesellschaft, die oft entlang von migrationsbezogenen Fragen verläuft. Wir wissen, dass Migration spezifische Herausforderungen an gesellschaftliche Integration stellt, dass sowohl ökonomische, kulturelle, institutionelle und identifikative Gegebenheiten der Aufnahmegesellschaft verändert werden und dass damit Konflikte einhergehen. Wir wissen aber auch, dass Konflikte zentrale Bestandteile von demokratischen Gesellschaften sind, weil sie zum einen gesellschaftliche Schieflagen sichtbar machen und zum anderen sozialen Wandel überhaupt erst ermöglichen.

Worum aber kreisen Konflikte in postmigrantischen beziehungsweise Migrationsgesellschaften? Zentral ist, dass es gar nicht primär um Migration selbst geht – verstanden als konkrete Ein- und Auswanderung. Die Konflikte drehen sich vor allem um die Aushandlung von Anerkennung, Chancengleichheit und Teilhabe für alle marginalisierte Gruppen innerhalb demokratischer Gesellschaften: Es geht um nichts weniger als um das im Grundgesetz verankerte Versprechen der Gleichheit und dem gleichzeitigen, permanenten Gewahr werden, an diesem Versprechen zu scheitern. Um die Probleme zu erkennen, die derzeit Gesellschaften polarisieren, müssen wir also *hinter* die Migrationsfrage schauen, demnach postmigrantisch denken. Dazu ist es erforderlich, den Fokus weg von »kulturellen Differenzen« – die fraglos auch zu Missverständnisse führen können, aber von viel wirksameren Einflussfaktoren auf Konflikte und deren Entstehungshintergründen ablenken – auf gesellschaftspolitische Kernkonflikte um Anerkennung, Chancengerechtigkeit und Teilhabe zu lenken, die als umkämpfte politische Güter auch von Migrant*innen und ihren Nachkommen beansprucht werden.

Über Migration, Muslim*innen und Islam werden Fragen von Rassismus, Antisemitismus, Geschlechtergerechtigkeit, Homophobie, sozialem Aufstieg

---

1 Die Hervorhebungen einzelner Begriffe als Verweis auf weiterführende Erklärungen im Glossar wurden von der Autorin gesetzt.

und sozialer Ungleichheit gleichzeitig thematisiert – oder aber auch unsichtbar gemacht und de-thematisiert. Migration ist also oft der scheinbare Auslöser gesellschaftspolitischer Debatten um Normen und Werte, dient aber andererseits auch dazu, die Aushandlung zentraler Wertedefizite in der Gesellschaft zu überdecken: Wenn zum Beispiel Antisemitismus vorrangig als ein Kernproblem der nach Deutschland geflüchteten Muslim*innen diskutiert wird, so verdeckt die überbordende Kopplung dieser Normverletzung an die Migrationsfrage die Sachlage, dass Antisemitismus nicht erst durch Migration nach Deutschland gekommen ist und dass es in allen Berichtsjahren der Kriminalstatistik vor allem Personen waren, die dem rechten Spektrum zugeordnet werden, die antisemitische Delikte verübten. Das Gleiche gilt für die Debatten um Geschlechtergerechtigkeit oder soziale Abstiegsängste durch erhöhte Migration. Diese gesellschaftlichen Konfliktfelder sind und bleiben auch ohne Migration virulent – aber Migration nimmt zunehmend die Rolle eines Katalysators ein. Die Migrationsdebatten verdecken und transzendieren also gleichzeitig Grenzen gesellschaftlicher Konflikte. Es wäre daher notwendig, eine postmigrantische Perspektive einzunehmen, um die zugrundeliegenden Konflikte auf ihren Migrationsbezug hin zu überprüfen oder sie in ihrer allgemeinen Ausprägung beschreiben zu können.

Postmigrantische Gesellschaften sind also geprägt von Konflikten zwischen jenen, die unter Demokratie gleiche Rechte für alle Bürger*innen verstehen, und jenen, die Vorrechte nur für die jeweils eigene Gruppe beanspruchen.

Die Frage, die wir uns zukünftig stellen müssen und wofür dieses Buch eine hervorragende Diskussionsgrundlage bietet, ist: Wie kann es gelingen, den Blick auf aktuelle Narrative, auf Machtasymmetrien und Diskriminierungspraxen zu lenken, wenn wir von Konflikten in der postmigrantischen Gesellschaft sprechen und den Fokus auf »kulturelle Differenzen« – vor allem erklärt über den Faktor Migration – reduzieren, ohne ihn vollständig zu negieren? Welche Narrative benötigen wir stattdessen, um dieser pluralen Gesellschaft ein Analyserepertoire für ihr Selbstbild zu geben, das sinnstiftend und strukturierend auf kollektive Identitätsbildungsprozesse, Zugehörigkeiten, Politik und zivilgesellschaftliches Handeln und Deuten Einfluss nimmt? Eine Auseinandersetzung mit hegemonialen Narrativen und strukturellen Machtasymmetrien, die (Weiter-)Entwicklung von Konfliktkompetenzen und Ambiguitätstoleranz, Reflexion eigener Denkmuster, Privilegien und Positionierungen sind Elemente, die zu einer Antwort beitragen. Weitreichende und multiperspektivische Impulse dafür bildet dieses Buch ab, zudem diverse praxisorientierte Modelle zur Konfliktanalyse und Anregungen zur Perspektivweiterung auf gesellschaftliche und individuell erlebte Konflikte.

2. Einleitung

Wer in den Sechziger- und Siebzigerjahren im Bundestag den Begriff »Einwanderungsland« verwendete, meinte damit andere Staaten als Deutschland oder erklärte, warum die Bundesrepublik auf keinen Fall eines sein könne. An dieser Haltung hielten Politiker*innen aller Parteien lange fest. CSU-Generalsekretär Alexander Dobrindt und Hessens Ministerpräsident Volker Bouffier äußerten noch 2010, Deutschland sei kein Einwanderungs- beziehungsweise Zuwanderungsland[2] – auch wenn es in Deutschland Einwanderung gebe und zu diesem Zeitpunkt schon 19,3 % der Bevölkerung mit einem sogenannten »Migrationshintergrund« waren (Statistisches Bundesamt 2019).

Im Jahr 2015 formulierte die damalige Bundeskanzlerin Angela Merkel öffentlich: »Wir sind im Grunde schon ein Einwanderungsland.«[3] Nach der letzten veröffentlichten Statistik aus dem Jahr 2019 sind über 21 Millionen Menschen bzw. 26 % der Bevölkerung unter dem sogenannten »Migrationshintergrund« erfasst (Statistisches Bundesamt 2020a). Migrationsphänomene verändern und prägen eine Gesellschaft nachhaltig. Wir verwenden dementsprechend die Termini »Migrationsgesellschaft« und »postmigrantische Gesellschaft«.

Migrationsgesellschaft
Den Begriff »Migrationsgesellschaft« prägte der Bildungswissenschaftler Paul Mecheril. »Migrationsgesellschaft« unterscheidet sich vom »Einwanderungsland« insofern, als dass es sich bei Migration um einen analytischen Terminus handelt, der nicht nur Wanderungsbewegungen von einer Station zu einer anderen beschreibt. Er bezieht sich vielmehr auf die gesellschaftlichen Veränderungs-

---

2 https://www.merkur.de/politik/csu-deutschland-kein-einwanderungsland-960642.html (Zugriff am 12.04.2021). https://www.abendblatt.de/politik/article107889571/Deutschland-ist-kein-Zuwanderungsland.html (Zugriff am 14.04.2021).
3 https://www.faz.net/aktuell/politik/ausland/europa/angela-merkel-sieht-deutschland-als-einwanderungsland-13623846.html (Zugriff am 14.04.2021).

prozesse, die mit Wanderungsbewegungen einhergehen und von ihnen ausgelöst werden (Foroutan/İkiz 2016).

Der Begriff »Einwanderungsgesellschaft« wurde in der Vergangenheit als politischer Gegenbegriff »von unten« eingeführt, entgegen der starren Position der offiziellen Politik, dass Deutschland kein Einwanderungsland sei (Mecheril 2010b). Zugleich impliziert »Einwanderung«, dass »Phänomene der Migration auf den Migrationstyp der Immigration beschränkt seien« (Mecheril 2010b, S. 11). Weitere Migrationstypen, wie die Trans- und Pendelmigration, bleiben dabei unberührt (Mecheril 2010b).

Die Bezeichnung »Zuwanderung« eignet sich auch nicht zur Beschreibung der gegenwärtigen Gesellschaft, da auch hiermit Migrationsphänomene unzureichend thematisiert werden und das Präfix »zu« suggeriert, »dass es sich bei Migrationsphänomenen um Phänomene handle, die zusätzlich und additiv zu dem bereits Bestehenden hinzukämen« (Mecheril 2010b, S. 11). Zu Migrationsphänomenen zählen:

- »Phänomene der Ein- und Auswanderung sowie der Pendelmigration
- Formen regulärer und irregulärer Migration
- Vermischung von Sprachen und kulturellen Praktiken als Folge von Wanderungen
- Entstehung von Zwischenwelten und hybriden Identitäten
- Phänomene der Zurechnung auf Fremdheit
- Strukturen und Prozesse alltäglichen Rassismus
- Konstruktionen des und der Fremden
- Erschaffung neuer Formen von Ethnizität
- migrationsgesellschaftliche Selbstthematisierungen: Diskurse über Migration oder ›die Fremden‹« (Mecheril 2010b, S. 11)

Postmigrantische Gesellschaft
Der Terminus »postmigrantisch« entstammt der Kunst- und Kulturszene und wurde 2008 von der Theaterintendantin Shermin Langhoff etabliert (Foroutan 2018). Diese Begriffssetzung wirkte weit über die Kunst- und Kulturszene hinaus in die Sozial-, Geschichts-, Literatur- und Sprachwissenschaften, in die Politik und in den öffentlichen Raum (Foroutan/Karakayalı/Spielhaus 2018) und »verweist auf die stetige Hybridisierung und Pluralisierung von Gesellschaften« (Foroutan 2018, S. 269). Die Sozialwissenschaftlerin Naika Foroutan (2016) schlägt vor, Gesellschaften ab dem Zeitpunkt als postmigrantisch zu beschreiben, in dem sie die Migrationsrealität politisch anerkennen. »Als Modell dient hier die sogenannte Süssmuth-Kommission, die 2001 feststellte, dass Deutschland ein Einwanderungsland ist« (Espahangizi 2018, S. 36).

Das Präfix »post« ist nicht bedeutungsgleich mit »danach« oder »abgeschlossen« und beabsichtigt keine Distanzierung von Migration, sondern eine Distanzierung von der Analyse von Migration als defizitär gedachtes Geschehen, als Bedrohung und Ausnahmezustand. Das »post« zielt auf Irritation ab, auf das Brechen mit hegemonialen Diskursen und Sprechen über das Phänomen Migration, das kein Ausnahmezustand ist, sondern der »Normalfall« (Foroutan/Karakayalı/Spielhaus 2018). Die postmigrantische Perspektive ist auch eine politische, die ironische Praktiken und Provokationen miteinschließt und als widerständige und gegenhegemoniale Praxis zu verstehen ist (Yıldız 2018).

Weshalb ein Buch über interkulturelle Konfliktkompetenz?

Dieses Buch ist als ein Praxisbuch zu verstehen, das Theorien, Methoden und Modelle mit den praktischen Erfahrungen der Autorinnen verknüpft, die als Dozentinnen und Trainerinnen in der Bildungsarbeit mit »interkulturellen Schwerpunkten« beziehungsweise in der rassimuskritischen Bildungsarbeit tätig sind. Es enthält viele (Fall-)Beispiele, die vorwiegend aus der Seminarpraxis und aus Interviews, die im Rahmen der Buchentstehung mit ⌕ PoC's durchgeführt wurden, eingeflossen sind und die theoretischen Anteile anschaulich in die Praxis transferieren. Abgebildete Methoden und Strategien der Konfliktbehandlung und -analyse berücksichtigen die individuelle, situative sowie gesellschaftliche Ebene und beziehen Beispiele mit ein. Ergänzend zu den vorliegenden Texten sind an mehreren Stellen themenbasierte Videoclips qua QR-Code eingefügt, die oftmals einen satirischen und ironischen Bezug auf die jeweiligen Kapitelthemen nehmen und/oder die Ausführungen vertiefend ergänzen.

Wenn Konflikte betrachtet werden, denen eine kulturelle Dimension beigemessen wird, dann sollte dies nicht ohne den Einbezug von gesellschaftlichen Strukturen und unterschiedlichen Zugängen zu Macht und Teilhabe vollzogen werden. Durch die obsessive Fokussierung auf Kultur, auf (vermeintliche) kulturelle Differenzen und daraus abgeleitete (und vorgeschobene) Inkompatibilitäten werden Machtunterschiede zwischen ethnisch-kulturellen Gruppen vernachlässigt (Mecheril 2004). Aus ⌕ divergenten kulturellen Prägungen und Orientierungssystemen (Auernheimer 2013) können zwar Irritationen und Missverständnisse hervorgehen, jedoch führen diese vor allem dann erfahrungsgemäß zu Konflikten – bezogen auf die hiesige Migrationsgesellschaft –, wenn sie mit negativen Fremdbildern und Bewertungen (meist eng verzahnt mit ungleichen Teilhabechancen) einhergehen.

Um dies zu überprüfen, laden wir Sie zu einer hypothetischen Antwort auf die folgende Frage ein: Was sorgt in Deutschland vermutlich gesamtgesellschaftlich für mehr Aufsehen: Überraschende Begrüßungsküsschen auf die Wangen von bis dato unbekannten französisch-⬚ autochthonen Migrant*innen aus der Mittelschicht oder eine ausbleibende Resonanz auf ein Händeschütteln zur Begrüßung durch kürzlich immigrierte Menschen aus Krisengebieten, die muslimisch geprägt sind (beides vor Ausbruch der Coronapandemie)?

Neben gegenwärtigen Narrativen schafft auch Sprache Wirklichkeit, ob in geschriebener oder verbalisierter Form: Sprache prägt unser Denken. Die Bedeutung von Begriffen, denen durch Sprache überhaupt erst Ausdruck verliehen wird, unterliegt oftmals einem Wandel. Begriffe und Bedeutungen können im Laufe der Zeit neu besetzt oder verworfen werden (man denke hier z. B. an »Ausländerpädagogik«).[4] Auch können Bezeichnungen wie beispielsweise »Person mit Migrationshintergrund« von den Gelabelten als ⬚ stigmatisierend empfunden – und auf humorvolle, ironische oder sarkastische Weise umgedeutet – werden. Der Umgang mit unliebsamen Fremdlabeln und die kreativen Entwicklungen von Alternativen durch diverse ⬚ Migrantisierte fließen mit in dieses Werk ein und laden zur eigenen Auseinandersetzung mit Begriffen, Zuschreibungen, Diskursen und (Gegen-)Narrativen ein.

Unzureichend berücksichtigt und stark tabuisiert, jedoch mit großem Konfliktpotenzial behaftet, sind der strukturell verankerte Rassismus in unserer Gesellschaft und ein damit einhergehender rassistischer Sprachgebrauch.[5] Dieser wichtigen Konfliktfacette widmet sich das 5. Kapitel der Migrations- und Rassismusforscherin Veronika Kourabas.

In einer Migrationsgesellschaft gehört zum Themenkomplex Sprache auch die Berücksichtigung von Sprachenvielfalt und dem Gewahrsein, dass den »Nicht-Prestigesprachen« wenig Anerkennung zukommt und sie, verglichen mit den sogenannten »Kolonialsprachen«, kaum als beachtenswerte Ressourcen wahr-

---

4   »Als Ausländerpädagogik wurden in den 1970er Jahren pädagogische Fördermaßnahmen bezeichnet, die besonders darauf abzielten, angenommene sprachliche Defizite der Kinder von Migrant*innen im Schulunterricht auszugleichen. Die Ausländerpädagogik wurde als Reaktion darauf entwickelt, dass die Arbeitsmigrant*innen, die in den 1950er und 1960er Jahren nach Deutschland gekommen waren, nicht alle wie zuvor angenommen in ihre Herkunftsregionen zurückkehrten, sondern in den 1970er Jahren häufig ihre Kinder nachholten. Es wurde zudem muttersprachlicher Unterricht angeboten, um eine spätere Rückkehr der Kinder zu erleichtern. Die Ausländerpädagogik wurde für ihre Orientierung an vermeintlichen Defiziten sowie dafür kritisiert, dass sie sich ausschließlich an Ausländer*innen richtete und diese klar von deutschen Kindern unterschied. Aus dieser Kritik entwickelte sich in den 1980er Jahren die Interkulturelle Pädagogik, die das gesamtgesellschaftliche Zusammenleben betrachtete.« (Virtuelles Migrationsmuseum o. J.)
5   Die WDR-Talkshow »Die letzte Instanz« und die prompte Reaktion der PoC-Talkrunde »Die beste Instanz« sind hier als eines der jüngsten Beispiele zu nennen: https://youtu.be/r45_9wvbDoA (Zugriff am 05.11.2021). https://youtu.be/vazgNVL_3jA (Zugriff am 05.11.2021, s. auch Kapitel 5 u. 6).

genommen werden – obwohl die größten Einwanderer*innengruppen den sogenannten »Nicht-Prestigesprachen« zuzuordnen sind, nämlich Türkisch, Polnisch und Russisch (Bundeszentrale für politische Bildung 2020).

»Es lässt tief blicken, wenn ich beobachte, welchen Wert wir welchen Sprachen beimessen. Wie wir mit Prestigesprachen umgehen, die sich jenseits unseres sprachlichen Horizontes befinden. Welche Sprachen auf den Schulhöfen erwünscht, welche verpönt sind.« (Gümüşay 2021, S. 23)

Die Wertschätzung der Muttersprachen von Einwanderer*innen und ihren Nachkommen, das Bemühen um das korrekte Aussprechen ihrer Namen – und für Eifrige das Erlernen einiger Wörter (oder mehr) der Einwanderer*innensprachen – können als Vorschläge für Integrationsmaßnahmen für Angehörige der Dominanzgesellschaft verstanden werden, um die Realität der Migrationsgesellschaft zu würdigen.

Auch der Kabarettist Fatih Çevikkollu (2010, S. 42) reflektiert den Umgang mit Prestige- und Nicht-Prestigesprachen:

»Da flötet die Mutter auf der Familienfeier: ›Unsere Katharina-Johanna geht jetzt in einen zweisprachigen Kindergarten, mit Französisch! Das ist solch eine kulturelle Bereicherung für die ganze Familie. Komm her, chérie, sag der Tante bonjour!‹ Ist das nicht süß? Jetzt stellen Sie sich das Ganze mal mit einer anderen Sprache vor: ›Olaf-Nils, sei ein lieber Junge und sag deiner Oma diese wunderschöne Sure in Arabisch auf, die du im Islamkundeunterricht gelernt hast!‹«

Einige Wörter fließen aus der hiesigen größten migrantischen Sprachencommunity mit ins Buch ein: Wörter aus der türkischen Sprache. Sie sind bei der erstmaligen Verwendung markiert und im Glossar erklärt. Wahrscheinlich sind Ihnen die hervorgehobenen Wörter mit den erhellenden Glühbirnen bereits aufgefallen. Ebenfalls im Glossar erläutert sind Begriffe aus dem Englischen, die nicht als Lehnwörter gelten, daneben Fach- und Fremdwörter sowie Begriffe, bei denen wir davon ausgehen, dass sie nicht per se vollständig selbsterklärend sind.

Für das Ansprechen und Sichtbarmachen aller Geschlechter verwenden wir das Gendersternchen. Wo dies zu unleserlich wirkt, greifen wir auf das generische Femininum zurück.[6] Daneben bemühen wir uns um eine diskriminierungs-

---

6 Der Soziologe Aladin El-Mafaalani schreibt zum Gendern: »Ich finde das Gender*sternchen total shit. Das Doppel:pünktchen ist etwas weniger schlimm. Der Unter_strich ist völlig daneben. Neutrale Bezeichnungen sind maximal unsexy. Das generische Maskulinum ist die

sensible Sprache und benennen Herkunft und Nationalität nur dann, wenn sie für den Kontext eine Rolle spielen oder didaktisch hilfreich sind, um Reflexionen zu ermöglichen.

Wir stehen in unserer Arbeit immer vor der Aufgabe, für Ungleichheitsverhältnisse zu sensibilisieren, ohne dabei zu moralisieren und ein Opfer-Täter*in-Narrativ im Sinne von »privilegierte Mehrheitsgesellschaft« ohne Migrationsbiografie auf der einen und »unterprivilegierte Minderheitenangehörige« mit Migrationsgeschichte auf der anderen Seite zu setzen.

»Die Zuweisung des Status der Verletzbarkeit auf Marginalisierungserfahrene kann auch eine Machtgeste sein. Jene, die sich als privilegierter erleben, definieren den Opferstatus der Anderen, sprechen ihnen dabei Handlungs- und Widerstandsmöglichkeiten ab und stellen sich so über sie. Auch für jene, die strukturell eher privilegiert sind kann die Auseinandersetzung mit ungleichen Machtverhältnissen destabilisierend, verunsichernd und verletzend wirken.« (Goel 2020, S. 153)

Eine Migrationsbiografie ist nicht gleichbedeutend mit Armut an Teilhabe, Macht und Einfluss. Berücksichtigt werden müssen in den Auseinandersetzungen mit ungleichen Teilhabechancen weitere Aspekte, allen voran Gender und Klassenzugehörigkeit.

Beim Aufzeigen von Ungleichheitsverhältnissen und dem daraus entstehenden Konfliktpotenzial kann es zu Gefühlen der Betroffenheit kommen – aus einer machtvolleren wie auch aus einer machtärmeren Position heraus. Gerade in Bezug auf Privilegiertere geht es nicht um Schuldzuweisungen, sondern um die Übernahme von Verantwortung für das eigene Handeln, für die Positionierung und (zugewiesene) Rolle in der Gesellschaft in »Bezug auf intersektional wirkende Ungleichheitsstrukturen« (Fereidooni 2019, S. 8) und um einen konstruktiven und verantwortungsvollen Umgang damit.

Unser Anliegen ist es, auf Konfliktursachen in einer postmigrantischen Gesellschaft aufmerksam zu machen und Behandlungsmöglichkeiten unter Berücksichtigung einer (Weiter-)Entwicklung interkultureller Konfliktkompetenzen aufzuzeigen – jenseits einer Schwarz-weiß-Dichotomie, auch wenn dies nicht immer einfach umzusetzen gewesen ist.

---

beschissenste Variante ... So, und was jetze?!« (https://www.instagram.com/p/CRj_Tt5sJXU/, Zugriff am 22.07.2021).

Verfasst wurde dieses Buch aus überwiegend postmigrantischen Perspektiven und unter der Mitarbeit und mithilfe von Impulsen befreundeter Kolleg*innen und Freundinnen, die sowohl mit ihrer Fachexpertise als Trainer*innen und Dozent*innen im Bildungsbereich wie auch mit ihren persönlichen Erfahrungen als PoC's den Schreibprozess bereichert und unterstützt haben. Um dem Ausdruck zu verleihen, ist ein Großteil der Formulierungen in der »Wir-« und nicht in der »Ich-Form« gesetzt. Für ihre wertvollen Beiträge, ihre Unterstützung und den inspirierenden Austausch möchte ich insbesondere den Diversity-Trainer*innen Lina Siri und Christian Mappala von third culture, den Mediatorinnen und GfK-Trainerinnen Jennifer Scholl und Dominique Pannke und der Trainerin und Coachin Szilvia Keilani danken. Meiner Freundin Dr.in Julia Foerster bin ich für ihre wertvollen Impulse, ihr großes Interesse am Thema als »Fachfremde« und für ihr Korrekturlesen außerordentlich dankbar. Ein großes Dankeschön gilt auch den anonymisierten Personen, mit denen ich Interviews zur Darstellung ihrer PoC-Erfahrungen und Perspektiven führen durfte.

Bei Prof. Dr.in Naika Foroutan bedanke ich mich herzlichst für das eindrucksvolle Vorwort und bei Katarina Stjepandić für die Koordinierung der Zusammenarbeit. Dr.in Veronika Kourabas danke ich sehr für ihren wertvollen Buchbeitrag zu Rassismus und Sprache und für die angenehme Zusammenarbeit; Prof. Dr. Jürgen Henze für die Literaturtipps und Anregungen zu den »non-Western approaches«. Mein herzlicher Dank gilt auch Dian Gohring für die Illustrationen und erneut ihr, Tunay Önder und Frank Joung für ihre Bereitschaft, die Leser*innen an ihren Empowermentstrategien durch ihr kreatives Schaffen als Illustratorin, als Kulturarbeiterin und als Podcaster teilhaben zu lassen.

Buchaufbau und -handhabung

Die Kapitel dieses Buches bauen im weitesten Sinne aufeinander auf, können jedoch auch unabhängig voneinander gelesen werden, da sie – wo für das Verständnis relevant – Querverweise zu anderen Kapiteln enthalten. Das Buch gliedert sich in acht Kapitel, die vorwiegend und mit partiellen Ausnahmen im 5. Kapitel einer einheitlichen Gliederung folgen:
1. Einleitung in das Thema des Kapitels
2. Erläuterung verschiedener Definitionen/Theorien/Modelle/Methoden
3. Einfluss auf Konflikte
4. Trainerinnenperspektive und praxisorientierte Handlungsimpulse
5. Zur Vertiefung

In unserer Seminararbeit erleben wir regelmäßig, dass sich viele Teilnehmende eine klare Orientierung und Praxistipps für »richtiges Handeln« und für das Vermeiden von »falschen Handlungen« in interkulturellen Begegnungssituationen wünschen. Die Dichotomie von richtig und falsch erschwert es jedoch, unvoreingenommen Lernerfahrungen zu sammeln und anzuerkennen, dass »Fehlerfreiheit« in zwischenmenschlichen Interaktionen kaum möglich ist, sofern sich überhaupt von »Fehlern« sprechen lässt. Der Wunsch nach einer klaren Richtung, vor allem, wenn Missverständnisse gravierende Konsequenzen nach sich ziehen können, ist durchaus verständlich und legitim. Auch wenn unserer Ansicht nach in einem recht überschaubaren Buch Perspektiven und Fachwissen nur als fragmentarische Ausschnitte eines komplexen Themas formuliert werden können, gehen wir durch die ausgearbeiteten »Handlungsimpulse aus Trainerinnenperspektive« beziehungsweise »Reflexionsanregungen aus Dozent*innenperspektive« ein Stück weit auf den häufig geäußerten Wunsch nach Orientierung ein. Die Impulse sind als Denkanstöße für eigene Lösungsmöglichkeiten und nicht als konkrete Handlungsmaximen oder -anweisungen zu verstehen.

Im Glossar sind die Fremdwörter und Fachbegriffe eines jeden Kapitels aufgeführt, welche bei der erstmaligen Verwendung mit einem Icon unterlegt sind. Für einige Wörter existieren mehrere Übersetzungsmöglichkeiten. Wir bilden ausschließlich jene ab, die im Buchkontext an den markierten Stellen relevant sind. Wenn (Literatur-)Anregungen zur Vertiefung eingepflegt sind, sind diese Stellen ebenfalls durch ein Icon kenntlich gemacht. Im Downloadmaterial zu diesem Buch finden Sie einige Arbeitsblätter, auf die an thematisch passenden Stellen im Buch verwiesen wird. Die Zugangsdaten zum Downloadmaterial sind auf der letzten Seite dieses Buches angegeben.

Alle aufgeführten (Fall-)Beispiele sind anonymisiert, so auch die Interviews, die ergänzend dazu geführt wurden, um VerAnderungserfahrungen und daraus erfolgte Bewältigungsstrategien von PoC's abzubilden.

Nun wünschen wir Ihnen viel Freude beim Lesen!

3. Kulturtheorien und hegemoniale Kulturnarrative

»Kültür« ist ein häufig, mit unterschiedlichen Intentionen und vielseitigem Einsatz gebrauchter Begriff. Es existiert eine unüberschaubare Anzahl an Kulturdefinitionen. Auf der Suche nach einem verbindlichen Kulturbegriff fanden der Anthropologe Alfred L. Kroeber und Ethnologe/Soziologe Clyde Kluckhohn schon 1952 über 150 verschiedene Definitionen. Etymologisch leitet sich Kultur aus dem Lateinischen »colere« ab: bebauen, veredeln, schmücken, ausbilden. Im Verlauf der Zeit hat sich ein engeres Kulturverständnis entwickelt, das sich auf das »Edle«, »Wahre« und »Gute« bezieht, und eine weiter gefasste Definition, in der Kultur als soziale Kategorie die soziale Lebenswelt beschreibt, in der sich Menschen als Gruppen, Gemeinschaften, Organisationen oder Unternehmen bewegen (Thomas 2011).

In öffentlichen Diskursen wird der Kulturbegriff von Politik und Gesellschaft vor allem auf Differenzierung gegenüber dem anderen und Fremden bezogen. Kültür labelt demnach Andersartigkeiten, welche in der politischen Rhetorik als natürliche Entitäten dargestellt werden. Es werden Zuschreibungen wie Muslim-Culture, christliche Kultur, deutsche, italienische oder irakische Kultur gemacht, als seien diese biologisch festgelegt – ebenso wie die Beurteilung »Kulturlosigkeit« (Kohl 2013).

In Migrationsdebatten hat sich der Kulturbegriff zum Teil dramatisch zum politisch-ideologischen Kampfbegriff entwickelt und geht häufig mit einer völkischen Aufladung und Nationalisierung einher (Hormel/Jording 2016). Das spiegelt sich unter anderem in den seit Beginn der 2000er Jahre geführten Diskussionen über eine europäische und deutsche Leitkültür wider. In diesen Diskursen verweist der Kulturbegriff auf einen engen Zusammenhang zwischen der Idee geschlossener Kulturen und der Vorstellung eines kulturell homogenen Nationalstaates. Migration wird hier wiederkehrend als »Einwanderung fremder Kulturen« charakterisiert, die die kulturelle Identität der »deutschen Nation« infrage stellt (Hormel/Jording 2016) – besonders populär geworden in dem 2010 erschienenen Buch »Deutschland schafft sich ab« von dem Politiker und Autor Thilo Sarrazin.

In einer Migrationsgesellschaft mündet ein geschlossenes Kulturverständnis unvermeidlich in eine binäre Einteilung von einem »Wir« und einem »die anderen«. Aus Sicht der Mehrheitsbevölkerung besteht das »Wir« aus Angehörigen der Dominanzkultur und ist im »Normbereich« verankert. Dem gegenüber stehen »die anderen«, die folglich als Angehörige von Minderheiten beziehungsweise »Kulturandere« wahrgenommen und somit außerhalb der Norm verortet werden[7] – oder die sich folglich selbst »außerhalb« verankern und die Mehrheitsbevölkerung als »Kulturandere« konstatieren. Die Einteilung in binäre Kategorien kann aufgrund äußerer Merkmale, der Sprache und der Religionszugehörigkeit vollzogen werden. Auf gesellschaftlicher Ebene wurde dies besonders in der Debatte um die Zugehörigkeit des Islams zu Deutschland deutlich.[8] An die Vorstellung von geschlossenen Kulturen knüpft häufig die Frage an, welche Kulturen »miteinander harmonieren« und »gut integrierbar« sind – und welche nicht. Eine »gelungene Integration«/»Kompatibilität« kann bei »Enttäuschung« auch wieder abgesprochen werden, was beispielsweise 2018 in der hitzigen Debatte um den Fußballspieler Mesut Özil verfolgt werden konnte, der gemeinsam mit dem türkischen Präsidenten Recep Tayyıp Erdoğan für ein Foto posierte.

Die Annahme von Nationen als geschlossene und homogene Kulturen und das damit häufig verknüpfte Bedürfnis nach Eindeutigkeit kann vor allem auf das Identitäts- und Zugehörigkeitsgefühl von mehrheimisch Verorteten verheerende Folgen haben, zu inneren und äußeren Spannungen sowie diversen Konfliktformen (s. Kapitel 6) führen und wirkt sich letztendlich auf das gesamte gesellschaftliche Zusammenleben aus:

> »Wahrgenommene Benachteiligungserfahrungen könnten [...] eine entscheidende Größe in der Erklärung von Disparitäten auf verschiedenen soziokulturellen und psychologischen Dimensionen sein, die für die gesellschaftliche Teilhabe der Betroffenen, aber auch für einen Vergesellschaftungsprozess in Migrationsgesellschaften zentral sind.« (Foroutan/İkiz 2016, S. 142)

---

7   Das betrifft in der Regel nicht weiße Menschen aus christlich geprägten Staaten mit ähnlichem Bruttosozialprodukt: »die Summe aller Güter und Dienstleistungen in der jeweiligen Landeswährung (z. B. € oder US-$), die in einer Volkswirtschaft innerhalb eines Jahres hergestellt bzw. bereitgestellt werden« (Bundeszentrale für politische Bildung o. J.).

8   Bundesinnenminister Horst Seehofer bestritt dies 2018, während Bundeskanzlerin Angela Merkel die Zugehörigkeit des Islams und von Muslim*innen zu Deutschland anerkannte (Reuters 2018).

K., 29 Jahre alt, berichtet:
Meine Eltern sind aus Südostasien in eine Kleinstadt in Deutschland eingewandert. Meine Geschwister und ich sind hier geboren und aufgewachsen. Schon in der Grundschule bin ich durch Mitschüler*innen aufgrund meiner kulturellen Herkunft und meines Aussehens rassistisch beleidigt und beschimpft worden. Ich konnte es damals natürlich nicht so benennen, habe aber gespürt, hier passiert gerade etwas ganz Schlimmes, ich fühlte mich dabei hilf- und schutzlos. Meine Freundinnen konnten mir auch nicht helfen in diesen Situationen ... Sie haben versucht, zu beschwichtigen und die Situation als nicht so dramatisch darzustellen. Wahrscheinlich waren auch sie überfordert.

Ich hatte schon früh das Gefühl (vermittelt bekommen), dass ich anders bin als die anderen und deshalb nicht hierhergehöre. Als Schülerin hatte ich starke Probleme mit meinem Selbstwertgefühl und den Eindruck, ich bin eben schlechter als die anderen und wertlos. Ich wurde auch nie als vollwertig anerkannt, weil ich nicht so war wie andere. Mir fehlte permanent Anerkennung von außen. Schlimm war auch, dass ich mich weder in der Schule beziehungsweise im außerfamiliären Umfeld verorten konnte noch in der eigenen Familie. Auch da war man irgendwie anders und nicht vollwertig der Kultur entsprechend. Es fand dort sozusagen eine »umgekehrte VerAnderung« statt, da ich meine Muttersprache nicht fließend spreche ... Auch kam häufig der Vorwurf: »Du verhältst dich nicht wie wir.« Ab dem Abi und vor allem im Studium wurde es dann besser. Im Studium hatte ich den Eindruck, ich werde wertgeschätzt und meine kulturelle Herkunft wird als Ressource anerkannt. Insgesamt habe ich mir im Laufe der Zeit ein dickeres Fell zugelegt und beziehe die Ursachen von VerAnderung nicht mehr auf mich, sondern sehe es als ein strukturelles, gesellschaftliches Problem. Trotzdem werde ich auch heute in manchen Situationen noch wütend, auch wenn ich mir das nach außen hin nicht anmerken lasse. Zum Beispiel trauen mir weiße Menschen oft nicht zu, dass ich hier geboren bin. Sie wundern sich, dass ich so gut Deutsch spreche, und fragen, wann ich geflohen bin und seit wann ich in Deutschland lebe. Es passt für sie nicht in ihr Weltbild, dass ich seit meiner Geburt hier lebe. Viele reagieren überrascht, wenn ich erzähle, dass ich studiere beziehungsweise promoviere – als PoC.[9]

---

[9] Dieser Ausschnitt ist aus einem anonymisierten Interview entnommen und nicht wortwörtlich, sondern in Absprache mit der Interviewten sinngemäß wiedergegeben.

Spitzzüngig lässt sich die Frage formulieren, ob ein geschlossenes Kulturverständnis zu einer »autochthonen Parallelgesellschaft« führt, die den Eintritt in ihre geschlossene Gesellschaft nur den als »ihresgleichen« gelesenen insanlar gewährt.

Bei vielen Menschen mit internationaler Geschichte löst der Kulturbegriff mittlerweile Unbehagen aus, während er für diverse Gruppierungen und Parteien zum Kampfbegriff avanciert ist. Rassistische Ressentiments werden inzwischen mit »Kultur« statt mit »Rasse« gerechtfertigt[10] – was diesem Unbehagen ein noch stärkeres Fundament verleiht.

> »Neuere Formen des Rassismus argumentieren ›kulturalistisch‹, indem sie unterschiedliche Traditionen als inkompatibel ansehen [...]. Die ›Anderen‹ werden entlang dem Kriterium ›kulturelle Identität‹ – erkennbar ebenso an Haar- und Hautfarbe wie an Sprache, Kleidung und Auftreten – in Kategorien eingeteilt und in Differenz zur ›deutschen Kultur‹ gesetzt. Der Begriff Kultur ersetzt dabei den Begriff ›Rasse‹.« (Kalpaka/Mecheril 2010, S. 87)

Folglich wird Rassismus auf den ersten Blick unkenntlich gemacht und der Kulturbegriff instrumentalisiert. Dabei verdeckt er viel wirksamere Differenzen, die wir »migrationsspezifische Erfahrungen« und »Migrationsspezifika« nennen: Machtasymmetrien, soziale Ungleichheiten, Fremdbilder und Diskriminierungspraxen. Ein vollständiges Erfassen und Verstehen von Konfliktursachen und -verläufen zwischen Angehörigen der Mehrheitsgesellschaft und von Minderheiten ist ohne Berücksichtigung dieser Aspekte kaum möglich, denn interkulturelle Beziehungen (hier im Sinne von Beziehungen zwischen Angehörigen der Dominanzkultur und Angehörigen von weniger etablierten Minderheiten)

> »sind in der Regel keine Beziehungen auf Augenhöhe. So geht es in den daraus wachsenden Konflikten nicht einfach um das Verhältnis zwischen ›kulturell Verschiedenen‹, sondern zwischen Dominanten und Dominierten, Mehrheiten und Minderheiten, Etablierten und Außenseitern.« (Fechler 2013, S. 174)

Infolge all dieser komplexen Debatten und Konfliktlinien unterliegt die Verwendung des Kulturbegriffs einem Spannungsfeld. Jedoch kommen wir kaum darum herum, ihn in diversen Situationen zu nutzen und folglich ein teilweise negativ behaftetes Label zu verwenden.

---

10 Benannt als »Kultur-/Neorassismus«, siehe Glossar unter »Rassismus«.

Der Kultur- und Kommunikationswissenschaftler Jürgen Bolten (2012) verweist darauf, dass es keine richtigen oder falschen Kulturbegriffe gibt, dennoch mehr oder minder angemessene. Es sei gerade in interkulturellen Zusammenhängen obligatorisch, zu verdeutlichen, wie man diesen Begriff verwendet beziehungsweise was man mit ihm meint. An diese Perspektive anknüpfend beschreiben wir im Folgenden verschiedene Kulturmodelle und -definitionen, die wir in Bildungskontexten gezielt einsetzen. Sie können widersprüchlich und sich in ihrem Kulturverständnis gegenseitig ausschließend erscheinen. Unsere Wahl liegt in zahlreichen Erfahrungen begründet, dass dieses Sammelsurium von verschiedenen Erläuterungen beim Verstehen und Lösen von Irritationsmomenten hilfreich sein kann, vor allem, wenn eine kulturelle Komponente als Irritationsursache vermutet wird. Zudem verfahren wir im Sinne des holistischen Kulturbegriffs nach Bolten (2012; s. Kapitel 3.1) nach der »Sowohl-als-auch *und* Entweder-oder-Logik«. Durch diesen Ansatz entsteht für einige Leser*innen vielleicht ein neuer (Sound,) dessen Klänge zu Beginn ungewohnt tönen können. Als Gesamtkomposition kann sich eine facettenreiche und harmonische Melodie auftun, mit einem – (inşallah) – einprägenden Nachhall.

3.1 Kulturverständnis nach Bolten

Bolten (2012) hat in seinem Buch »Interkulturelle Kompetenzen« einen übersichtlichen Aufbau von verschiedenen Kulturdefinitionen geschaffen. 2011 beschrieb er Kulturen als »fuzzy culture«, als überlappende und nicht homogene Kulturen, und führte den »holistischen Kulturbegriff« ein. In diesem Terminus wird Kultur als ganzheitlicher Funktionszusammenhang von Struktur und Prozess, sprich von (Homogenisierung) und Differenzierung, verstanden. Der holistische Kulturbegriff basiert auf einer »Sowohl-als-auch *und* Entweder-oder-Logik«. Mit starkem Bezug auf Boltens Ausführungen nähern wir uns dem Thema kültür.

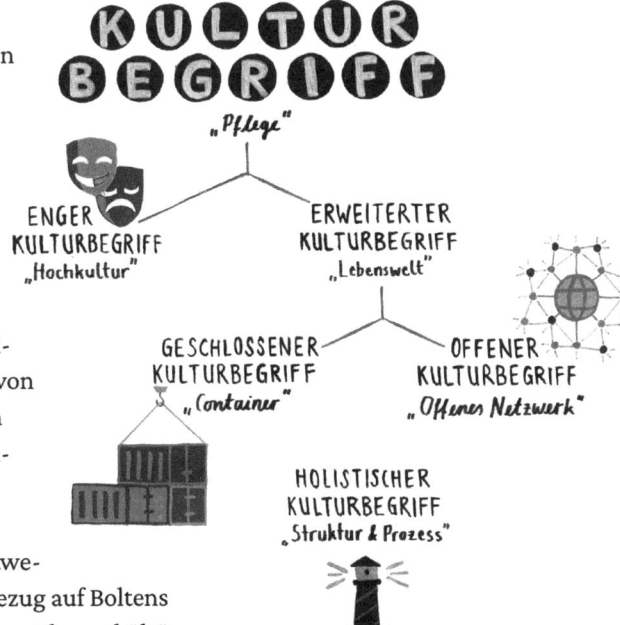

Kulturbegriff »Pflege«

Abgeleitet vom Lateinischen »cultum« beschreibt Kultur grundsätzlich etwas, das gepflegt wird beziehungsweise gepflegt worden ist. Aus der Übertragung ins Deutsche lassen sich vier Bereiche ableiten: 1. Soziale Kontexte (Soziokultur): (be)wohnen, ansässig sein. 2. Natürliche/Bearbeitete Umwelten (Agri-, Ökokultur): Ackerbau betreiben, bebauen. 3. Sinnstiftende Instanzen (cultura dei): verehren, anbeten. 4. Person/Selbst (cultura animi): ausbilden, wahren, schmücken und veredeln (Bolten 2012).

Zwischen dem Gepflegten und der Pflegenden besteht eine reziproke (wechselseitige) Beziehung, sodass sich Kultur in diesem Sinne als Prozess und/oder als Ergebnis spezifischer Formen von Beziehungspflege verstehen lässt. Alle vier Bereiche stehen ihrerseits in einem wechselseitigen Zusammenhang. Kultur konstituiert sich in diesen Verflechtungen und ist grundlegend kontextbezogen (Bolten 2012).

> **Beispiel »medizinische Versorgung«**
>
> Ist es üblich, sich in einem medizinischen Versorgungszentrum an der Rezeption anzumelden und bis zum Aufruf geduldig zu warten, so stellt dies eine gesellschaftliche Regel/Norm dar (Soziokultur). Bei einem Bruch der Regel, zum Beispiel durch den Versuch des »Vordrängelns«, gäbe es vermutlich Beschwerden oder Sanktionen durch andere Wartende und Angestellte. Die soziale Norm »alle der Reihe nach« impliziert »Vordrängeln ist unsozial« und beeinflusst das Verhalten der wartenden Patient*innen (cultura animi). In einer Region, in der die medizinische Versorgung weniger gewährleistet, das Zeitverständnis nicht linear ist – im Sinne von »alle(s) der Reihe nach« – und ein starkes, emotionales »Auf-sich-und-seine-Anliegen-aufmerksam-Machen« in akuten Situationen eine soziale Norm und Notwendigkeit darstellt, werden sich Patient*innen vermutlich offensiver verhalten, ggf. abhängig von Notlage und eigenen Privilegien. Der soziale Kontext (Soziokultur) steht in beständiger Wechselbeziehung zum Selbst (cultura animi). Ähnlich verhält es sich mit der Korrelation zwischen natürlichen/bearbeiteten Umwelten (agriculture), sinnstiftenden Instanzen (cultura dei) und Selbst (cultura anima): In kühlen, verregneten Regionen ist eine Trommelzeremonie für Regen weniger sinnstiftend als in trockenen, heißen Erdregionen. Auch macht eine protestantische Arbeitsethik in subtropischen Gefilden wenig Sinn und ist nicht ohne Weiteres importierbar.

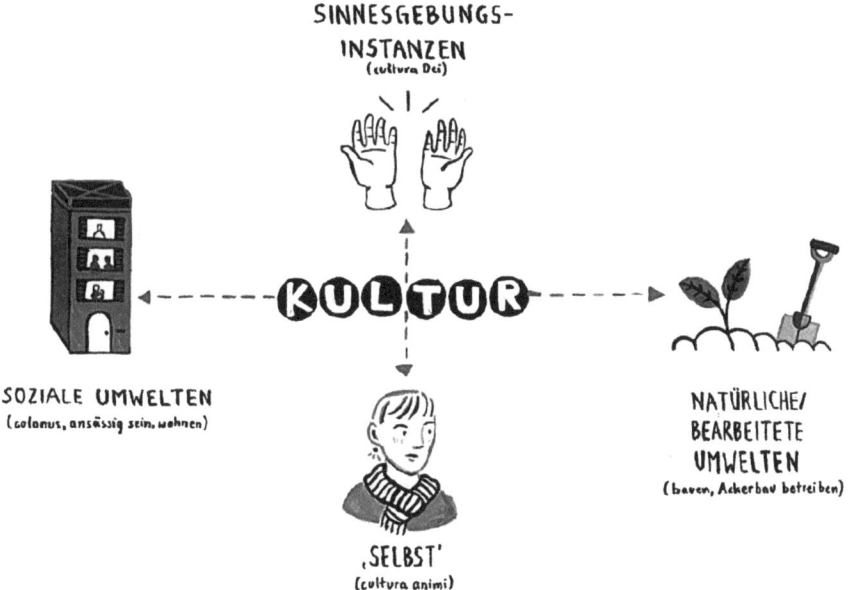

Enger Kulturbegriff: »Hochkultur«

Der enge Kulturbegriff, die sogenannte »Hochkultur«, die Literatur, Kunst oder auch Wissenschaft mit einschließt, geht laut Bolten (2012) vor allem auf die durch die Philosophen Immanuel Kant und später Oswald Spengler vertretende Trennung von Kultur und Zivilisation zurück. Diese Differenzierung kommt noch heute in alltagssprachlichen Wendungen zum Ausdruck, beispielsweise: »Zivilisation ist, wenn man eine Gabel besitzt, Kultur, wenn man sie benutzt« (Bolten 2012, S. 22). Kultur ist in diesem Sinne als Repräsentantin vom Schönen, Wahren und Guten zu verstehen. Ein auf »Hochkultur« bezogener Kulturbegriff läuft Gefahr, zu verengen und zu exkludieren. Denn wo es »Kultivierung« gibt, muss es auch das Gegenteil geben, das »Unkultivierte«. Hieraus ergibt sich eine Machtasymmetrie – die Gebildeten/Kultivierten versus die Ungebildeten/Unkultivierten. Erstere bestimmen, was Kultur ist und was nicht, und können anderen Kultiviertheit zu- oder absprechen. »Entwickelte« Kulturen werden auf diese Weise gegen »naive« Kulturen abgegrenzt (Bolten 2012), wie dieses Zitat aus einer Studie über das »Leben der Kölner Gastarbeiter« Ende der 1960er Jahre trefflich zeigt:

> »Ein großer Teil der türkischen Gastarbeiter kommt aus Anatolien, also aus zivilisatorisch primitiven Verhältnissen, in denen unsere Gebräuche etwa hygienischer Art unbekannt sind. Sie bringen ein ausgeprägtes und differenzier-

tes Ehrgefühl mit und haben strenge moralische Vorschriften, nicht nur über den Umgang mit Frauen ... Die Türken sollen fern bleiben von jenen Berufen, in denen unverbindliche Höflichkeiten gefordert werden.« (Yıldız 2016, S. 33)

Die Einteilung in kultivierte und unkultivierte Menschen oder Regionen birgt die Gefahr der eigenen Auf- oder Abwertung durch die Eigenverortung (ingroup) gegenüber den jeweils »anderen« (outgroup). Bei diesem »VerAnderungsprozess« ist das andere für das Eigene konstitutiv. »Indem Distanz zu der anderen Gruppe hergestellt wird, wird die Zugehörigkeit zur eigenen Gruppe definiert« (Foroutan/İkiz 2016, S. 143). Eine Begegnung auf Augenhöhe wird dadurch beeinträchtigt. Die Psychologin

> »Birgit Rommelspacher (1995) hebt hervor, dass es je nach Situation und (historischem) Kontext und den gesellschaftlichen Herrschafts- und Machtverhältnissen variieren kann, welche soziale Gruppe nach welchen Kriterien beziehungsweise Merkmalen verAndert wird und in welcher Form die VerAnderung stattfindet (Rommelspacher 2002, S. 19). Es hängt von gesellschaftlichen Machtverteilungen ab, wer in der hegemonialen Position ist, Menschen beispielsweise entlang ›kultureller‹ beziehungsweise ›ethnischer‹ Merkmale zu markieren und sie (stereotypisierend) und essentialisierend auf diese zu fixieren. Bei der Markierungs- und Bezeichnungspraxis der VerAnderung ist es also entscheidend, wer die Repräsentations- und Definitionsmacht inne hat, dass seine Stimme gehört wird, wessen und vor allem welche Bilder und Stereotype Eingang in das gesellschaftlich ›gültige‹ Wissen finden, auf dessen Grundlage dann wiederum VerAnderungsprozesse stattfinden.« (Foroutan/İkiz 2016, S. 142 f.)

Für diejenigen, die sich als kultiviert einstufen – in der Regel Angehörige der Dominanzkultur – kann aus dieser Haltung hervorgehen, die unkultiviert gelabelten belehren und »kultivieren« zu wollen. Aufseiten der als unkultiviert Eingestuften kann dies zu einer Eigenabwertung, zum Rückzug in die »unkultiviert gelabelte Community« führen – aber auch zum Aufbegehren, zur Herabsetzung der vermeintlich »Kultivierten«, zum Hinterfragen derer kültür und zu einer großen, kreativen Potenzialentfaltung, aus der die (ethnozentrische) Perspektive korrigiert wird (s. Kapitel 7.5).
So die Kabarettistin Idil Baydar alias Jilet Ayşe über die (almansche) kültür:

> »Ihr arbeitet 24 Stunden, ihr habt keine Kinder, keinen Mann, und zum Schluss sitzt ihr in einer 5-Zimmer-Wohnung mit 50 Katzen [...]. Und wenn ihr dann alt seid, [...] dann kommt ihr in ein ›Einsamkeitsheim‹.« (zit. n. Önder/Mustafa 2016, S. 101)

Erweiterter Kulturbegriff: »Lebenswelt«

Ende der 60er Jahre des 20. Jahrhunderts griffen politische Vorbehalte gegenüber eines Alleinstellungsanspruchs des engen und kunstbezogenen Kulturbegriffs um sich. Damit einhergehend geriet das elitäre Denken ins Abseits. Stimmen nach einem erweiterten Kulturbegriff und Kultur als Angebot für eine breite Bevölkerung statt für wenige Privilegierte wurden laut.[11] Inzwischen hat sich der erweiterte Kulturbegriff im Sinne eines *lebensweltlich* orientierten Kulturbegriffs durchgesetzt. Er meint weniger »das Besondere« im Sinne einer Hochkultur, sondern umfasst alle wechselseitigen Beziehungen von Akteur*innen, beispielsweise in den Bereichen Religion, Technik, Kunst, Ethik, Recht oder Bildung. Jedoch besteht auch bei der lebensweltlichen Definition ein Spannungsfeld beim Versuch, Lebenswelten voneinander abzugrenzen und als homogen zu stilisieren. Doch sind Lebenswelten aufgrund langer Migrationsbewegungen und Kommunikationsprozesse nicht frei von äußeren Einflüssen und Resultate interkultureller Prozesse (Bolten 2012).

Der lebensweltorientierte Kulturbegriff bezieht sich auf die *soziale Praxis* von Akteur*innen eines konkreten Handlungsfeldes, wobei Selbst- und imaginative Reziprozität sowie Umweltbezüge nicht ausgeschlossen sind (Bolten 2012). Der lebensweltliche Kulturbegriff teilt sich nach Bolten in einen *geschlossenen* und *offenen* Kulturbegriff.

Tabelle 1: Lebensweltlicher Kulturbegriff nach Bolten (2012)

Verständnis	Geschlossener Kulturbegriff	Offener Kulturbegriff
Definition von Kultur durch	Kohärenz	Kohäsion
Fokus auf	Struktur (Container)	Prozesse (Beziehungen, Netzwerke)
Perspektive	Statisch	Dynamisch
Vielfalt	Homogenität	Heterogenität
Zuordnungslogik	Zweiwertig	Mehrwertig
Zugehörigkeit	Entweder oder	Sowohl als auch
Beziehung zum Begriff	Kultur haben	Kultur sein

Geschlossener Kulturbegriff: »Container«

Der geschlossene Kulturbegriff und ein damit einhergehendes statisches Kulturverständnis kann auf den Forscher und Philosophen Gottfried Herder zurückgeführt werden (Jablonka 2015). Kultur war für Herder nicht auf die Bereiche der

---

11 Der Soziologe Ralf Dahrendorf und FDP-Politiker Walter Scheel seien hier als Quer- und Vordenker erwähnt (Bolten 2012).

sogenannten »Hochkultur« (schöne Künste, Musik etc.) beschränkt. Er beschrieb Kulturen als Kugeln, die in sich homogen und voneinander klar abgrenzbar sind (Bolten 2012). Beim geschlossenen Kulturverständnis werden Kulturen als homogene Einheiten verstanden, sozusagen als »Container«, die 🔍 Ethnien und Nationen voneinander abgrenzen. Ein Containerdenken bietet eine Vereinfachung und damit Orientierungsmöglichkeiten in immer komplexeren Lebenswelten. Damit gehen die Gefahren von Generalisierungen, binären Einteilungsschemas und Ausschlüssen einher – »wer gehört dazu, wer nicht?« Ein Containerdenken beschneidet Möglichkeiten zum ganzheitlichen Erfassen von Situationen und Personen(gruppen), verführt zu vorschnellen Urteilen und Bewertungen und wird Individuen und Gruppen nicht gerecht. Eine Möglichkeit zur Bewusstmachung von binären Denkmustern bietet das von Bolten (2012) dargestellte Bild des Zoomens: Je näher man in ein Land »hineinzoomt«, sprich, es kennenlernt und dabei diverse Regionen erforscht und Individuen in ihren unterschiedlichen Bezügen begegnet, wird deutlich, wie komplex und divers Länder und Lebenswelten samt ihrer Akteur*innen sind. Beim »Hinauszoomen« wird dagegen eine stärkere 🔍 Homogenität sichtbar.

Beispiel »Türkei«
Lese ich vor Reiseantritt eine Reiselektüre und fahre in ein auf Tourismus ausgerichtetes Hotel an der Mittelmeerküste, so wird mir auffallen, dass der Islam die Staatsreligion ist, Türkisch die Amtssprache, Kinder einen großen Reichtum bedeuten und Süßigkeiten extrem stark gezuckert sind.

Je öfter ich das Land bereise, mich mit der Geschichte auseinandersetze, mit Einheimischen austausche und stärker hineinzoome, desto mehr 🔍 Heterogenität kann ich wahrnehmen: Im Islam gibt es diverse Strömungen und in unterschiedlichen Ausprägungen praktizierende Muslim*innen, davon ca. 15 % Aleviten. Zudem leben in der Türkei Angehörige von weiteren religiösen Minderheiten und Menschen, die sich mit fernöstlicher Spiritualität beschäftigen oder gar nicht religiös sind. Die Auseinandersetzung mit gesunder Ernährung und die Ablehnung von zuckerhaltigen Lebensmitteln werden mir mit der Zeit ebenso begegnen wie Menschen, die keine oder wenige Kinder haben. Auch unterschiedliche Dialekte und Sprachen werden mir zu Ohren kommen, darunter Lasisch, Kurdisch, Arabisch und Bulgarisch.

Die wahrgenommene Homogenität und das vermeintlich 🔍 Kohärente sind deswegen nicht »falsch« und auch nicht »verschwunden« (Bolten 2012). Beim Wegzoomen erscheint das Land wieder homogen(er), »wenngleich unter anderen Vorzeichen, weil man jetzt zumindest weiß, dass Homogenität Heterogenität einschließt« (Bolten 2012, S. 28).

Offener Kulturbegriff: »Offenes Netzwerk«

Vor dem Hintergrund eines offenen Kulturbegriffs definieren sich Kulturen nicht als abgegrenzte, homogene Container. Um beim Bild des Zoomens zu bleiben: Je stärker man an Kulturen heranzoomt und sich auf ihre Details konzentriert, desto offenkundiger wird, dass sie weder homogen noch eindeutig voneinander abgrenzbar sind. Sie sind an ihren Rändern mehr oder weniger stark ausgefranst und unscharf, sprich »fuzzy«, und zum Teil miteinander vernetzt und überlappend (Bolten 2012).

Laut Bolten griff der Soziologe Ulrich Beck dieses Spannungsfeld (Homo- vs. Heterogenität) auf und beschrieb Industriestaaten in einem *Dazwischen von erster zu zweiter Moderne*. Die erste Moderne »ist charakterisiert durch einen Glauben an Strukturen und deren Steuerbarkeit, durch Homogenitätszwänge einerseits und Polarisierungen andererseits« (Bolten 2012, S. 28 f.). Die zweite Moderne zeichnet sich durch Globalisierungsprozesse und hohe Veränderungsdynamiken, durch Prozess- und Netzwerkdenken und die Notwendigkeit zur Akzeptanz von Gegensätzen aus (Bolten 2012). In diesem Zwischenstadium sind Politik und Industrie mit der Architektur der zweiten Moderne befasst, bedienen sich dabei jedoch der Instrumente der ersten Moderne, weil kulturelle und gesellschaftliche Denkweisen gegenwärtig noch von diesen durchdrungen sind. Jedoch werden eindeutige Zuordnungsversuche im Sinne des »Entweder-oder-Prinzips« zweiwertiger Logiken zunehmend schwieriger. Diskussionen um die kulturelle »Zugehörigkeit« von Migrant*innen und ihren Nachkommen führen dies deutlich vor Augen (Bolten 2012).

> »Dass Menschen gleichzeitig mit und in verschiedenen Kulturen, Loyalitäten, Identitäten und Sprachen leben können, scheint in Deutschland immer noch Staunen hervorzurufen – dabei ist es kulturgeschichtlich eher die Regel als die Ausnahme.« (Kermani 2015, S. 12)

Die offene Kulturvariante (»fuzzy«, Netzwerk) verweist auf die zweite Moderne, die geschlossene (Homogenität, Container) auf die erste. In der ersten Moderne war die Zugehörigkeit zu Nationalstaaten relevant, in der zweiten Moderne liegen lebensweltliche Relevanzbezüge häufig außerhalb des Nationalstaates und ergeben sich beispielsweise durch Kommunikationstechnologien und politische

Netzwerke. Der offene Kulturbegriff wird als »soziale Lebenswelt in wechselnder Größe und Zusammensetzung« definiert (Bolten 2012, S. 30). Man denke hier an die weltweiten Bewegungen wie »Fridays for Future«, »Femen« oder »Critical Mass«. Nach Bolten (2012) lässt sich die Beschreibung von »fuzzy« Kulturen jedoch nicht pauschalisieren. In manchen Staaten formiert sich gegenwärtig eine Nationalstaatlichkeit im Sinne der »Ersten Moderne«. Zum anderen ist nur ein geringer Teil der Weltbevölkerung in Globalisierungsprozesse eingebunden. Auch an dieser Stelle wird erneut deutlich, dass es keine richtigen oder falschen Kulturbegriffe gibt, sondern lediglich mehr oder minder angemessene; auch sind Kulturdefinitionen stets abhängig von historischen und sozialen Kontexten (Bolten 2012).

Holistischer Kulturbegriff, Fuzzy Culture

Der enge, zumeist kunstorientierte Kulturbegriff beschränkt sich auf Formen der Selbst- und imaginativen Reziprozität; der erweiterte bezieht sich vorrangig auf Soziorezirpozität und auf von Menschen Gemachtes. Natur und Kultur werden hier als Dualismen gedacht. Ein Kulturbegriff, der sich aus diesem binären Denkmuster herauslöst, schließt nicht-menschliche Akteur*innen mit ein. Er wird holistisch, ganzheitlich, versteht »Kultur« als Netzwerk, in dem sich Umwelt-, Selbst-, imaginative und soziale Reziprozitätsdynamiken wechselseitig beeinflussen (Bolten 2012). Die zweiwertige Logik des geschlossenen Kulturbegriffs (Container) als auch die mehrwertigen Logiken des offenen Kulturbegriffs (Lebenswelten) haben hier ihren Platz. »Es gilt sowohl das Entweder-oder-Prinzip kulturellen Homogenitätsdenkens als auch das Sowohl-als-auch-Prinzip des Fuzzy-Culture-Verständnisses« (Bolten 2011, S. 62).

3.2 Kulturverständnis nach Auernheimer

Der Erziehungswissenschaftler Georg Auernheimer definiert Kultur als ein Orientierungssystem,

> »das unser Wahrnehmen, Bewerten und Handeln steuert, das Repertoire an Kommunikations- und Repräsentationsmitteln, mit denen wir uns verständigen, uns darstellen, Vorstellungen bilden.« (Auernheimer 1999, S. 28)

Verständigung wird durch eine gemeinsame Kultur erleichtert, ohne »dass sie kulturell begrenzt wäre« (Auernheimer 2016, S. 55). Ohne Sprache und andere kulturspezifische Medien ist eine Vorstellung im ursprünglichen Wortsinn (Repräsentation) nicht möglich (Auernheimer 2016). Die Wahrnehmung ist durch verfügbare kulturelle Codes beschränkt, demnach steht Individuen nur eine begrenzte Form der Artikulation zur Verfügung (Auernheimer 2016). Menschen sind jedoch keine Geschöpfe oder Gefangenen ihrer Kultur, sondern Individuen, die sich von ihrer kulturellen Prägung – beziehungsweise »kulturellen Vermittlung«, wie es Auernheimer nennt – distanzieren können.

Beispiel »Essenseinladung«
Wenn Familie A durch Familie B eine Einladung zum Essen erhält, könnte Familie A diese, je nach Orientierungssystem und Encodierung, wörtlich nehmen und davon ausgehen, dass das gemeinsame Essen, abhängig von ihrer Zu- oder Absage, stattfinden wird oder nicht.

Eine Perspektive aus einem anderen Orientierungssystem mit anderer Encodierung wäre beispielsweise, dass die Einladung von Familie B einer Höflichkeit, Teil eines Ausdruckes von Wertschätzung und üblichen Umgangsformen entspricht und demensprechend von Familie A erwartet wird, dass sie ebenso wohlwollend positiv antwortet – wobei beiden Familien bewusst ist, dass es keine feste Absicht gibt, die Verabredung konkret umzusetzen. Die Einladung und ihre Annahme zeigen gegenseitige Wertschätzung und Respekt und sind Teil eines »Orientierungssystems«.

Wahrnehmung, Bewertung und Handeln finden auf Grundlage der eigenen »Kulturvermittlung« beziehungsweise Sozialisationserfahrungen statt. Jedoch bedeutet dies nicht zwangsläufig, dass es bei einer kulturellen Überschneidung zu Irritationen kommen muss. Orientierungssysteme sind nicht grundsätzlich in allen Lebensbereichen und -situationen unterschiedlich, sondern überschneiden sich häufig. Zudem ist Verständigung auch in interkulturellen Beggegnungssituationen durch hybride Lebenswelten, Empathie, Flexibilität, interkulturelle Erfahrungen, Ambiguitätstoleranz etc. eher der »Normalfall« als die Ausnahme.

Kültür an sich definiert Auernheimer (2016) nicht als statisches, sondern als ein dynamisches, sich veränderbares und offenes System. Das drückt sich auch in Veränderungen der Bedeutungs- und Orientierungssysteme aus, denn veränderte Lebensverhältnisse gehen mit Transformationen dieser Systeme einher, da sie neue Handlungsanforderungen mit sich bringen.

Beispiel »Mehrsprachigkeit«

Die Zunahme von Kindern mit bilingualem Hintergrund bringt neue Handlungsanforderungen an die (Sprach-)Erziehung und an Mitarbeitende in Bildungseinrichtungen mit sich. Die Bedeutung von Mehrsprachigkeit und »Nicht-Prestige-/ Nicht-Kolonial-Sprachen« nimmt kontinuierlich zu. Dies bildet sich unter anderem in Form von herkunftssprachlichem Schulunterricht und diversen Spracherwerbsangeboten in den Muttersprachen von Einwanderer*innen (Arabisch, Kurdisch, Türkisch etc.) in unterschiedlichen Bildungseinrichtungen ab.

Auernheimer plädiert dafür, keine einseitige Fokussierung auf kulturelle Dimensionen vorzunehmen, sie jedoch auch nicht auszublenden.

»Im Gegensatz zu einigen Sozialwissenschaftler/inne/n gehe ich nicht davon aus, dass kulturelle Differenz nur der Effekt von Machtstrukturen ist, so gewiss solche Differenzen auch zur ethnischen Grenzziehung konstruiert werden und oft Effekte von Grenzziehungsprozessen sind. Die Funktionalität und damit Realität kultureller Orientierungssysteme wird quer durch die Sozialwissenschaften von namhaften Fachvertretern angenommen. Unterschiedliche Lebenslagen und Anforderungen erklären zusammen mit den jeweiligen Traditionen unterschiedliche Kulturmuster. [...] Zugegebenermaßen ist aber zu berücksichtigen, dass kulturelle Differenzen im Sinne ethnischer Unterschiede oft konstruiert sind.« (Auernheimer 2013, S. 64)

3.3 Kulturverständnis nach Hofstede

Der Kulturwissenschaftler und Sozialpsychologe Geert Hofstede ist für die Entwicklung von insgesamt sieben Kulturdimensionen bekannt. Einige Kulturdimensionen, von ihm und anderen Forschenden, werden in diesem Buch an verschiedenen Stellen erklärt, weshalb an dieser Stelle ein kurzer Exkurs erfolgt.

Exkurs Kulturdimensionen

Das Konzept der Kulturdimensionen basiert auf der Grundannahme, dass es universelle Kategorien/Themen gibt, mit denen sich alle Kulturen auseinandersetzen und für die sie Antworten entwickeln müssen. Kulturen müssen dementsprechend miteinander vergleichbar sein, wenn ihre Antworten und Positionen zu bestimmten Wertevorstellungen bekannt sind (Thomas/Utler

2012). Ausgehend von diesen Thesen entwickelten erstmals die Soziologen Talcott Parsons und Edward A. Shils (1951) sowie die Anthropologen Florence R. Kluckhohn und Fred Strodtbeck (1961) spezielle Kategorien. Im Laufe der vergangenen Jahrzehnte wurden von diesen Annahmen ausgehend verschiedenste Kulturdimensionskonzepte entwickelt (Hofstede 2001; Trompenaars 1993; Schwartz 1994; Hall 1977).

Der wahrscheinlich bekannteste Vertreter und Pionier der wissenschaftlichen Untersuchung kultureller Wertorientierungen ist Geert Hofstede. Er wurde mit seiner Analyse von Mitarbeitenden des international agierenden Konzernes IBM über nationale Grenzen hinaus berühmt. Hofstede befragte zwischen 1966 und 1973 in zwei groß angelegten Studien ca. 116.000 Proband*innen aus allen Positionen in über 60 Staaten zu ihrem gewünschten und bei IBM praktizierten Führungsstil und schloss daraus auf Familien- und Schulsysteme der jeweiligen Länder (Dreyer 2011). Anhand der Antworten auf sieben Fragen, die sich hauptsächlich auf Wertvorstellungen im Arbeitsleben bezogen, extrahierte er die vier Kulturdimensionen: Machtdistanz, Kollektivismus versus Individualismus, Feminität versus Maskulinität und Unsicherheitsvermeidung. Später fügte er durch ergänzende Forschungen zwei weitere Dimensionen hinzu: langfristige versus kurzfristige Orientierung (1980er Jahre), Genuss versus Zurückhaltung (2010).

Mit dem Konzept der Kulturdimensionen geht eine beträchtliche Gefahr der Stereotypenbildung, Vereinfachung und binären Kategorisierungen einher. Um dem vorzubeugen, sollten Kulturdimensionen als idealtypische Begriffsbildungen (Dreyer 2011) und als Möglichkeit, eigene Perspektiven zu erweitern und andere Normalitätsvorstellungen und Wirklichkeitskonstruktionen kennenzulernen, verstanden werden – um diese gleichberechtigt neben den eigenen, möglicherweise divergierenden gelten zu lassen.

Hofstede (2017, S. 4, Hervorh. i. Orig.) definiert Kultur als »*kollektive Programmierung des Geistes, die die Mitglieder einer Gruppe oder Kategorie*[12] *von Menschen von einer anderen unterscheidet.*[13]«. Die Programmierung setzt sich aus Denk-, Fühl- und

---

12 »Eine *Gruppe* bezeichnet eine Reihe von Menschen, die in Kontakt miteinander stehen. Eine *Kategorie* besteht aus Menschen, die, ohne zwingend Kontakt miteinander zu haben, eine Gemeinsamkeit aufweisen, z. B. alle weiblichen Manager, oder alle Menschen, die vor 1940 geboren sind.« (Hofstede/Hofstede/Minkov 2017, S. 487, Hervorh. i. Orig.)

13 »Kultur als ›kollektive Programmierung des Geistes‹ ähnelt dem Begriff ›Habitus‹ des französischen Soziologen Pierre Bourdieu (1930–2002): ›Unter bestimmten Existenzbedingungen entsteht ein Habitus, ein System dauerhafter und übertragbarer Veranlagungen. Ein Habitus …

Handlungsmustern zusammen und beginnt früh in der Kindheit, unter anderem in der Familie und Schule, und setzt sich später am Arbeitsplatz, in der Partnerschaft etc. fort. Kultur ist nach Hofstede etwas Erlerntes, nicht angeboren und umfasst als kollektives Phänomen ungeschriebene Regeln des »sozialen Spiels«. Diese können, abhängig vom sozialen Umfeld, von Beruf, Bildung etc., unterschiedlich ausfallen. Trotz dieser »Programmierung« hat ein Individuum Möglichkeiten, von seiner mentalen Programmierung abzuweichen und neue Programmierungen zu erlernen. Als Voraussetzung dafür ist es laut Hofstede notwendig, die »alte« Programmierung abzulegen (Hofstede/Hofstede/Minkov 2017).[14]

Hofstede beschreibt in seiner Definition drei Ebenen der mentalen Programmierung. Er unterscheidet dabei Kultur einerseits von der menschlichen Natur, andererseits von der Persönlichkeit eines Individuums (Hofstede/Hofstede/Minkov 2017).

Die *menschliche Natur*, dargestellt als unterer Teil der Pyramide, haben alle Menschen *(all)* miteinander gemeinsam. Sie stellt die universale Ebene der mentalen Programmierung dar und wird genetisch vererbt. In Analogie mit einem Computer lässt sich hier von einem »Betriebssystem« sprechen. Dieses beinhaltet physische und

---

dient als Grundlage für Praktiken und Bilder …, die gemeinsam in Szene gesetzt werden können, ohne dass dafür ein Regisseur notwendig wäre‹ (Bourdieu, 1980, S. 88 f., englische Übersetzung: Geert Hofstede).« (Hofstede/Hofstede/Minkov 2017, S. 487)

14 Diese Annahme spricht aus unserer Sicht Menschen die Fähigkeit ab, bei einem »Kulturwechsel« ergänzend andere »Programmierungen« zu erlernen und »switchen« zu können. Wir erleben stetig, dass Menschen mit internationaler Geschichte auf mehrdimensionale Denk-, Fühl- und Wahrnehmungsmuster zurückgreifen. Selbst wenn diese, bedingt durch eigene Migrationsprozesse, »nacheinander« und nicht parallel erlernt wurden.

psychologische »Funktionsweisen« (Hofstede/Hofstede/Minkov 2017). Darunter fallen das Bedürfnis nach Gemeinschaft, Kommunikations- und Beobachtungsfähigkeiten, Interaktion und Gefühlsempfindungen wie Liebe, Scham, Zorn etc.

Die *Kultur* hingegen bezieht sich auf die soziale Gemeinschaft, in der erlernt wurde, wie beispielsweise Scham und Zorn adäquat und angemessen ausgedrückt werden können, wie kommuniziert wird etc. Diese Kulturebene wird nicht mit allen, sondern mit manchen Menschen *(some)* geteilt und nicht genetisch ererbt, sondern durch Sozialisation erlernt (Hofstede/Hofstede/Minkov 2017).

Die *Persönlichkeit* wiederum markiert den individuellen und unverwechselbaren Fingerabdruck eines jeden Menschen, dessen einzigartige Kombination mentaler Programme, die er mit niemandem *(no)* teilt. Dieser Teil begründet sich auf Charakterzüge, die durch eine einmalige genetische Kombination ererbt wurden und teilweise auf Erlerntes zurückzuführen sind. Erlernt wurden sie durch den Einfluss kollektiver Programmierung (Kultur) und durch individuelle, einzigartige Erfahrungen (Hofstede/Hofstede/Minkov 2017).

Beispiel »Drei Ebenen der mentalen Programmierung«
Alle Menschen *(all)* haben das Grundbedürfnis zu essen, das ist unsere *menschliche Natur*. Was gegessen wird, ist unterschiedlich, hier separieren sich die Gemeinsamkeiten, die nicht mehr mit allen geteilt werden, sondern nur noch mit manchen Menschen *(some)*. Ob regelmäßig roher Fisch oder eine reichliche Auswahl an Brotsorten auf dem Speiseplan steht, ist abhängig von der Region, vom Klima, religiösen Vorschriften, Traditionen, Importmöglichkeiten etc. und kann analog des beschriebenen Modelles als *kulturspezifisch* benannt werden. Ob das Essen von Schwein oder Rind oder das gleichzeitige Verspeisen von Fleisch und Milchprodukten erlaubt ist, fällt auch in diese Kategorie. Welche Essensvorlieben ein Individuum hat, auf welche Produkte es zurückgreift und inwieweit welche Einflüsse aus Religion und Traditionen dabei eine Rolle spielen, entscheidet dennoch jedes Individuum für sich, wenn auch unter Einfluss seiner (kulturellen) Prägung. Jeder Mensch ist somit einmalig *(no)* und hat eine unverwechselbare *Individualität*.

3.4 Kultur als Eisbergmodell

Das Eisbergmodell wird häufig eingesetzt, um das Verhältnis von sicht- und wahrnehmbaren sowie bewussten Kulturelementen, von verborgenen, unbewussten Kulturelementen und die mit Letzteren zusammenhängenden Ursachen für

Missverständnisse in der Kommunikation zu visualisieren.

Ursprünglich stammt die Eisberg-Metapher von dem Schriftsteller Ernest Hemingway aus den 1930er Jahren. Hemingway wollte mit der Metapher ausdrücken, dass ein Autor nicht sämtliche Details über seine Hauptfigur preisgeben muss, sondern dass das Beschreiben der Spitze des Eisbergs ausreichend sei.

Diese Metapher wurde später auf die »Theorie des Bewusstseins« vom Psychoanalytiker Sigmund Freud übertragen, welches die Basis für das Kultur-Eisbergmodell darstellt. Freud entwickelte die Theorie, dass menschliches Handeln nur zu einem kleinen Anteil bewusst bestimmt wird.[15]

Die Eisberg-Theorie besagt, dass Kulturen einen sichtbaren und einen unsichtbaren Teil besitzen (Hall 1973, 1976). Die oberen, sichtbaren Erscheinungen von Kultur sind nur die Spitze des Eisbergs: Sie umfassen Gesetze, Sitten und Gebräuche, Rituale, Musik, Kunst, Gestik, Bekleidung, Essen und Trinken, Begrüßungs- und Verabschiedungsformen (Brake et al. 1995). Der unsichtbare Teil ist die mächtigere Basis der sichtbaren Erscheinungen und enthält die wichtigsten Kulturelemente: Werte, Regeln, Normen und Grundannahmen, die sich auf Individuen und Gruppen, Umwelt und Menschen, Macht und Autorität, Raum und Zeit beziehen (Hall 1973, 1976). Diese unsichtbaren Elemente beeinflussen das sichtbare Handeln.

> **Beispiel »Gastfreundschaft«**
> Der Wert »Gastfreundschaft« (unsichtbar) kann sich darin ausdrücken, dass Gastgebende möglichst lange versuchen, ihre Gäste vom Aufbruch abzuhalten (sichtbar auf der Handlungsebene), um ihrer Freude über den Besuch Nachdruck zu verleihen und die Gäste wertzuschätzen. Dies kann Ausdruck eines kollektiven Werte- und Regelsystems sein und/oder auch individuell und situ-

---

15 https://www.hyperkulturell.de/das-eisbergmodell-der-kultur/ (Zugriff am 12.05.2021).

ationsspezifisch. Wenn es zum »guten Ton« der Gastgebenden, aber nicht zu dem der Gäste gehört, kann es Irritationen hervorrufen und den Eindruck eines »übergriffigen Verhaltens« (unsichtbarer Wert »Selbstbestimmung«) erzeugen. Die Gäste möchten vielleicht gern aufbrechen, fühlen sich aber angehalten und verpflichtet, den Aufforderungen der Gastgebenden nachzukommen.

Die »Datteltäter« als ein divers besetztes Team von kreativen jungen Menschen, die gesellschaftskritisch nach Veränderung der Mainstream-Narrative rund um Muslim*innen und migrantische Communities streben, stellen solch eine Besuchssituation in ihrem Videoclip »Wenn Muslime Besuch bekommen« dar.

In Kommunikationssituationen *kann* das Wissen um die Werte des Gegenübers und ihre Berücksichtigung hilfreich sein. Nur ist es schier unmöglich, die – tatsächlichen oder vermeintlichen – Werte und Orientierungssysteme aller Individuen und Kulturen zu kennen. Vor allem da Kulturen weder homogen noch statisch sind, sondern aus Subkulturen und vielen heterogenen Lebenswelten bestehen und sich – wie auch Individuen – weiterentwickeln und verändern. Auch besteht ein Individuum aus mehr als nur einer kulturellen Prägung und es können ihm im Sinne einer Mehrheimigkeit und hybriden Identität viele und auch konträre Prägungen innewohnen. Innerhalb einer postmigrantischen Gesellschaft und des Globalisierungszeitalters ist dies zunehmend der Normal- und kein Ausnahmefall, wenn auch in regional unterschiedlicher Ausprägung. Trotz dieser Beschränkungen kann die Eisbergmetapher dabei helfen, Irritationsmomente in Kommunikationssituationen besser zu verstehen, und dazu anregen, nach den zugrundeliegenden Werten und Regeln für das jeweilige Verhalten zu forschen.

3.5 Einfluss von Kulturtheorien und -narrativen auf Konflikte: Kulturranking, Fremdbilder und Stereotype

Kulturnarrative produzieren und verfestigen Fremdbilder und Stereotype. Dabei werden Kulturen und deren vermeintliche Mitglieder als homogen stilisiert und bewertet. Dieser Prozess geht nicht selten mit einem Ranking von »guten/kompatiblen Kulturen« bis »weniger guten/inkompatiblen Kulturen« einher.

Diese Einteilungen wirken auf Angehörige von verAnderten Minderheiten ein. Das *Migazin* befragte im Jahr 2016 knapp 1200 Turko-Deutsche in einer Studie nach ihrem Befinden in Almanya:

»Trotz des Integrationswillens türkischer Migranten fühlt sich gut die Hälfte der Zuwanderer und ihrer Nachkommen in Deutschland als Bürger zweiter Klasse. Sie hätten den Eindruck, sie seien nicht anerkannt und willkommen, egal wie sehr sie sich anstrengten.« (Migazin 2016)

Bei negativen Fremdbildern und Abwertungen[16] von »outgroups« wird meist übersehen, dass die zugeschriebenen Attribute auch innerhalb der eigenen »ingroup« vorhanden sind. So verhält es sich beispielsweise bei der immer wieder thematisierten Gewalt an und Unterdrückung von Frauen: »Toxische Männlichkeit« ist jedoch nicht erstmalig vor sechzig Jahren als Begleitung von Migrant*innen nach Almanya eingewandert – wie 🔍 Lahmacun und 🔍 İmam bayıldı – und hat plötzlich die Notwendigkeit von Frauenhäusern aufkommen lassen. Sie ist ein religions- und länderübergreifender Ausdruck von weltweit verbreiteten patriarchalen Strukturen und 🔍 Misogynie.

Zuschreibungen bleiben nicht

»ohne Auswirkungen auf die Selbstpositionierungen von Muslim_innen und Menschen, die für solche gehalten werden. Die anhaltenden Debatten machen Menschen mit Migrationshintergrund zu Muslim_innen und lassen ein neues Wir fühlen, dass sie vorher nicht im Sinn hatten und das keineswegs nur angenehm ist.« (Spielhaus 2018, S. 136)

Andersherum, bei der Bewertung von Mehrheitsangehörigen durch Minderheiten, spielen häufig »migrantische Narrative«, anknüpfend an migrationsspezifische Erfahrungen, eine Rolle. Diese können sich auf tatsächliche oder ebenfalls imaginierte Differenzen beziehen. Häufig kritisiert werden beispielsweise fehlende 🔍 Seniorität, Kinderunfreundlichkeit bis -feindlichkeit bei gleichzeitig ausgeprägter Haustierliebe, lose (familiäre) Bindungen[17] und Emotionslosigkeit, welche die Datteltäter eindrücklich karikieren.

---

16 Abwertungen von ganzen Personengruppen werden auch unter dem Begriff 🔍 »Gruppenbezogene Menschenfeindlichkeit« (GMF) subsummiert.
17 Eltern mit Migrationshintergrund (EmM) sind häufiger verheiratet und seltener alleinerziehend als Eltern ohne Migrationshintergrund (EoM). EmM: Ehepaare 78 %, Lebensgemeinschaften 8 %, Alleinerziehende 14 %. EoM: Ehepaare 65 %, Lebensgemeinschaften 14 %, Alleinerziehende 21 % (Statistisches Bundesamt 2020b).

Das innerhalb dieses Kapitels mehrfach benannte »Containerdenken« bietet als eine Vereinfachung in immer komplexeren Lebenswelten rasche Orientierungsmöglichkeiten. Generalisierungen und binäre Einteilungsschemen bergen zugleich die Gefahr des vorschnellen Urteilens, führen zur Ausgrenzung von vielen insanlar und werden postmigrantischen Gesellschaften nicht gerecht. Aktuelle Narrative und Diskurse fördern diese omnipräsente, zweiwertige Denklogik.

Durch das Wahrnehmen und Beobachten von Narrativen kann ein erster Schritt in Richtung eines reflektierten und kritischen Denkraums gesetzt werden. Förderlich dafür ist ein Verständnis davon, »wie unser Gehirn funktioniert« und warum Menschen zu Vereinfachungen und schnellen Zuweisungen neigen; um beispielsweise in Gefahrensituationen rasch reagieren zu können, ist unser Gehirn darauf ausgelegt, schnelle Einteilungen vorzunehmen. Das kann zu vorschnellen Urteilen und kognitiven Verzerrungen führen, wie das Konzept des »unconscious bias«[17] eindrücklich zeigt.

Exkurs »unconscious bias«

Der unconscious bias beschreibt unbewusste kognitive Verzerrungen, die unsere alltäglichen Wahrnehmungen, Erinnerungen und Beurteilungen beeinflussen. Das Verarbeiten von Informationen beschreibt der Psychologe Daniel Kahneman (2017) in zwei Systemen. Ihr Zusammenspiel bestimmt unsere Denkweise, unser Urteilsvermögen, unsere Entscheidungsfindung und somit unser Handeln. Inbegriffen ist auch die Bewertung anderer Menschen und deren Verhalten.

Der unconscious bias ist dem ersten System zuzuordnen. Zum besseren Verständnis wird an dieser Stelle zuerst das zweite System erklärt, das somit als Kontrast fungiert: Immer dann, wenn Informationen bewusst, rational und analytisch verarbeitet werden, verlangsamen sich die kognitiven Verarbeitungsprozesse und die Informationslast verkleinert sich. Ein Beispiel: Wie oft muss die Zahl 17 von 731 subtrahiert werden, um 153 als Ergebnis zu erhalten? Diese Rechenoperation ist zeitintensiv und wird von Kahnemann im zweiten System verortet.

Im Gegensatz dazu werden im ersten System Informationen instinktiv und unbewusst verarbeitet. Die Verarbeitungsgeschwindigkeit liegt dabei im Bereich von Millisekunden. Vielfach werden Erfahrungen *unbewusst verarbeitet*, wenn sie durch frühkindliche Sozialisation oder – anders ausgedrückt – durch kulturelle Prägung zu einem automatisierten Teil unserer aktuellen Lebenswelt geworden sind.

---

18 Unconscious bias wird im Folgenden von »third culture«, Lina Siri & Co., Wiesbaden, dargestellt.

Die Verarbeitung verläuft folglich unbemerkt, da automatisch ab. Hierzu gehören beispielsweise das Essen mit Messer und Gabel und dabei nicht zu schmatzen oder zu rülpsen. Je ausgeprägter eine Handlung mit einer Unterscheidung in »richtig« oder »falsch« einhergeht, desto emotionsbehafteter sind solche Urteile und bilden damit eine Voraussetzung für »Container«. Einerseits bieten diese Orientierung und damit auch Vorhersehbarkeit und Berechenbarkeit, andererseits erfolgt dadurch eine Einteilung in »wir« und »die anderen« einhergehend mit einer häufig dementsprechenden Bewertung (gut-schlecht, kultiviert-unkultiviert etc.). »Wir« essen beispielsweise mit Messer und Gabel, »die anderen« mit Stäbchen, mit den Händen oder mit anderen Esswerkzeugen. Dabei findet zwar nicht zwangsläufig, aber sehr oft eine Hierarchisierung der Wertigkeit statt.

Das Ergebnis dieser Einteilungen ist häufig die Abwertung der »anderen« (Essen mit Besteck = kultiviert/gut/sauber, Essen mit Händen = unkultiviert/ schlecht/schmutzig). Eine solche Einteilung kann auch in die umgekehrte Richtung erfolgen: Wenn ein »Wir« es als normal empfindet, mit den Händen zu essen, sind für sie möglicherweise solche Menschen, die mit Messer und Gabel essen, »die anderen« (essen mit Besteck = unsinnlich/überflüssig/elitär, essen mit Händen = sinnlich/natürlich/gemeinschaftsstiftend).

Die Effizienz des menschlichen Gehirns besteht darin, in Millisekunden Muster und Assoziationen zu bilden. Der Neurowissenschaftler António Damásio (2014) hat dargelegt, wie in Assoziationen entstandene Emotionen unsere Entscheidungen beeinflussen. Das ist die Essenz des unconscious bias: Viele Assoziationen entziehen sich dem Bewusstsein, weil automatisierte, emotionale Reaktionen stimuliert werden. Wenn »wir« mit den Händen essen, könnte das Gegenüber, das sein Brot mit Besteck isst, Antipathie auslösen. Wenn »wir« mit Messer und Gabel essen, dann könnte mit den Händen essen möglicherweise Ekel erregen. Eine Abgrenzung findet statt und wir sind beim bewertenden »Container« angelangt. Es erfordert neuronalen Aufwand, selbständig zu reflektieren, zu differenzieren, unser Bewusstsein zu trainieren und Neues dazuzulernen, um aus dem Containerdenken hinauszugelangen.

3.6 Interkulturalität

Der Begriff »interkulturell« ist in diesem Buch schon mehrmals gefallen – und wird auch alltagssprachlich häufig benutzt. Was meint »interkulturell« konkret und auch der Terminus »Interkulturalität«? Und wie setzten wir, unter Berücksichtigung unterschiedlicher Kulturverständnisse, diese Begriffe innerhalb dieses Buches ein?

Der Psychologe Alexander Thomas (2005), der vor allem in Wirtschaftskontexten für seine Definitionen zur Kultur und interkulturellen Handlungskompetenz herangezogen wird und zudem für sein Kulturstandardkonzept (s. auch Kap. 4.5) bekannt ist, definiert Interkulturalität in seinem *Dynamikmodell kultureller Überschneidungssituationen* als eine Überschneidung zwischen dem »Eigenen« und dem »Fremden«.

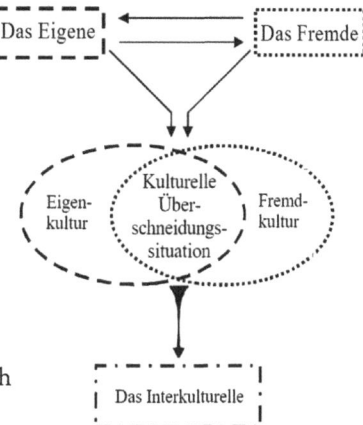

Kulturelle Überschneidungssituationen entstehen nach Thomas (2005, S. 46), wenn

»Fremdes für das Eigene bedeutsam wird und wenn es zu wechselseitigen Beziehungen zwischen Eigenen und Fremden kommt. Zwischen dem Eigenkulturellen und dem zunächst sehr fernen, dann aber immer näher rückenden Fremden entsteht ein Zwischenraum der Uneindeutigkeit, Vagheit und Neuartigkeit.«

Bolten beschreibt »interkulturell« als

»etwas, das sich zwischen unterschiedlichen Lebenswelten ereignet oder abspielt.« (Bolten 2012, S. 39)

Demnach ist eine »Interkultur«

»die Bezeichnung dieses Sich-Ereignens. [...] Offenkundig ist [...], dass eine solche Interkultur nicht abstrakt z. B. zwischen ›den‹ Europäern und ›den‹ Asiaten, sondern immer nur vermittelt über konkrete Individuen geschehen kann. Interkulturen entstehen folglich dann, wenn Mitglieder unterschiedlicher Lebenswelten miteinander interagieren, denen die Regeln, nach denen bei diesem Zusammentreffen verfahren werden soll, mehr oder minder unklar sind. Umgekehrt existieren Interkulturen auch nur in Abhängigkeit von den daran Beteiligten. Aus diesem Grund ›ereignen‹ sie sich. [...] Auf individueller Ebene lässt sich dies am Beispiel der Unvorhersagbarkeit von Handlungsausgängen demonstrieren: Wenn sich zwei Personen begrüßen, die in ihren Lebenswelten das Ritual des Händeschüttelns auf der einen Seite überwiegend (A), im anderen Fall aber überhaupt nicht praktizieren (B), lässt sich nicht vorhersagen, wie sich die Begegnung tatsächlich vollziehen bzw.

wie sich die Interkultur (C) in diesem bestimmten Moment gestaltet wird. Welche Form der Begrüßung gewählt wird (Händeschütteln, kein Händeschütteln, Zwischenlösungen oder vollkommen andere Begrüßungsformen) hängt davon ab, welche Möglichkeit die beiden Partner in der konkreten Situation spontan (und keineswegs immer reflektiert) aushandeln.« (Bolten 2012, S. 39 f.)

Für Mecheril (2004, S. 131) ist »interkulturell«

»eine Chiffre für die Undurchschaubarkeit und die Nicht-Vorhersehbarkeit von kommunikativen Situationen, für die Zerstörbarkeit der fraglosen Voraussetzungen des bedachten Handelns, für die Grenzen des Berechenbaren, Planbaren und Erwirkbaren.«

Im Band »Schlüsselwerke der Migrationsforschung. Pionierstudien und Referenztheorien« der Herausgeber*innen Julia Reuter und Paul Mecheril (2015, S. II) wird Interkulturalität als eine Begegnung zwischen Mehrheiten und Minderheiten beschrieben, »was zu einer Verschränkung von kulturellen, sprachlichen und religiösen Unterschieden sowie sozialen Ungleichheiten beiträgt.«

Innerhalb dieses Buches wird mit »interkulturell« – entsprechend des erweiterten Kulturbegriffs (s. Kap. 3.1) – das beschrieben, was sich zwischen (imaginierten oder realen) unterschiedlichen Lebenswelten (auch Netzwerken), die auch aus verschiedenen Ethnien bestehen können, ereignet. Die Lebenswelten können auch als unterschiedlich konstruiert werden (bspw. durch äußerliche Merkmale oder Sprachgebrauch), was folglich in »Fremdheitsgefühlen«, Abgrenzungen und dem Gefühl von Differenz münden kann. Die Interaktion zwischen Angehörigen (imaginiert) differenter Lebenswelten *kann* zur Unvorhersehbarkeit führen, jedoch muss es dies nicht zwangsläufig, da auch andere Lebenswelten nicht durchgängig in allen Bereichen unbekannt und unvertraut sein müssen. »Interkulturalität« meint demensprechend die Interaktionsprozesse zwischen Personen(gruppen) aus (imaginiert) verschiedenen Lebenswelten, die von den Akteur*innen als unvertraut oder »gefühlt anders« wahrgenommen werden, ohne dass dies mit einer Wertung einhergehen muss. Dieses Unbekannte/andere muss nicht zwangsläufig von Unsicherheit oder befremdlichen Gefühle durchdrungen sein; ebenso können auch Neugierde und Freude an neuen Erfahrungen im Vordergrund stehen. Interkulturalität in der Migrationsgesellschaft findet in der Regel zwischen Angehörigen von Minderheiten und Dominierenden statt, was *oftmals* bedeutet, dass die Begegnungen nicht durch Augenhöhe gekennzeichnet sind. Letzteres muss jedoch nicht zwangsläufig der Fall sein (man denke hier an Einwanderer*innen aus Skandinavien oder Frankreich, die sich seltener als PoC's begreifen) und wird stark von weiteren Faktoren beeinflusst, die Ungleichheitsverhältnisse produzieren (Klasse, Gender, Alter).

3.7 Kulturbegriff und Handlungsimpulse für die Praxis

Kulturverständnis aus Trainerinnenperspektive

Alltagssprachlich wird »Kultur« oft synonym zu »Nationalkultur« verwendet. Das entspricht einem geschlossenen Kulturverständnis, einhergehend mit der Vorstellung von Kulturen als homogene Einheiten, als »Container«, die Ethnien und Nationen voneinander abgrenzen. Menschen mit sichtbarer und/oder hörbarer internationaler Geschichte werden oftmals in einem »anderen Container verortet« und folglich verAndert. Aus Trainerinnenperspektive ist es wichtig, in Bildungskontexten auf dieses, für eine postmigrantische Gesellschaft wenig passende Kulturverständnis und auf mögliche konflikthafte Auswirkungen aufmerksam zu machen. Darauffolgend sollte eine Veranschaulichung von Kulturdefinitionen, die für eine postmigrantische Gesellschaft angemessener sind, stattfinden – darunter primär der holistische Kulturbegriff nach Bolten und das »Zoom-Bild« mit Einbezug der »fuzzy-culture« und seiner »Entweder-oder- *und* Sowohl-als-auch-Logik«.

Werden diese Kulturbeschreibungen innerhalb des Trainings jedoch ausschließlich abgebildet, bleibt das für Menschen aus praxisorientierten Berufen meist zu theoretisch. Obligatorisch in der Auseinandersetzung mit Kultur(begriffen) und Kulturnarrativen ist stets der Einbezug von Migrationsspezifika (z. B. durch das heuristische Modell zur Interpretation interkultureller Begegnungen von Auernheimer, s. Kapitel 4.2). Wir setzen den Kulturbegriff stets mit Blick auf die Migrationsgesellschaft (erklärend) ein; situationsbezogen, flexibel und mit unterschiedlichem Bedeutungsgehalt. Die zweiwertige Logik (Container) hat darin ihren Platz, wenn auch am Katzentisch und unter Berücksichtigung von Migrationsspezifika. Die mehrwertigen Logiken des offenen Kulturbegriffs beanspruchen einen größeren Raum: Kultur als offenes Netzwerk und »fuzzy«, nicht scharf voneinander abgrenzbar, durchzogen von Gemeinsamkeiten als auch von Differenzen – je nach »Zoom-Einstellung«. Kulturen können im weitesten Sinne eine orientierende Wirkung haben und die Bewertung und Wahrnehmung von Menschen beeinflussen (s. auch Exkurs »unconscious bias«, Kap. 3.5).

Handlungsimpulse aus Trainerinnenperspektive

▶ Definieren Sie den Kulturbegriff, wenn Sie ihn selbst benutzen: Kultur als Lebenswelt, als »schöne Künste«, als geografische Eingrenzung etc.
▶ Erfragen Sie die Definition des Kulturbegriffes, wenn ihn andere benutzen, und hinterfragen Sie Kulturdefinitionen, die am »Containerdenken« festhalten.
▶ Hinterfragen Sie gesellschaftliche Narrative, Begriffssetzungen in Medien, aber auch die von unterschiedlichen gesellschaftlichen Gruppen und Individuen. Diese Fragen können hierzu hilfreich sein:
  • Wer setzt den Kültürbegriff, aus welcher Position und mit welchem Verständnis wann ein?
  • Aus welcher Motivation heraus findet er Verwendung, in welchen Kontexten?
  • Welche Auswirkungen können aus dem Kulturbegriff/-verständnis resultieren – auf die jeweiligen Adressat*innen und auf die Interaktionen?
  • Wer hat die öffentliche Aufmerksamkeit, um Kulturen zu definieren und Zuschreibungen vorzunehmen?[19]
  • Wann muss kültür als Erklärungsmuster beziehungsweise als Ablenkung von strukturell ungleichen Bedingungen, vorhandenen Machtverhältnissen und Diskriminierungsformen herhalten?
  • Welchen Effekt haben Zuschreibungen auf tatsächliche oder vermeintliche Angehörige von Minderheiten in Institutionen (Bildungseinrichtungen, Behörden etc.) und in Konfliktsituationen?
▶ Hinterfragen Sie Generalisierungen wie beispielsweise: »(Alle) Almans sind ...« »(Alle) Christ*innen sind ...«
▶ Reflektieren Sie binäre Konstruktionen und Gegenüberstellungen wie: »die Schweizer*innen« versus »die Pol*innen«, »die Einheimischen« versus »die Migrant*innen«. Oder: »wir« versus »die«.
▶ Reflektieren Sie migrationsspezifische Erfahrungen und Deutungshoheiten: Wird den Erfahrungsberichten von Machtarmen geglaubt und Gehör

---

19 »Diskurse über migrationsgesellschaftlich als Andere Geltende [...] machen die Anderen zu dem, was sie sind, und produzieren zugleich Nicht-Andere. Migrationsdiskurse sind hierbei durchaus nicht bedeutungsähnlich und einwertig, sie konkurrieren miteinander und diese Konkurrenz kann als ein Ringen um symbolische Vorherrschaft oder Hegemonie beschrieben werden [...]. In diesen Auseinandersetzungen wird insbesondere die Frage, ob es eher um gesellschaftlichen, institutionellen und auch identitätsbezogenen Erhalt oder Umgestaltung geht, kontrovers diskutiert, was mit Bezug auf gesellschaftliche Ordnungen (sowohl im gesellschaftlichen Kontext, der verlassen, als auch im Kontext, der aufgesucht wird) innovative wie restaurative Ergebnisse bewirkt.« (Hall 1994 zit. nach Mecheril 2016, S. 11)

geschenkt, wenn sie von Diskriminierungspraxen berichten? Oder gehen die Berichte mit »Beschwichtigungen/Verleugnungen« einher, wie zum Beispiel: »Die übertreiben, die sehen überall Rassismus.« Gibt es in bestimmten Institutionen per Definition keinen Rassismus, weil er schlicht und einfach verboten ist?
▶ Erkennen Sie Kulturen als gleichwertig an und bemühen Sie sich, von einer *Bewertung* differenter Orientierungssysteme abzulassen und keine »Kulturrankings« vorzunehmen.
▶ Vermeiden Sie das vollständige Negieren von differenten Orientierungssystemen und Normalitätsvorstellungen ebenso wie Kulturalisierungen; seien Sie aufmerksam, wann kulturelle Differenzen im Sinne ethnischer Unterschiede konstruiert sind und wozu/wem dies dienen könnte.
▶ Labeln Sie Menschen nicht als Vertreter*innen einer kültür, sondern begegnen Sie ihnen stets als Individuum und erkennen Sie sie als solche an.

3.8 Zur Vertiefung

Integration beziehungsweise das Absprechen von »Integrationserfolgen« am Beispiel des Fußballnationalspielers Mesut Özil:
Ataman, F. (2018): Integrierte Mitbürger machen Stress.

Gruppenbezogene Menschenfeindlichkeit:
Zick, A./Küpper, B./Berghan, W. (2019): Verlorene Mitte – Feindselige Zustände. Rechtsextreme Einstellungen in Deutschland 2018/19. Bonn.

Prävention von Ungleichwertigkeitsideologien:
Bostel, D./Bozay, K. (2020): Kultur der Anerkennung statt Menschenfeindlichkeit«. Antworten für die pädagogische und politische Praxis. Weinheim/Basel.

Kulturstandards von Alexander Thomas:
Kühnel, P. (2014): Kulturstandards – woher sie kommen und wie sie wirken.

4. Interkulturelle Kompetenz (iK) in der Migrationsgesellschaft: Impulse und Entwicklungsmöglichkeiten

Kontakte und Beziehungen zwischen Menschen mit und ohne Migrationsvorteil sind im Arbeits- und Privatleben sowie im Ehrenamt längst Alltag. Aktuell hat mehr als ein Viertel der Bevölkerung definitionsgemäß einen Migrationshintergrund (Statistisches Bundesamt 2020a). Diese Menschen suchen Behörden auf, arbeiten als Lehrer*innen und Medienschaffende, sind Studierende und Schüler*innen. Rechnet man interkulturelle Begegnungen, beispielsweise aufgrund von Geschäftszweigstellen im Ausland, privaten Reisen, zivilgesellschaftlichem Engagement rund um den Globus und Netzwerken in sozialen Medien dazu, so sammelt ein großer Teil der hiesigen Einwohner*innen stetig zahlreiche interkulturelle Erfahrungen. In diesem Zusammenhang besteht ein großes Interesse an Fortbildungsangeboten und Literatur sowie an Seminaren in diversen Studienfächern und Ausbildungslehrgängen zum Thema »interkulturelle Kompetenz«.

Dabei könnte man über den Bedarf, zumindest über den an interkultureller Kompetenzentwicklung aufgrund von Migrationsphänomenen in Almanya, erstaunt sein, denn diese Phänomene sind nicht neu. Interkulturalität gehört in Deutschland schon lange zum Alltag und ist ein »Normalfall«. Und sie verläuft – häufig unbeachtet – überwiegend »unauffällig«, konfliktfrei und folglich unbemerkt (Kalpaka/Mecheril 2010; El-Mafaalani 2018).

Mecheril (2013) kritisiert, dass die Alltäglichkeit und Normalität gelingender Interkulturalität nicht ins Blickfeld geraten. Der Fokus auf Missverständnisse, Konflikte und Probleme wiegt schwerer und wird nach dem Soziologen Joachim Matthes oft als Emblem eines westlichen Diskurses klassifiziert (Auernheimer 2013). Folglich wird ein Bedarf an interkultureller Kompetenz identifiziert, sobald als fremd betrachtete Menschen auftauchen, da »durch die Präsenz der als fremd Bezeichneten pädagogische Handlungsfähigkeit allem Anschein nach problematisiert wird und als nicht (in ausreichendem und angemessenen Maße) zur Verfügung stehend erscheint« (Mecheril 2013, S. 16).

Interkulturelle Kompetenz wird häufig als eine *Sonderkompetenz* im Rahmen professionellen Handelns verstanden, wenn sich diese Handlungen auf Einwanderer*innen beziehen. Angebote zur »Vermittlung« von interkultureller Kompetenz richten sich in der Regel zwar an alle Fachkräfte, werden jedoch von der Vorstellung dominiert, »Nicht-Migrant*innen«, die mit »Migrant*innen« arbeiten, benötigten diese Kompetenzen, da ihnen die Zielgruppe fremd sei (Kalpaka/Mecheril 2010).

Der gesamte Themenkomplex »interkulturelle Kompetenz« obliegt diesem Spannungsfeld.[20] Einerseits kann interkulturelle Kompetenz hilfreich sein, wenn mit angemessenen Definitionen gearbeitet und die Modelle zur Perspektiverweiterung verstanden werden, die zur vielfältigeren Entschlüsselungsmöglichkeit von Verhalten führen und zudem weitere wichtige Komponenten wie Ethnozentrismus, Migrationsspezifika, die Berücksichtigung des jeweiligen Kontextes und auch Anregungen zur Selbstreflexion enthalten. Andererseits trägt die Auffassung, dass die Arbeit mit Einwander*innen und ihren Nachkommen in pädagogischen Einrichtungen (und auch in anderen Institutionen) spezifische (kulturelle) Fertigkeiten und spezifisches Kulturwissen erforderlich mache, dazu bei, Menschen mit Einwanderungsbiografie als kulturell »andere« (othering) und Menschen ohne Einwanderungsbiografie als kulturell »nicht-andere« zu markieren (Kalpaka/Mecheril 2010). Damit wird interkulturelle Kompetenz im Kontext der Professionalisierung von pädagogischen Fachkräften als Prämisse des »richtigen Umgangs« mit »Migrationsanderen« verstanden. Hiermit ist nicht nur die Vorstellung, die Fachkräfte selbst seien Menschen ohne Einwanderungsbiografien, verknüpft (Auernheimer 2013), sondern auch die Annahme von homogenen Kulturen.

Trotz dieser (ge-)wichtigen Kritikpunkte verwenden auch wir den iK-Begriff und preisen unter dem Schlagwort Seminare an, in denen er durch diverse Modelle und Definitionen genauer und aus unserer Perspektive für eine Migrationsgesellschaft so angemessen wie möglich definiert und beschrieben wird. Dabei sind wir, mit Blick auf Statistiken, welche die Bevölkerungsentwicklung in Almanya abbilden, zuversichtlich, dass diese Fortbildungsangebote perspektivisch überflüssig werden, weil sich die Normalität von Interkulturalität – inşallah – zukünftig in allen Bereichen der Gesellschaft noch deutlicher widerspiegeln wird. Aus heutiger Sicht ist das jedoch noch Zukunfts*müzik.*

Unter Einbezug diverser Sozialwissenschaftler*innen und gesammelter (Berufs-)Erfahrungen erläutern wir im Folgenden mehrere Perspektiven auf interkulturelle Kompetenz und bilden Synergien – stets mit Blick auf die Anwend-

---

20 Das lässt sich zumindest für die Arbeit in pädagogischen Feldern, in Bildungskontexten und in der Verwaltung formulieren.

barkeit in der Praxis und mit Fokus auf die innergesellschaftliche, kulturelle Diversität – ab. Die Basis dafür bilden das holistische Kulturverständnis und »fuzzy cultures« mit ihrer »Entweder-oder- *und* Sowohl-als-auch-Logik« nach Bolten (2012; s. Kapitel 3.1) und ein starker Bezug auf erziehungswissenschaftliche iK-Diskurse.

4.1 Historie und Definitionen von interkultureller Kompetenz

Ein Blick in die Vergangenheit zeigt, dass die Diskussion im deutschsprachigen Raum über interkulturelle Kompetenz recht spät begann, während sie in den USA schon in den 1960er Jahren aufgegriffen wurde. In Almanya nahm die Sozialarbeit und -pädagogik eine große Vorreiterrolle ein. Den Auftakt hat nach Auernheimer (2013) vermutlich der Pädagoge Wolfgang Hinz-Rommel mit seinem Buch »Interkulturelle Kompetenz. Ein neues Anforderungsprofil für die Soziale Arbeit« (1994) gemacht.

Der Kompetenzbegriff hat in den Sozialwissenschaften vermutlich drei Wurzeln, die voneinander unabhängig sind: »Die Soziologie von Max Weber, die Linguistik von Noam Chomsky und die Tradition der amerikanischen Psychologie« (Klieme/Hartwig zit. nach Henze 2018, S. 92). Mit diesen drei Entwicklungslinien im Kompetenzverständnis wurde

> »ein Raum für höchst unterschiedliche, konkurrierende Verständnisse und Inanspruchnahmen von Kompetenz eröffnet [...], in dem es vor allem um vier Modi der Betrachtung ging, die auch das Konstrukt der interkulturellen Kompetenz ganz wesentlich markieren: 1) Um die Perspektiven von Machtasymmetrien (Webers Theorie der Herrschaft) in Handlungszusammenhängen, 2) um das Paradigma der linguistic competence und die Unterscheidung von Kompetenz und Performanz (bei Chomsky), 3) um die Abgrenzung zum Konzept der Intelligenz und 4) um die Sicht auf Kompetenz als Vollzug einer effektiven Interaktion des Individuums mit der Umwelt.« (Henze 2018, S. 92)

Durchgehend beobachten lässt sich eine Abkehr von statischen Kompetenzmodellierungen hin zu Modellen, die den Kontext betonen und sich auf soziale Kollektive (Lebenswelten) statt auf »nationalstaatlich definierte Kulturräume« (Henze 2018, S. 111 f.) beziehen. Diese Modelle sind »damit auch stärker auf Entgrenzung und Fluidität als auf Grenzziehung bedacht« (Henze 2018, S. 112) und betrachten Zuschreibungen stärker als *wahrscheinlichkeitstheoretische* Verteilungen denn als festgelegtes, starres Konstrukt.

> **Beispiel »Religionszugehörigkeit in Polen«**
> Im Jahr 2019 waren 90 % der polnischen Bevölkerung Katholik*innen (MDR 2019). Die Wahrscheinlichkeit, dass aktuell nach Deutschland migrierende Menschen aus Polen katholischen Glaubens sind, ist *groß*, liegt aber nicht bei 100 %. Auch variieren die Spannbreite der Tiefe und der Stellenwert der Religiosität sowie der Einbezug des Glaubens in den Alltag.

Eine allgemeingültige Definition oder ein universell anwendbares Modell für interkulturelle Kompetenz gibt es nicht, die Definition hängt vom jeweiligen Tätigkeitsbereich ab. Ebenso gibt es keine kontextfreie iK, die sich auf alle Berufs- und Handlungsfelder bezieht (Auernheimer 2013).

Zurückgreifen können Interessierte jeglicher Berufsdisziplinen auf ein Gros an einschlägiger Literatur, Modellen und Thesen. Dabei wird rasch offenkundig, dass die Forschung zur interkulturellen Kompetenz ursprünglich aus dem Auswahlbedarf an geeigneten Fach- und Führungskräften zur Entsendung ins Ausland entstanden ist. Die Forschung verfolgt vor allem das Ziel, Variablen auszumachen, um die »Effektivität« in interkulturellen Interaktionen prognostizieren zu können (Dinges/Baldwin 1996). Dies sollte in der Auseinandersetzung mit interkultureller Kompetenz berücksichtigt werden. Ebenso ist zu beachten, dass die geläufigen iK-Modelle aus einer westlichen Perspektive entwickelt wurden und auf Forschungsergebnissen einer angelsächsischen, US-amerikanischen und europäischen Ausrichtung beruhen (Bertelsmann Stiftung 2008). Nach Bolten (2011) ist ein Manko der euroamerikanischen, interkulturellen Handlungsforschung, dass sie hinsichtlich Theoriebildung und Konzeptualisierungen immer noch weitestgehend auf zweiwertigen Denkmustern aufbaut; *»entweder-oder«* statt *»sowohl-als-auch«*.

IK-Modelle basieren auf unterschiedlichen Kulturverständnissen und Zielsetzungen. Modelle zum Aufbau erfolgreicher, internationaler Geschäftsbeziehungen und interkultureller Teams basieren in der Regel auf geschlossenen Kulturmodellen und sind kulturalistisch ausgerichtet.[21] Mit kulturalistischem Blick werden Ursachen von Schwierigkeiten in interkulturellen Settings verstärkt auf kul-

---

21 Mecheril kritisiert: »Im Kontext des managerial-ökonomischen Kalküls geht es um die Erreichung managerial-ökonomischer Ziele. Unter der relativ klaren Ergebnisorientierung des Kalküls werden Situationsparameter betrachtet und gewinnen Bedeutung. ›Interkulturelle Differenz‹ interessiert hier mit Bezug auf die Frage, wie sich Differenzen zu der Absicht ›Geschäfte machen‹ verhalten. Wenn der Umgang mit Differenzen dem ›Geschäfte machen‹ zuträglich ist, es zumindest nicht behindert, entspricht dieser Umgang den managerial-ökonomischen Anforderungen; in diesem Sinne handelt es sich um einen gelungenen Umgang mit Differenzen« (Mecheril zit. nach Henze 2020, S. 78).

turelle Differenzen der Interaktionspartner*innen zurückgeführt (Mecheril 2013). Kulturalistisch ausgerichtete Ansätze lassen sich – unseres Erachtens nach – nicht auf eine Migrationsgesellschaft übertragen, da sie weitere und zumeist schwerwiegenderen Einflussfaktoren wie Migrationsspezifika und auch den Kontext der Interaktion zu stark außen vor lassen. Im Unterschied zu den auf das Handeln in Wirtschaftskontexten ausgerichteten Ansätzen enthalten Kompetenzmodellierungen in erziehungswissenschaftlichen Feldern

»einen deutlich appellativen Charakter, der Individuen und Kollektive zur Wahrnehmung, Vermeidung oder Entwicklung von Strategien zur Überwindung von gesellschaftlicher Ungleichheit und Ungerechtigkeit ermuntert bzw. auffordert.« (Henze 2018, S. 27)

Die Sozialwissenschaftler Matthias Lange und Nils Pagels (2000) beschreiben interkulturelle Kompetenz als

»die Fähigkeit, in ›ethnifizierten Situationen des Alltagslebens‹ die kulturellen Zuschreibungen und Festlegungen aktiv und effektiv aufzulösen und sie in Situationen des offenen und gleichberechtigten ›Konfliktmanagements‹ durch die Akteure selbst umzumünzen.« (Lange/Pagels 2000, S. 11)

Beispiel »Gangster-Rapper«

Eine in Almanya einheimisch verortete Frau setzt sich erstmals mit ihrer »rassistisch geprägten Brille« auseinander und verkündet ein erstes Lernergebnis: »Gestern hat mich auf der Autobahn ein Fahrer auf unmögliche Weise überholt. Ich habe ins Auto reinschauen können und gesehen, dass da ein *Gangster-Rapper* am Steuer sitzt. Wäre es ein *Nazi-Klaus* gewesen, hätte ich ihn angezeigt.«

Weil es anhand eines Fensterblickes schwer auszumachen ist, ob ein insan tatsächlich ein Gangster mit Hobby oder (Neben-)Erwerb Rapper ist, lag die Vermutung nahe, dass diese Zuschreibung anhand äußerlicher Merkmale vorgenommen wurde (dies wurde bestätigt). Im Sinne des ersten Teils der iK-Definition von Lange und Pagels könnte sich ein Entwicklungsprozess bei der Lernenden in der Fähigkeit abbilden, ihre kulturellen Zuschreibungen (Korrelation zwischen äußerem Erscheinungsbild und Kriminalität sowie bevorzugtem Musikgenre) zu prüfen und gegebenenfalls zu korrigieren. Für die Umsetzung des zweiten Teils der Definition hätte es eine direkte Begegnungssituation geben müssen, die in diesem Beispiel nicht stattgefunden hat.

Mecheril (2010a) betont, dass die Auseinandersetzung mit Prozessen, Rahmenbedingungen und Verankerungen von gesellschaftlichen Verhältnissen und Hierarchien unabdingbar für die Entwicklung von interkultureller Kompetenz ist. Die eigene Eingebundenheit und das Handeln in diesen Verhältnissen und Arbeitskontexten gilt es zu reflektieren. Die Bertelsmann Stiftung (2008) hebt hervor, dass zwischenmenschliche Begegnungen in einem Rahmen stattfinden, der durch Ziele, Regeln und (soziale) Normen bestimmt wird und in der Auseinandersetzung mit interkultureller Kompetenz berücksichtigt werden sollte. Was hieße es beispielsweise, »interkulturell kompetent« zu handeln, wenn aus Krisengebieten geflüchtete Menschen durch Sozialpädagog*innen zur »freiwilligen Rückkehr« aufgefordert werden (Kalpaka/Mecheril 2010)?

Je nach Arbeitsfeld und Zielsetzung sind folglich diverse Modelle und Annäherungen an das Thema interkulturelle Kompetenz(entwicklung) sinnvoll. Für alle iK-Modelle gilt, dass sie auf unterschiedlichen Kulturverständnissen und sozialen Bewertungen beruhen (Henze 2018).

Interkulturelle Kompetenz nach Deardorff

Die Wissenschaftlerin Darla Deardorff schaffte mit ihrer Dissertation eine international häufig zitierte Arbeit zur Konstruktvielfalt und zur Messung von iK (Henze 2018). Die Bertelsmann Stiftung (2006) veröffentlichte mit ihr ein Strategiepapier, auf deren Basis sie mit der Stiftung Fondazione Cariplo 2008 dreizehn Thesen zur interkulturellen Kompetenz entwickelte (Bertelsmann Stiftung 2008). Diverse weitere Expert*innen wirkten durch ihre Beiträge und Erkenntnisse an der Entstehung der Thesen mit, die in diesem Unterkapitel nicht vollständig abgebildet, jedoch partiell erläutert werden.

In den Thesen wird interkulturelle Kompetenz auf Grundlage eines prozessualen, offenen Kulturverständnisses definiert. Eine positive Einstellung gegenüber interkulturellen Situationen sowie eine allgemeine Offenheit und Wertschätzung für kulturelle Diversität bilden die Grundlage für ihre Entwicklung. IK wird nicht als statischer Zustand oder als Ergebnis einer einzigen Lernerfahrung verstanden, sondern als ein kontinuierlicher, dynamischer Prozess. Die Fähigkeit, mit fortlaufenden Prozessen gelingend umzugehen, ist dabei eine wichtige Kernkompetenz (Bertelsmann Stiftung 2008).

Tabelle 2: Kompetenzanforderungen des statischen und dynamischen Modells von Kultur (Leenen/Groß/Grosch 2016)

Statisches Modell	Dynamisches Modell
Verständnis des Fremden	Wahrnehmung von Multiperspektivität
Toleranz	Akzeptanz von Differenz
Anpassungsbereitschaft	Kontextangemessenes Verständigungshandeln

Im Sinne eines dynamischen Prozesses lautet eine vorläufige Definition der Bertelsmann Stiftung zur interkulturellen Kompetenz:

»Interkulturelle Kompetenz ist die Fähigkeit, in interkulturellen Situationen effektiv und angemessen zu agieren; sie wird durch bestimmte Einstellungen, emotionale Aspekte, (inter-)kulturelles Wissen, spezielle Fähigkeiten und Fertigkeiten sowie allgemeine Reflexionskompetenz befördert.« (Bertelsmann Stiftung 2008, S. 4)

Angemessen im Sinne dieser Definition bedeutet,

»dass zentrale Aspekte der kulturellen Identität, maßgebliche Einstellungen und Normen, die von den Beteiligten als positiv bewertet werden, [...] nicht soweit verletzt werden, dass die wechselseitige Anerkennung gefährdet und gravierende Disharmonien erzeugt werden.« (Bertelsmann Stiftung 2008, S. 8)

Beispiel »Kennenlernen«
Interkulturelle Kompetenz könnte sich beispielsweise so äußern, dass nach Almanya migrierte Personen ihre neuen almanschen Nachbar*innen beim ersten Kennenlernen nicht klischeemäßig nach dem Bierkonsum und Scheidungsraten in der Familie fragen, sondern ihre Stereotype reflektieren und durch andere Fragen Interesse signalisieren. Und umgekehrt Almans neu Migrierten keine unangemessenen Fragen stellen, die ihre Stereotype widerspiegeln und die zu Beginn eines Kennenlernens ebenso grenzüberschreitend und irritierend wirken könnten.[22]

---

22 Häufig berichten Menschen mit internationaler Geschichte aus muslimischen Ländern über (erste) Begegnungen mit »Herkunftsdeutschen«, in denen ihnen sehr persönliche und stereotype Fragen gestellt werden, die sie als entwürdigend und übergriffig erleben. Zum Beispiel:

Effektiv verweist auf eine zweckorientierte, rationale Handlung, die vor allem die eigene Intention und den eigenen Erfolg beschreibt. Effektivität ist jedoch nicht für alle interkulturellen Settings passend (Bertelsmann Stiftung 2008). Man denke beispielsweise an ehrenamtliche Kontexte, in denen oft freundschaftliche Beziehungen entstehen, oder an binationale Freund- und Partnerschaften.

Internationale Beachtung erfährt die 🔍 Delphi-Studie von Deardorff, in der sie mit 23 Proband*innen aus dem Hochschulbereich eine systematische Listung von Elementen interkultureller Kompetenz erarbeitete und daraus in ihrer Dissertation ein Gesamtkonzept ableitete:

»Aus der Gesamtschau heraus ergab sich als am höchsten bewertete Definition für interkulturelle Kompetenz ›the ability to communicate effectively and appropriately in intercultural situations based on one's intercultural knowledge, skills, and attitudes‹ [...] [die Fähigkeit, in interkulturellen Situationen effektiv und angemessen zu kommunizieren, basierend auf den eigenen interkulturellen Kenntnissen, Fähigkeiten und Haltungen. Übersetzung der Autorin]. Damit steht sie in der Linie bekannter Ansätze, in denen von Fähigkeit zur effektiven und angemessenen Kommunikation auf Basis der Trias Wissen, Fertigkeiten und Einstellungen gesprochen wird.« (Henze 2018, S. 106)

Interkulturelle Kompetenz nach Bolten

Die von Deardorff erwähnten Kategorien »Wissen«, »Fertigkeiten« und »Fähigkeiten« finden sich auch im Komponentenmodell von Bolten (2006) wieder.

»Du bist ja eine Frau aus einer muslimischen Familie. War es denn sehr streng bei euch?« »Könnten *Sie* denn eine Frau als Führungskraft akzeptieren?« »Du hast dem Typen einen Korb gegeben? Pass bloß auf, er (muslimisch gelesener Mann) weiß, wo du wohnst.«

Tabelle 3: Komponentenmodell nach Bolten (2006, S. 63)

Affektive/emotionale Dimension	Kognitive Dimension	Verhaltensbezogene/konative/ praxische Dimension
▶ Ambiguitätstoleranz ▶ Frustrationstoleranz ▶ Fähigkeit zur Stressbewältigung und Komplexitätsreduktion ▶ Selbstvertrauen ▶ Flexibilität ▶ Empathie, Rollendistanz ▶ Vorurteilsfreiheit, Offenheit, Toleranz ▶ Geringer Ethnozentrismus ▶ Akzeptanz von/Respekt gegenüber anderen Kulturen ▶ Interkulturelle Lernbereitschaft	▶ Verständnis des Kulturphänomens in Bezug auf Wahrnehmung, Denken, Einstellungen sowie Verhaltens- und Handlungsweisen ▶ Verständnis fremdkultureller Handlungszusammenhänge ▶ Verständnis eigenkultureller Handlungszusammenhänge ▶ Verständnis der Kulturunterschiede der Interaktionspartner*innen ▶ Verständnis der Besonderheiten interkultureller Kommunikationsprozesse ▶ Metakommunikationsfähigkeit	▶ Kommunikationswille und -bereitschaft i. S. der initiierenden Praxis der Teilmerkmale der affektiven Dimension ▶ Kommunikationsfähigkeit ▶ Soziale Kompetenz (Beziehungen und Vertrauen zu fremdkulturellen Interaktionspartner*innen aufbauen können)

Interkulturelle Kompetenz stellt nach Bolten keinen eigenständigen Kompetenzbereich dar. Sie ist im Sinne des lateinischen »competere« (zusammenbringen) als »Fähigkeit zu verstehen, individuelle, soziale, fachliche und strategische Teilkompetenzen in ihrer bestmöglichen Verknüpfung auf interkulturelle Handlungskontexte beziehen zu können« (Bolten 2012, S. 166).

Beispiel »Vermittlung einer Ausbildungsstelle«
Ein junger Mann ist vor drei Jahren mit seiner Familie nach Deutschland migriert. Er hat die Schullaufbahn beendet und möchte nun eine Ausbildung beginnen. Dazu hat er einen Termin bei einer Berufsberaterin vereinbart. Im Sinne der vorab genannten Fähigkeiten sollte die Beraterin in ihrem interkulturellen Handlungskontext neben der Berücksichtigung des hiesigen Stellenmarktes auch das Prestige von Berufen im Herkunftsland bedenken. In dem Herkunftsland des zu Beratenden gibt es beispielsweise für viele Handwerksberufe, wie Friseur oder Bäcker, keine geregelte Ausbildung. Sicherlich wird ihm ein solcher Beruf nicht attraktiv erscheinen, wenn er hierzulande eine dreijährige Lehrzeit absolvieren muss, um in dem Beruf arbeiten zu können. In diesem Zusammenhang sollte auch beachtet werden, ob die zu beratende Person mit dem Gedanken einer Re-Migration spielt, wodurch das Prestige und

die Ausübungsmöglichkeiten des jeweiligen Berufes im anderen 🜨 Haymatland noch relevanter werden.²³

Interkulturelle Kompetenz beschreibt nach Bolten »eine Querschnittsaufgabe, deren Gelingen das Zusammenspiel verschiedener Schlüsselqualifikationen voraussetzt« (Bolten 2012, S. 166). Als zentrale Schlüsselqualifikationen beziehungsweise Teilkompetenzen nennt er unter anderem: Ambiguitätstoleranz, Dissensbewusstsein, Empathie, Flexibilität, Fremdsprachenkenntnisse, interkulturelle Lernbereitschaft, Kommunikationsfähigkeiten und Kulturwissen.

Interkulturelle Kompetenz lässt sich für ihn demnach als »das ganzheitlich-angemessene Zusammenspiel von individuellem, sozialem, fachlichem und strategischem Handeln in Kontexten [...], deren Regeln uns überwiegend nicht oder nur bedingt plausibel sind« (Bolten 2012, S. 131), zusammenfassen.

»Interkulturell kompetent sind diejenigen, denen es gelingt, diese Regeln nicht nur zu verstehen, sondern gemeinsam mit ihren Handlungspartnern Regeln ›auszuhandeln‹, die allen Beteiligten plausibel erscheinen.« (Bolten 2012, S. 131)

Interkulturelle Kompetenz kann fraglos auch aus einem »Nein« bestehen, wenn Positionen nicht verhandelbar und Möglichkeiten für ein gemeinsames interkulturelles Handeln nicht erkennbar sind – unter der Maßgabe eines erneuten Anlaufes zu einem späteren Zeitpunkt (Bolten 2012).

Beispiel »Integrationskurs«
Eine Dozentin eines Integrationskurses wird von einer Schülerin darum gebeten, an einem Tag in der Woche früher den Kurs verlassen zu können, um einem für sie bedeutsamen und wiederkehrenden Termin nachgehen zu können. An diesem Wochentag sind im Kurs regelmäßig Prüfungen vorgesehen und zudem besteht eine Teilnahmepflicht. Die Dozentin verneint die Anfrage zunächst. Allerdings wird sie sich im Kollegium über die Anfrage austauschen, Bestimmungen und Ausnahmeregelungen prüfen und das Anliegen gegebenenfalls zu einem späteren Zeitpunkt noch einmal aufnehmen.

---

23 Hier empfiehlt sich eine Recherche beim BQ-Portal, das im Ministerium für Wirtschaft und Energie angesiedelt ist und Berufsbildungssysteme verschiedener Länder abbildet: www.bq-portal.de.

Bolten betont den großen Stellenwert von *Wertneutralität* gegenüber verschiedenen Äußerungsformen von Kulturen. Daneben spielt *Gleichwertigkeit* bei Kulturvergleichen eine große Rolle:

> »[E]s gibt keine mehr oder minder ›fortschrittlichen‹ oder ›weiter entwickelten‹ Kulturen, da es sich um sehr spezifische Systeme handelt, die sich derartigen Vergleichen gerade deshalb entziehen, weil die gemeinsame Vergleichsbasis fehlt.« (Bolten 2012, S. 44)

Gleiche Gültigkeit sei jedoch nicht mit Gleichgültigkeit gleichzusetzen und Wertneutralität schließe keine Kritik an Menschenrechtsverletzungen aus.

Interkulturelle Kompetenz umfasst auch einen angemessenen Umgang mit Unvertrautem. Wie unvertraut etwas erscheint, hängt mit der eigenen Beziehung zum anderen zusammen. Hieraus ergibt sich auch das eigene Selbstverständnis, da Selbst- und Fremdbilder in einem wechselseitigen Zusammenhang stehen. Fremd kann etwas erscheinen, wenn es den »Normalitätserwartungen« widerspricht, nicht plausibel erscheint oder wenn routinierte Handlungen nicht mehr wie gewohnt möglich sind (Bolten 2012).

Beispiel »Krankenhaus«

Ein Team von Krankenpfleger*innen wird in einem hastane mit ihren Normalitätsvorstellungen konfrontiert, als ein Arzt mit internationaler Biografie neu eingestellt wird. Der Arzt unterstützt die Patient*innen neben den Untersuchungen bei Übersetzungen und beim Ausfüllen von Formularen. Das Pflegepersonal ist irritiert: Auf der einen Seite wird ihnen bewusst, wie deutlich sie ihr eigenes Aufgabenfeld abgrenzen und Bitten um Unterstützung, die nicht direkt mit ihren primären Tätigkeiten im Zusammenhang stehen, verneinen – was ein ungutes Gefühl hinterlässt; insbesondere bei jenen, die schon mal auf Hilfsbereitschaft im Ausland angewiesen waren und diese auch zu schätzen wussten. Andererseits sind sie durch die dünne Personaldecke stark überlastet und zudem verzögert sich durch die Mehrarbeit des Arztes häufig ihr eigener Feierabend, was wiederum zu Problemen durch die Verschiebung privater Termine führt. Hier treffen unterschiedliche Normalitätsvorstellungen aufeinander: Für den Arzt ist es wesentlich, sich die Zeit für Patient*innen zu nehmen, die erforderlich ist, und bei Bedarf auch bei nichtmedizinischen Anliegen zu unterstützen. Vor allem, wenn diese mit (z. T. unfreiwilligen) Migrationsbewegungen und folglich mit Sprachbarrieren zusammenhängen.

> Für das Pflegepersonal haben stringentere Abgrenzungen von Aufgaben und das Einhalten der Arbeitszeiten eine hohe Priorität und spiegeln ihre bisher gewohnten Abläufe wider.

Interkulturelle Kompetenz hängt somit auch mit der Vielfalt eigener Fremdheitserfahrungen sowie mit der Fähigkeit und Bereitschaft, Unbekanntes bekannter werden zu lassen, zusammen. Damit ist auch unweigerlich die Selbstreflexion als Grundlage für die Auseinandersetzung mit dem Unbekannten verknüpft (Bolten 2012). Das Wissen um eigene Prägungen, Norm- und Wertevorstellungen und eigene Interpretations- und Wahrnehmungsmuster bildet dabei die Grundlage (s. Übung zur Selbstreflexion in »Handlungsimpulse«, Kapitel 4.6).

4.2 Berücksichtigung von Machtasymmetrien in der interkulturellen Kompetenz(entwicklung): Das heuristische Modell zur Interpretation interkultureller Begegnungen nach Auernheimer

Obwohl der Einfluss von Machtasymmetrien in interpersonalen Gefügen interdisziplinär zunehmend diskutiert und zu einer zentralen leitidiologischen Perspektive erhoben worden ist (Henze/Nguyen 2011), bleiben sie in vielen iK-Modellen weitestgehend unberücksichtigt. Dabei beeinflussen Machtasymmetrien die Kommunikation zwischen Angehörigen der Dominanzgesellschaft und Minderheiten maßgeblich. Dieser Aspekt wird unter anderem in dem heuristischen und mehrdimensionalen Modell zur Interpretation interkultureller Begegnungen von Auernheimer (2013) abgebildet – welches nicht explizit als interkulturelles Kompetenzmodell fungiert, wir dennoch in diesem Kapitel aufgrund seiner großen Relevanz in der Auseinandersetzung mit der eigenen iK-Entwicklung erläutern.

Nach Auernheimer dient das Modell zur Identifikation möglicher Störfaktoren in interkulturellen Settings. Er benennt die vier Dimensionen: Machtasymmetrien, Fremdbilder, kollektive Erfahrungen und differente Kulturmuster/Scripts. Auernheimer konstatiert, dass »Störungen« in interkulturellen Begegnungen von Mehrheitsangehörigen oft auf eine Differenz kultureller Muster zurückgeführt werden. Er nimmt diese Interpretation als *eine* Möglichkeit auf und setzt sie an die letzte Stelle, da er diesen Aspekt als häufig überbewertet einstuft. Auch plädiert er dafür, interkulturelle Kompetenz nicht auf einen adäquaten Umgang mit kultureller Differenz zu beschränken und Differenzen weder überzubetonen, noch vollständig auszublenden (Auernheimer 2013).

Die vier Dimensionen des heuristischen Modells zur Interpretation interkultureller Begegnungen

Machtasymmetrien: In interkulturellen Settings sind Beziehungen häufig asymmetrisch und durch unterschiedliche Machtstrukturen gekennzeichnet. Davon betroffen können diverse Bereiche (zugleich) sein: Rechtsungleichheit (z. B. in Form des Aufenthaltsstatus), Sprachkenntnisse, Wohlstandsgefälle, Status. Manche Bezugsrahmen, zum Beispiel Behörden, weisen per se und klientelunabhängig Machtasymmetrien auf. Menschen mit Einwanderungsbiografien der ersten Generation sind häufig mit weniger Sprach- und Sachkenntnissen ausgestattet, sodass sich dieses Machtgefälle stärker auf sie auswirken kann als auf Standarddeutsche. Macht geht mit Überlegenheit und größeren Handlungsmöglichkeiten einher und stützt sich auf die ungleiche Verfügbarkeit von Ressourcen. Im Terminus des Soziologen und Sozialphilosophen Pierre Bourdieu ausgedrückt, ist die Verfügbarkeit von materiellem, sozialem und kulturellem Kapital entscheidend (Auernheimer 2013).

»Macht kann sich auf den institutionellen Status gründen, auf soziale Beziehungen oder auf Zugang zu Informationen. Macht hat, wer Einfluss nehmen, die Spielregeln bestimmen kann [...]. Eine nicht zu vernachlässigende Variante ist die diskursive Macht, aufgrund derer jemand bestimmen kann, was Thema sein kann und was Tabu ist.« (Auernheimer 2013, S. 52)

In Bezug auf Machtasymmetrien ist die »Deutungshoheit« nicht zu vernachlässigen, meist eng verzahnt mit der diskursiven Macht – wem wird wann Gehör und Glauben geschenkt? Die Mordserie des NSU (Nationalsozialistischer Untergrund) ist hierfür eines der jüngsten und dramatischten Beispiele.

Beispiel »NSU«
Der NSU ermordete zwischen 2000 und 2006 zehn Menschen aus rassistischen Motiven, davon neun Menschen mit Einwanderungsbiografie. Verdächtigt wurden über einen langen Zeitraum Familienmitglieder der Ermordeten – weshalb vor allem im Umfeld der Opfer ermittelt wurde – trotz Beteuerungen der Familien, sie seien Opfer und keine Täter*innen. Ein mögliches rassistisches Motiv für die Taten wurde dagegen lange Zeit nicht in Erwägung gezogen (Caspari/Tröger/Sundermann 2018).

Kollektive Erfahrungen: Mit kollektiven Erfahrungen wird das Erleben von Ausgrenzungspraxen von Angehörigen einer Minderheit durch Angehörige der Dominanzgesellschaft beschrieben. Dazu zählen beispielsweise koloniale Besetzungen, Antisemitismus, Rassismus und weitere Diskriminierungspraxen. Die Angehörigen von Minderheiten müssen die Erfahrungen nicht selbst durchlebt haben. Durch Berichte und Austausch innerhalb der Familie und Community können Kollektiverfahrungen in Begegnungen mit Angehörigen der Dominanzkultur stets präsent sein. Dies kann vor allem in Kontakten mit Behörden, deren Struktur von einer starken Machtasymmetrie durchzogen ist, eine große Rolle spielen (Auernheimer 2013).

Fremdbilder: Fremdbilder können durch Kollektiverfahrungen und/oder gesellschaftliche Diskurse genährt werden (s. auch Beispiel »Gangster-Rapper«, Kap. 4.1) und entstehen unter anderem durch den eigenen »kulturellen Blick« (Auernheimer 2013).

Beispiel »Unterdrückung«

Ein populäres Beispiel für Fremdbilder ist die Pauschalisierung der Unterdrückung von muslimischen Frauen. In der Behördenpraxis kommt sie wiederholt dadurch zum Vorschein, dass eine als Muslima gelesene Frau als unterdrückt markiert wird, weil ihr (vorab gebriefter?) Ehemann die Fragen der Behördenmitarbeitenden beantwortet: »Heute ⚙ kocam, machen wir den Almans mal wieder eine Freude, ich reagiere auf ihre Fragen mit ›nix verstehen‹, gucke auf den Boden und du sprichst. Dann haben sie gleich Gesprächsstoff für die Mittagspause und wir haben mal wieder was zum Amüsieren in diesem tristen Almanya. Es regnet seit Tagen …« – »Aber ⚙ eşim, dein Deutsch ist viel besser als meines. Wozu habe ich eine kluge Frau geheiratet? Aber gut, wenn du dir etwas in den Kopf gesetzt hast …«

Auch das ist ein Narrativ – ein postmigrantisches. Damit soll nicht die Realität von unterdrückten Frauen durch männliche Vorherrschaft abgestritten werden. Auch hier gilt, dass beides existent ist: ⚙ Parität und Unterdrückung, (strukturelle) patriarchale und (innerfamiliäre) matriarchale Strukturen; »sowohl-als-auch«.

Interkulturelle Begegnungen werden durch Fremdbilder und damit zusammenhängende Erwartungen und Wahrnehmungen auf allen Seiten maßgeblich beeinflusst (Auernheimer 2013). Verhaltensinterpretationen beruhen unter anderem auf den eigenen Fremdbildern, in unserem Beispiel wurde aus »die Frau antwortet nicht selbst« geschlussfolgert »die Frau wird durch ihren Mann unterdrückt«.

Differente Kulturmuster/Scripts: Neben Kollektiverfahrungen und Fremdbildern sind soziale Erwartungen an Interaktionspartner*innen an sogenannte »Deutungsmuster« gebunden, die von kulturellen Prägungen und Lebenswelten beeinflusst werden. Diese sogenannten Scripts werden von Sprach- und Sozialwissenschaftler*innen auch als »Drehbücher« bezeichnet, die Regieanweisungen für unterschiedliche Situationen beinhalten und das Alltagsleben organisieren (Auernheimer 2013).

Beispiel »Besuch«
Wenn Gäste das Angebot von Getränken oder Essen ablehnen, kann die Ablehnung wörtlich genommen und akzeptiert werden. Ein mehrmaliges Nachfragen oder gar Servieren trotz Verneinung kann von den Gästen als übergriffig empfunden werden. Ebenso gut ist es möglich, dass die Gäste ein mehrmaliges Angebot erwarten und ein einmaliges als unhöflich und nicht wertschätzend empfinden. Sind »Drehbücher« und »Regieanweisungen« divergent und werden nicht reflektiert, *kann* dies zu Irritationen und Missverständnissen führen.

Kulturscripte *können* eine besondere Krux in der Kommunikation darstellen, weil ihre Kulturspezifik für alle Kommunikationspartner*innen im Verborgenen liegt. Kulturspezifische Kommunikationsmuster verweisen auf Normen, die von tieferliegenden Werten geleitet sind (Auernheimer 2013). Folgt man dem Kultur-Eisbergmodell (s. Kapitel 3.4), sind auch diese Werte nicht sichtbar und zumeist unbewusst. »Wichtig ist die Fähigkeit, fremde Kulturmuster kooperativ zu erschließen, anstatt sich mit Kulturwissen zu selbstsicheren Deutungen verleiten zu lassen« (Auernheimer 2013, S. 64).

Eine missverständliche Encodierung kann entstehen, wenn die im Verborgenen liegenden Werte unbekannt sind und verletzt werden, wie im Bewirtungsbeispiel beschrieben. In dem vorangegangenen Beispiel können die Werte »Höflichkeit« (die sich durch Zurückhaltung und anfängliche Ablehnung ausdrückt) versus »Aufrichtigkeit« (durch das direkte Benennen, was man tatsächlich möchte) eine Rolle spielen.

4.3 Interkulturelle Kompetenz von mehrheimisch Verorteten

Dass Menschen mit internationaler Geschichte und mehrheimisch Verortete per se interkulturell kompetent sind, wird von Menschen ohne Migrationsbiografie häufig angenommen. Wird unter interkultureller Kompetenz die Fähigkeit verstanden,

> »mit ›kulturell Anderen‹ kompetent umzugehen, dann sind Migrationsandere, weil sie ›kulturell anders‹ sind, allein aufgrund ihrer Lebensgeschichte ›interkulturell kompetent‹ [...]. Nicht nur die damit verbundene Kulturalisierung und der Ausschluss aus Qualifizierungszusammenhängen sind an dieser Annahme problematisch, sondern auch, dass diese dazu führt, ›Kompetenz‹ bei Migrationsanderen nicht in den Zusammenhang von Wissen, theoretischer Reflexion und beruflichem Engagement zu stellen.« (Kalpaka/Mecheril 2010, S. 81)

Wodurch kann sich interkulturelle Kompetenz bei Menschen mit Migrationsbiografie und/oder mehrheimischer Verankerung zeigen? Ist es überhaupt möglich oder notwendig, sich mit dieser Fragestellung auseinanderzusetzen – oder kommt dies einem Containerdenken gleich und nährt binäre Aufspaltungen in Menschen mit und Menschen ohne Migrationsvorteil? Uns haben eigene Erfahrungen und der Austausch mit anderen insanlar mit Einwanderungsbiografien angeregt, Überlegungen zu einer ergänzenden iK-Definition anzustellen. Sie beinhaltet Facetten anderer iK-Modelle und ist als eine Skizze zu verstehen, die zu eigenen Überlegungen anregen kann:

Interkulturelle Kompetenz bei Menschen mit Migrationsbiografie und Mehrheimischen ist die Fähigkeit, sich tatsächlicher oder angenommener kultureller Gemeinsamkeiten sowie Differenzen bewusst zu sein und diese vorwiegend adäquat händeln zu können. Adäquat in diesem Sinne bedeutet, gegebenenfalls differente Wahrnehmungs-, Bewertungs- und Handlungsmuster beim Gegenüber einschätzen und nachvollziehen zu können und sich gleichzeitig der eigenen – möglicherweise auch antagonistischen – und komplexen – Muster bewusst zu sein. Zwischen den eigenen Mustern kann, bewusst oder unbewusst, situationsbezogen ein Wechsel vollzogen werden, wobei die Person mit sich und ihren kulturellen Verortungen und Prägungen identisch und authentisch bleibt und sich sowohl der Herausforderungen als auch des Reichtums ihrer internationalen Biografie und/oder mehrheimischen Verortung bewusst ist. Die eigene Einbettung in gesellschaftliche Strukturen, Kollektiverfahrungen und Fremdbilder wurde reflektiert; sie wird situativ-flexibel, unter Berücksichtigung konstruktiver und selbstfürsorglicher Handlungsstrategien, gehandhabt.

4.4 Interkulturelle Kompetenz: non-Western approach

Das »International Journal of Intercultural Relations« hat 2015 eine Reihe von Beiträgen veröffentlicht, die als Rückblick auf ein Vierteljahrhundert Forschung zur interkulturellen Kompetenz die

> »vorherrschend statischen, singulären und vermeintlich homogenen nationalen Kulturmodellierungen, ihre auf das Individuum zentrierte Modellbildung und die Forderung zur Anerkennung von power relations als Element jeglicher interkultureller Begegnung« (Martin zit. nach Henze 2018, S. 109)

kritisiert. In einer Vielzahl von Publikationen mit einem non-Western approach, vor allem aus dem chinesischen, japanischen, koreanischen und indischen Raum, deutet sich an, dass eine

> »stärkere Betonung der sozialen Vernetzung des Selbst, gekoppelt mit dem Streben nach harmonischen interpersonalen Beziehungen (auf der Basis von FACE als sozialem Regulativ), ein wesentliches Merkmal nicht-westlicher Ansätze ist.« (Henze 2018, S. 109)

Die im Feld der interkulturellen Kommunikation Forschenden Xiaodong Dai und Guo-Ming Chen haben

> »ein Modell entwickelt, das neben den bekannten affektiv-emotionalen, kognitiven und verhaltensbezogenen Elementen auch moralische Fähigkeiten (moral ability) ausweist, dazu gehören gegenseitiger Respekt (mutual respect), Aufrichtigkeit (sincerity), Toleranz (tolerance) und Verantwortlichkeit (responsibility) [...]. Ein weiterer Unterschied, der gerade bei Dai und Chen deutlich wird: Die wechselseitige Beeinflussung von Kompetenzelementen wird dialektisch gesehen, damit werden Spannungen, Widersprüche und Konflikte zugelassen, die als Ergebnis von interkultureller Kompetenz harmonisch aufgefangen und gelöst werden sollen.« (Henze 2018, S. 109 f.)

Auch ein weiteres, nicht-westliches Konzept findet zunehmend Beachtung: Ubuntu, das vor allem im südlichen Afrika praktiziert wird und »ein besonderes Konzept der moralischen Erziehung und der Sozialität des Menschen abbildet« (Henze 2018, S. 110). Ubuntu ist die Fähigkeit und Pflicht, sich in der Gemeinschaft solidarisch und im Umgang mit ihr harmonisch zu verhalten.

Non-Western approaches zur interkulturellen Zusammenarbeit sind im Gegensatz zu westlichen Modellen stark auf kollektivistische Aspekte ausgerichtet. Die Autorinnen Odağ, Wallin und Kedzior (2015, S. 7 f.), auf deren Text wir uns im folgenden Absatz ausschnittsweise beziehen (Übersetzung der Autorin), führen aus, dass auf dem afrikanischen Kontinent beispielsweise das Streben nach »Konsens und einem gemeinsamen Rahmen« und die Betonung der »Gemeinschaft statt des Individuums« weit verbreitete Grundsätze sind. In ähnlicher Weise ist die Kommunikation in der arabischen Welt durch eine starke Bindung an die Gruppe gekennzeichnet, wobei Gruppenziele Vorrang vor individuellen Zielen haben. In China wird menschliches Kommunikationsverhalten in den Kontext der »dynamischen Bewegung von Yin und Yang« gestellt, was es zu einem sich ständig verändernden und nie ganz abgeschlossenen Prozess macht, bei dem »Gegenseitigkeit, Respekt und Ehrlichkeit« im Vordergrund stehen. In Lateinamerika wird iK im Kontext indigener sozialer Bewegungen als Antwort auf koloniale Strukturen konzeptualisiert. Die Betonung der Gruppe anstelle des Individuums in den nicht-westlichen Modellen steht im Einklang mit der Idee, dass Länder oder Kulturen auf einem Kontinuum zwischen individualistischen und kollektivistischen Orientierungen angesiedelt werden können. Individualistische Gesellschaften sind durch Werte wie Selbsterfüllung und Selbsterhaltung gekennzeichnet und geben persönlichen Zielen Vorrang vor denen des Kollektivs. Im Gegensatz dazu wird das Verhalten in kollektivistischen Gesellschaften von Gruppeninteressen und kollektivem Wohlergehen geleitet. Die Unterscheidung zwischen individualistischen und kollektivistischen kulturellen Orientierungen ist wichtig, wenn es darum geht, iK über die westliche Welt hinaus zu definieren, auch wenn sie als zu vereinfachend kritisiert wird, weil sie die beträchtliche Vielfalt innerhalb eines Landes/einer Kultur vernachlässigt.

4.5 Einfluss interkultureller Kompetenz auf Konflikte

Welchen Einfluss können interkulturelle Kompetenzen auf Konflikte mit (hypothetischen) kulturellen Komponenten und auf die eigene interkulturelle Konfliktkompetenz nehmen? Diese Frage ist sicherlich nicht eindeutig und abschließend zu beantworten. Wie vorab beschrieben, sind iK-Modelle und Definitionen vielfältig und etwas Allgemeingültiges, das auf alle Kontexte angewendet werden kann, existiert nicht. Aus den vorangegangenen Definitionen können dennoch relevante Aspekte für eine konstruktive Konflikthandhabung herausgefiltert werden.

Dazu zählen primär das Wissen um Ethnozentrismus, Fremdbilder, Kollektiverfahrungen und Machtasymmetrien, Kenntnisse von verschiedenen Normalitätsvorstellungen und Werten sowie ein Bewusstsein für den jeweiligen Bezugsrahmen und die eigene Einbettung, für eigene Sozialisationserfahrungen und Prägungen. Auch die persönliche Haltung wirkt sich auf den Konfliktverlauf aus. Hilfreich ist eine Haltung der Offenheit, Wertschätzung von Pluralität, das Streben nach Parität und eine (intrinsische) Lernbereitschaft.

> **Beispiel »Elternsprechtag«**
> Am Elternsprechtag erscheint die Familie S. gemeinsam mit ihren drei Kindern, welche sieben, elf und dreizehn Jahre alt sind. Die anwesende Lehrerin unterrichtet das dreizehnjährige Mädchen. Sie ist irritiert, im Beisein der Kinder ein Gespräch über die Leistungen und Entwicklung der Ältesten zu führen, und bittet die drei Kinder, draußen im Flur zu warten. Die Eltern diskutieren in ihrer Muttersprache untereinander, die die Lehrerin nicht versteht. Schließlich bitten sie darum, dass die Kinder im Raum bleiben dürfen, da auf dem Flur keine Kinderbetreuung gewährleistet ist. Zudem soll die Älteste beim Gespräch bleiben, um gegebenenfalls beim Dolmetschen zu unterstützen. Aufgrund des Zeitdrucks und nachfolgender Termine mit anderen Eltern willigt die Lehrerin ein. Sie berichtet über die hervorragenden Leistungen der Tochter, ihre Ernennung zur Klassensprecherin etc. Die Tochter schaut während des Gesprächs zu Boden, die Eltern sind sichtbar erfreut. Sie bedanken sich mehrmals bei der Lehrerin, stellen ihr Fragen nach eigenen Kindern und laden sie zum Essen zu sich nach Hause ein.
> Die Lehrerin ist irritiert; zum einen darüber, dass ihre Schülerin fortwährend zu Boden blickt, zum anderen über die persönlichen Fragen, die mit ihrer Arbeit nicht in Verbindung stehen und bei ihr einen inneren (Rollen-)Konflikt auslösen.
> Interkulturelle Kompetenz kann an dieser Stelle mit Kenntnissen von verschiedenen Normalitätsvorstellungen und Werten einhergehen, beispielsweise mit der unterschiedlichen Ausprägung von Machtdistanz (s. Kapitel 6.7), die das Blickverhalten der Schülerin erklären kann (als Respektbekundung gegenüber einer höherrangigen Person), und von unterschiedlichen Ausprägungen bei der Beziehungs- und Sachorientierung (s. nachstehender Exkurs), die das Einbringen der persönlichen Ebene der Eltern begründet. Auch ein Bewusstsein für den Bezugsrahmen Schule, das Rollenverständnis als Lehrerin sowie Kenntnisse über Elternarbeit in anderen Ländern sind als iK zu werten, einhergehend mit einer offenen, wohlwollenden Haltung. Die Lehrerin sollte die persönlichen Fragen so beantworten, dass sie sich dabei wohlfühlt. Wenn sie sie als indiskret empfindet, könnte sie beispielsweise freundlich und knapp,

ohne tiefgehende Details, antworten. Somit bewahrt sie ihre eigenen Grenzen, verhält sich den Eltern gegenüber dennoch wertschätzend.

Je nach Möglichkeit und eigenem Ermessen könnte sie die Essenseinladung annehmen oder sich lediglich freundlich bedanken (in high-context cultures, s. Kapitel 7.3, wird Letzteres in der Regel – je nach damit einhergehenden nonverbalen Zeichen – als freundliche Ablehnung gewertet).

**Exkurs Kulturstandards und Kulturstandardforschung –
»Beziehungs- versus Sachorientierung« nach Alexander Thomas**
Die Kulturstandardforschung geht von der einzelnen Kultur aus und versucht die jeweiligen Spezifika einer Kultur zu benennen. Dabei geht es nicht um eine Vergleichbarkeit universaler Aspekte (im Vergleich zur Forschung über Kulturdimensionen, s. Kap. 3.3). Thomas (1996, S. 112) bezeichnet als Kulturstandards »alle Arten des Wahrnehmens, Denkens, Wertens und Handelns [...], die von der Mehrzahl der Mitglieder einer Kultur für sich persönlich und andere als normal, selbstverständlich, typisch und verbindlich angesehen werden.« Kulturstandards werden im Laufe der Sozialisation eines Individuums erworben und verinnerlicht, sodass sie gleich einer unbewussten Programmierung alle Handlungen steuern und prägen. Sie sind an einen zeitlichen und räumlichen Kontext gebunden und können sich folglich auch verändern (Thomas 2005). Kulturstandards sollten, wie auch Kulturdimensionen, reflektiert und hinterfragt werden. Dennoch können sie dabei unterstützen, sich unterschiedlicher Perspektiven auf »Normalität« und »Verhaltensangemessenheit«, eigener Prägungen und Abläufen in privaten wie auch in beruflichen Kontexten bewusst zu werden.

In sachorientierten Kulturen stehen in der beruflichen Zusammenarbeit vorrangig die Aufgabe, Fachkompetenzen und Rollen im Vordergrund (Schroll-Machl 2013). In beruflich ausgerichteten Besprechungen bleibt man »bei der Sache«, kommuniziert direkt und agiert zielorientiert. Die Interaktion und Kommunikation sind dabei stärker auf die konkrete Sache und das Ziel ausgerichtet als auf die Personen; einhergehend mit einer starken Abgrenzung von öffentlichen/beruflichen und privaten/persönlichen Räumen (Thomas 2005).

In beziehungsorientierteren Kulturen ist die persönliche Beziehung für die gemeinsame Zusammenarbeit sehr bedeutsam; sowohl private als auch berufliche Beziehungen setzen eine persönliche Ebene zur Kooperation voraus (Thomas 2011). Auch im beruflichen oder schulischen Kontext wird daher großer Wert auf private und persönliche Themen gelegt. Dies dient dem Aufbau eines gegenseitigen Vertrauens als Basis für eine gute und tragfähige Zusammenarbeit.

4.6 Interkulturelle Kompetenz und Handlungsimpulse für die Praxis

Interkulturelle Kompetenz aus Trainerinnenperspektive

Der Begriff »interkulturelle Kompetenz«, die daran anknüpfenden Fortbildungsangebote und die Arbeit mit iK-Modellen obliegen oftmals einem Spannungsfeld. Innerhalb dieses Kapitels wurden bisher Modelle und Definitionen abgebildet, die, vor allem durch ihre gegenseitigen Ergänzungen, für die Fortbildung im pädagogischen Arbeitsfeld sowie in Behörden gut einsetzbar sind. Das Spannungsfeld bleibt dennoch bestehen: Einerseits können durch eine aktive thematische Auseinandersetzung wichtige Impulse vermittelt beziehungsweise praxisrelevante Handlungsoptionen erarbeitet werden, andererseits besteht die Gefahr, dass wichtige Konfliktursachen beziehungsweise Ursachen für Missverständnisse ausgeblendet werden, wenn der Schwerpunkt vorwiegend oder ausschließlich auf den drei großen Clustern »Wissen«, »Fähigkeiten« und »Fertigkeiten« liegt.

In der Regel fokussieren sich Seminarteilnehmende *ohne internationale Geschichte* sehr auf den Aspekt »Kulturwissen« und wünschen sich damit einhergehend ein »Rezeptwissen« in Form von »do's and dont's« in interkulturellen Begegnungssituationen. Dieses Interesse und die zugrundeliegenden Bedürfnisse (Fehler und Fettnäpfchen vermeiden, Unsicherheiten reduzieren, für einen reibungslosen Ablauf sorgen, das Gegenüber nicht verletzten etc.) gilt es anzuerkennen und in einer angemessenen Form zu berücksichtigen – beispielsweise auf Basis von adäquaten Kulturdefinitionen und durch die Darstellung von differenten Normalitätsvorstellungen, mit der Zielsetzung, dass durch Wissensvermittlung keine Stereotypen gebildet oder verfestigt, sondern Perspektiven auf Wirklichkeits- und Normalitätskonstruktionen erweitert werden.

Doch sollte dies nur einen Aspekt darstellen und als Ergänzung zur Thematisierung von Migrationsspezifika und zur Anleitung von Selbstreflexionsübungen einfließen.

Handlungsimpulse aus Trainerinnenperspektive

- Reflektieren Sie Ihre eigene Motivation für die Auseinandersetzung mit interkultureller Kompetenz. Dazu können Sie sich folgende Fragen stellen:
  - Wie lautet Ihr eigenes Verständnis von »interkultureller Kompetenz« zu diesem Zeitpunkt und welche Aspekte erachten Sie für sich (innerhalb Ihrer Tätigkeit) für besonders relevant?
  - Welche Ziele verfolgen Sie mit Ihrer eigenen iK-Entwicklung oder der Ihrer Mitarbeiter*innen?
  - Gibt es Rahmenregelungen oder Vorgaben in Ihrem Arbeitskontext, die zu einer Beschäftigung mit dem Thema führen? Wie beeinflussen diese gegebenenfalls Ihre Motivation zur Auseinandersetzung mit iK sowie Ihren Entscheidungs- und Handlungsspielraum?
- Betrachten Sie interkulturelle Kompetenz als einen kontinuierlichen, dynamischen Prozess und nicht als Ergebnis einer einzigen Lernerfahrung.
- Setzen Sie sich im Rahmen der iK-Entwicklung mit Ethnozentrismus, Migrationsspezifika und gesellschaftlichen Kernfragen, die sich um Chancengerechtigkeit, Teilhabe- und (Anerkennungsgerechtigkeit) drehen, auseinander.
- Verabschieden Sie sich von der Illusion, dass sich in einer Migrationsgesellschaft durch Kulturwissen als Gegenstand von interkultureller Kompetenz Irritationen und Konflikte beseitigen lassen, wenn dieses Wissen nicht mit den Themen des vorherigen Punktes einhergeht.
- Erschließen Sie sich, wo möglich, unbekannte Kulturmuster kooperativ anstatt mit theoretischem und möglicherweise stereotypen »Kulturwissen«, das sich aus nicht diskriminierungs- und rassimuskritischen Diskursen speist.
- Fokussieren Sie in Konflikten *möglichst* gemeinsame Problemlösungen, die von *allen* Beteiligten angenommen werden können. Nutzen Sie dazu die Klärungsfragen in Kapitel 7.1.
- Reflektieren Sie Ihre eigenen, eventuell mehrheimischen Prägungen, Ihre (divergenten) Normalitätsvorstellungen und Wirklichkeitskonstruktionen, Werte sowie Fremdbilder und seien Sie sich über die Auswirkungen dieser auf Ihr eigenes Verhalten und auf die Interpretation vom Verhalten anderer bewusst.

Interkulturelle Kompetenz: Übung zur Selbstreflexion
Stellen Sie sich bitte folgendes Szenario vor: In drei Monaten werden Sie (ggf. gemeinsam mit Ihrer Familie) Ihre derzeitige Heimat verlassen und für mehrere Jahre in den Oman migrieren. Bei der Zusammenstellung des Reisegepäcks bewegt Sie die Frage, was Ihr bisheriges Leben ausgemacht hat und was Ihnen

wichtig ist. Welche Gegenstände, welche Werte und Traditionen sind für Sie unabdingbar, sodass Sie sie als Teil Ihrer Identität/Ihres Lebens mitnehmen, bewahren und gegebenenfalls an Ihre mitreisende Familie weitergeben möchten? Da es nur möglich ist, ein kleines Gepäckstück zu transportieren, müssen Sie sich auf maximal sieben Utensilien begrenzen. Diese können aus tatsächlichen Gegenständen oder »Unsichtbarem« wie Traditionen, Werten oder ähnlichem bestehen.

1. Was befindet sich in Ihrem Gepäck und welche Wertevorstellungen und persönliche/kollektive Prägungen leiten Sie daraus ab?
2. Weshalb haben Sie sich für diese Utensilien entschieden?
3. Was werden die Menschen in Ihrer neuen Haymat wohl zu Ihrem Gepäckinhalt sagen? Welche Teile werden sie vermutlich willkommen heißen, welche möglicherweise ablehnen? Warum?
4. Welche Gepäckinhalte würden Sie gegebenenfalls an Ihre Kinder weitergeben wollen?
5. Was wissen Sie über Ihr neues Haymatland? Worauf freuen Sie sich, welche »Bedenken« haben Sie?

4.7 Zur Vertiefung

Interkulturelle Kompetenz – Schlüsselkompetenz des 21. Jahrhunderts? Thesenpapier der Bertelsmann Stiftung auf Basis der Interkulturellen-Kompetenz-Modelle von Dr.[in] Darla K. Deardorff (inklusive Delphi-Studie):

NSU-Komplex:
#TRBNL. Wir klagen an! Betroffene des NSU-Komplex erheben ihre Stimme.

Interkulturalität und interkulturelle Kommunikationskompetenz, non-Western approach:
Dai, X./Chen, G.-M. (2015): On interculturality and intercultural communication competence.

Ubuntu:
Mutwarasibo, F./Iken, A. (2019): I am Because We Are – the Contribution of the Ubuntu Philosophy to Intercultural Management Thinking.

5. »Rassismus (nicht) sprechen« – Sprache, Rassismus und widerständige Praktiken[24]

Veronika Kourabas

In einer Kultur, die Rassismus als gesellschaftliches Problem weitestgehend negiert und zum Gegenbild des demokratisch- egalitären Selbstverständnisses erklärt, werden rassistische Aussagen und Begriffe überwiegend in der Form eines Widerspruchs artikuliert. In Äußerungen wie: »Ich habe nichts gegen Ausländer, aber ...«[25] wird dieser Zusammenhang exemplarisch deutlich. Das vorangestellte Bestreiten, »etwas gegen Ausländer zu haben«, kann als Wissen um die erforderliche Positionierung gegen Rassismus gelesen werden, der nach einem einschränkenden »aber« die Auflistung der »eigentlichen« Position folgt. Diese Form des widersprüchlichen Sprechens zeichnet sich dadurch aus, Rassismus durch »Operationen der Ent-Nennung« (Barthes zit. n. Terkessidis 2004, S. 97) zu dethematisieren und im Zuge der Ent-Nennung zugleich rassistisch konnotierte Vorstellungen und Inhalte zu äußern. Sprechakte wie diese können als gewöhnliche und alltägliche Praxis des (Nicht-)Sprechens über Rassismus im migrationsgesellschaftlichen Deutschland gelten.

Wenn über eine Gruppe oder einen Zusammenhang gesprochen wird – wie hier die über die als »Ausländer« bezeichnete Gruppe von Menschen –, findet auch immer Bezug auf ein gesellschaftlich geteiltes Wissen statt, das mit rassistischem Wissen (vgl. Goldberg 2001; Terkessidis 2004, S. 91 ff.) und damit einhergehenden Vorstellungen verknüpft ist. So verweist beispielsweise der Begriff »Ausländer*in« nicht nur auf eine rechtliche Dimension und zeigt den formalen Status des Nicht-deutsch-Seins einer Person an. Mit der Bezeichnung »Ausländer*in« werden semantisch jene Personen aus Wir-Vorstellungen exkludiert, die nicht nur formell, sondern auch informell als nicht-zugehörige beziehungsweise nur

---

24 Bei dem vorliegenden Text handelt es sich um eine erweiterte und überarbeite Fassung des Beitrags »Sprache – Macht – Rassismus: Eine Einführung« (Kourabas 2019).

25 Das Zitat ist alltagsweltlichen Äußerungen entnommen. Die Herausgeber*innen Britta Marschke und Heinz Ulrich Brinkmann (2015) stellen es ihrem Sammelband voran, in dem sie Alltagsrassismus in Deutschland analysieren.

bedingt zugehörige Personen – beispielsweise als temporäre Arbeitskräfte wie unter anderem sogenannte 🔍 »Gastarbeiter*innen«[25] – gelten und adressiert werden. Für sie stellt die Erfahrung der umkämpften und prekären Zugehörigkeit eine 🔍 paradigmatische Erfahrung im bundesdeutschen Kontext dar (Velho 2010, S. 114 f.), sodass der »Ausländer*innenstatus«, wie auch Friedrich Heckmann betont, »eine gesamte Lebenslage« (2001) kennzeichnet.

5.1 Sprache als performative und wirklichkeitskonstituierende Praxis

Sprache stellt nicht nur einen 🔍 deskriptiv zu begreifenden Vorgang der Realitätsbeschreibung dar. Aus einer sprachwissenschaftlichen Perspektive wird Sprache vielmehr selbst als eine bedeutungs- und wirklichkeitskonstituierende Handlung verstanden. Dabei wird davon ausgegangen, dass durch Sprache immer auch »bestimmte Wirklichkeitsvorstellungen« (Hornscheidt/Nduka-Agwu 2010, S. 29) hervorgebracht werden, sodass sprachliche Äußerungen zugleich als Handlungen verstanden werden können, die soziale Wirklichkeit mit erzeugen, indem sie Personen oder Dinge benennen und auf diese Weise »in die Welt bringen«. Der Sprachwissenschaftler John L. Austin (1972) hat diesen Zusammenhang in seiner Studie prägnant in der Formulierung 🔍 »How to do Things with Words« zusammengefasst. In Anlehnung an seine Überlegungen sowie weiterführende Arbeiten, unter anderem von Judith Butler (1991, S. 49 ff.), die sich aus einer geschlechtertheoretischen Perspektive mit der wirklichkeitserschaffenden Dimension von vergeschlechtlichten Anreden und Sprechweisen auseinandergesetzt hat, wird Sprache daher auch als 🔍 performativ bezeichnet.

Sprache ist dabei elementar auf ein sozial geteiltes Wissen angewiesen, um kollektiv verstanden zu werden und intersubjektiv kommunizierbar zu sein. So findet in sprachlichen Handlungen immer auch ein Bezug auf »frühere sprachliche Handlungen« statt, die gesellschaftlich verfügbar, tradiert und sozial verstehbar sind (vgl. Hornscheidt/Nduka-Agwu 2010, S. 29). Wenn wir etwas bezeichnen, beziehen wir uns somit immer auch auf ein gesellschaftlich geteiltes Wissen über die Bedeutung von etwas, das in unserem Sprechen transportiert wird, und 🔍 rekurrieren damit nicht nur auf die darin gegenwärtig eingelagerten Verweise, unsere jeweiligen Bedeutungseinschreibungen und Konnotationen von Begriffen,

---

26 Im Zuge der »Gastarbeit« wurde die eingeschränkte und an Bedingungen der Ge-Brauchbarkeit gebundene soziale Erwünschtheit in besonders klarer Weise in dem Begriff »Gastarbeiter*in« deutlich (vgl. Kourabas 2021, S. 18 f.).

sondern auch auf ihre historischen Dimensionen. Wir beziehen uns somit – auch wenn dies oftmals nicht bewusst und intendiert erfolgt – auf »frühere sprachliche Handlungen«; sei es in Wörterbüchern, Medien, wissenschaftlichen Texten; sei es in und durch Institutionen wie zum Beispiel der Schule, der Universität und Gerichten (vgl. Hornscheidt/Nduka-Agwu 2010, S. 29).

Wir beziehen uns auf eine gemeinsame Sprache, indem wir bestimmte Begriffe, Formulierungen und Sätze *zitieren*, wie Judith Butler es nennt (1997, S. 22). Es gibt sprachliche Zitationen von Sätzen, die auch als Rituale verstanden werden können (vgl. Butler 2006, S. 12). Eine solche, ritualisierte Zitation lässt sich beispielsweise bei der Geburt eines Kindes verdeutlichen, bei der der neugeborene Mensch über die Äußerung »Es ist ein Mädchen/Es ist ein Junge!« in vergeschlechtlichter Hinsicht über die sprachliche Adressierung in eine zweigeschlechtliche Ordnung einteilend eingeführt wird. Durch die Ansprache in sozial geteilten Begriffen (wie z. B. »Mädchen«) werden wir als Subjekte »ins Leben gerufen« (Villa 2003, S. 43). Wir verinnerlichen diese Anrufungen in Form von Sprache und sozialen Positionen, die die Sprache für uns bereithält, da sie (über-)lebensnotwendig sind, um als Subjekt sozial wahrgenommen, ansprechbar und handlungsfähig, das heißt, 🔍 intelligibel zu sein (vgl. Butler 2006, S. 15). In Sprachgewohnheiten und Bezeichnungen wird als wahr geltendes Wissen über Menschen transportiert. In Bezeichnungen werden Identitätspositionen zugewiesen, festgelegt und normalisiert (Hornscheidt/Nduka-Agwu 2010, S. 30).

Auch die Bezeichnung von Menschen als »Ausländer*innen« ist insofern an der Hervorbringung gesellschaftlicher Wirklichkeit beteiligt. Wenn – wie in dem eingangs angeführten Beispiel – über »Ausländer*innen« gesprochen wird, wird nicht nur ein vermeintliches Wissen über »Ausländer*innen« zitiert und im Sprechen und der Akzeptanz der Zuhörenden durch Anerkennen des vermeintlich Tatsächlichen bekräftigt. Durch sprachliche Anreden werden darüber hinaus sowohl die Positionen der Sprechenden als auch die Positionen derjenigen, über die gesprochen wird, »in die Welt und in der Welt gesetzt« (Broden/Mecheril 2010, S. 11; vgl. auch Rose 2012, S. 211). Sprache und die Debatte über sie lassen sich demnach auch als eine Form symbolischer Macht kennzeichnen, in der um Deutungshoheit und Macht zur Durchsetzung legitimer Bezeichnungen und Redewendungen gerungen wird (vgl. u. a. Bourdieu 2017, S. 7 u. S. 12 ff.). Pierre Bourdieu verweist daher auf die produktive und machtdurchsetzte Dimension von Sprachhandlungen und macht darauf aufmerksam, »dass [...] Kommunikationsbeziehungen [...] auch symbolische Machtbeziehungen sind, in denen sich die Machtverhältnisse zwischen den Sprechern oder ihrer jeweiligen sozialen Gruppen aktualisieren« (Bourdieu 2015, S. 41). Im Sprechen und in der Beziehung zwischen Bezeichnenden und Bezeichneten wird somit ein soziales Verhältnis angezeigt, das zugleich performativ hergestellt wird. Rassismus wirkt demnach nicht nur über den Ausschluss und die Beschränkung materieller Ressourcen, sondern artikuliert und reproduziert sich auch auf der symbolischen und diskursiven Ebene, da auch die »gesellschaftlichen Akteure, die als Sprecher in Diskursen in Erscheinung treten, [...] über unterschiedliche und ungleich verteilte Ressourcen der Artikulation und der Resonanzerzeugung [verfügen]« (Keller 2007, S. 63). Somit sind auch die Fragen »*Wer* darf legitimer Weise *wo* sprechen? *Was* darf/kann *wie* gesagt werden?« (Keller 2007, S. 62, Hervorh. i. Orig.) und »Wer spricht über wen?« (Mecheril 1999) in der Auseinandersetzung mit Rassismus keine unbedeutenden, sondern zentrale Fragen.

5.2 Historisches Erbe und seine Gegenwart: Rassismus und Sprache

Mit dem Rassismus entwickel(te)n weiße Menschen (Fremd-)Bezeichnungen für rassifizierte Menschen, die deren vermeintliche Unterlegenheit sprachlich markier(t)en und die Geschichtlichkeit, Kultur, Würde und Individualität der kolonialisierten Gesellschaften in ein geschichtsloses Vakuum versetzten. So wurden beispielsweise im Kolonialismus die Selbstbezeichnungen und damit die Geschichte sowie die Gesellschaftsformen Schwarzer Menschen systematisch unterdrückt und durch Begriffe weißer Kolonialistor*innen ersetzt. Damit wurde innerhalb des kolonialen Rassismus sowohl eine materielle Enteignung und Entrechtung kolonialisierter Subjekte und Gesellschaften vollzogen (vgl. z. B. Mbembe 2014) als auch über rassistische Fremdbezeichnungen die vermeintliche Unterlegenheit und Minderwertigkeit kolonialisierter Menschen sprachlich markiert und durch den performativen Charakter von Sprache als Macht/Wissen-Komplex[27] festgeschrieben. Eine Form rassistischer Dominanz auf der symbolischen Ebene kommt damit in der Ausübung von Definitionsmacht zum Tragen, die sich in der Möglichkeit zeigt, über rassistisch markierte andere zu sprechen, sie zu benennen und zu bezeichnen, ohne ihre Perspektive und Verletzbarkeit durch sprachliche Gewalt einzubeziehen und anzuerkennen.

---

27 Hier wird auf ein Verständnis von Macht, Wissen und Wahrheitsproduktion in Anlehnung an Michel Foucault Bezug genommen, der von einem konstitutiven Zusammenwirken dieser drei Elemente ausgeht und den Zusammenhang mit dem Begriff des »Power/Knowledge« bezeichnet (vgl. Foucault 1978, S. 53 f.). Ich verwende die deutschsprachige Wortschöpfung »Macht/Wissen«, um diese wechselseitige Verknüpfung zum Ausdruck zu bringen.

Postkoloniale, rassismustheoretische und postnationalsozialistische Ansätze (vgl. u. a. Messerschmidt 2008; Thiong'o 2011) machen darauf aufmerksam, dass auch nach Abschaffung der Sklaverei und nach Ende der (Shoah) die Bedeutungsgeschichten der in diesen Herrschaftsverhältnissen geprägten und verwendeten Begriffe keineswegs als eindeutig abgeschlossen und überwunden gelten können. Vielmehr wirken sie als »(K)Erben des Kolonialismus« (Arndt/Ofuatey-Alazard 2011) nach und vermengen und überlagern sich mit weiteren, rassistisch und antisemitisch geprägten Begriffen verschiedener Macht- und Herrschaftsverhältnisse im nationalen und globalen Raum. Sie zeigen sich neben materiellen Nachwirkungen auch in »gegenwärtige[n] Welt- und Menschenbilder[n]« (Messerschmidt 2011, S. 60) als alltäglich geteilte, sprachliche Gewalt in der Bezeichnung rassifizierter anderer, die durch Prozesse der (Naturalisierung)/Kulturalisierung, Homogenisierung, Entindividualisierung, (Stereotypisierung) und Hierarchisierung auf der symbolischen Ebene Rassismus als eine Praxis der Entmenschlichung fundieren und reproduzieren.

5.3 Rassismus als »Sprache das Hasses«[28] und der Zuneigung

Verschiedene Studien zum Thema Rassismus haben aufgezeigt, dass Rassismus nicht nur als äußerlich sichtbare und physische Gewalt wirkt. Vielmehr verinnerlichen Menschen Ansprachen und Bezeichnungen, mit denen sie beschrieben werden, und lernen, sich selbst als »andere« wahrzunehmen und zu begreifen (Hall 1994, S. 30.; vgl. auch Broden/Mecheril 2010; Velho 2015). Dies macht Rassismus in seiner sprachlichen Dimension als symbolische Machtpraxis besonders wirksam, da rassistisch diskriminierte Personen den Fremdbezeichnungen kaum permanent ausweichen und diese von sich und ihrem Inneren abhalten können – auch da diese in der Dominanzgesellschaft weit verbreitet sind und oftmals unproblematisch Verwendung finden.

Stuart Hall macht darauf aufmerksam, dass sich Rassismus einerseits als eine »Sprache des Hasses« (Hall 2000, S. 15) artikuliert, wenn sprachlich abwertende Begriffe und Äußerungen fallen oder eine reale oder angedrohte Gewalt ausgeübt wird, die den sozialen Tod und/oder die physische Tötung rassifizierter anderer zur Folge hat. Zugleich wird Rassismus aber nicht nur und immer in einer offenen und physisch gewaltvollen Weise transportiert. Rassismus nährt und artikuliert sich auch in Form eines »unaussprechlichen Begehren[s]« (Hall 2000,

---

28 Diese Formulierung geht auf Stuart Hall (2000, S. 15) zurück und wird im Textverlauf erläutert.

S. 15) nach rassifizierten anderen, die erst zu wesentlich *anderen* gemacht werden mussten, um vom Eigenen abgespalten und abgewertet sowie begehrt werden zu können (vgl. Kourabas 2021, S. 146 ff.). »Exotisierung/Bewunderung und Verachtung/Gewalt/Auslöschung sowie Ausschluss und Einbeziehung« (Velho 2010, S. 118) sind im Rassismus als Double-Binds in einer widersprüchlichen Bindung grundlegend miteinander verschränkt und bringen paradoxe Adressierungen und Beziehungen hervor (Velho 2010, S. 118). Von dieser inneren Ambivalenz als strukturellem Merkmal rassistischer Diskurse und Praktiken ausgehend wird verständlich, dass auch vermeintlich positive, überwiegend freundliche und interessierte Nachfragen wie »Wo kommst du/Wo kommen Sie her, Sie sehen exotisch aus?« oder Aussagen wie »Sie sprechen aber gut Deutsch!« problematisch sein können. Zwar liegt dieser Frage oft kein explizit rassistischer Sprechakt oder eine solche Intention zugrunde (vgl. Çiçek/Heinemann/Mecheril 2015, S. 146). Entscheidend ist jedoch, welchen Effekt Äußerungen wie diese auf das Selbst- und Welterleben von Personen haben, die diesen regelmäßig ausgesetzt sind, und die zwischen freundlich-interessierten Nachfragen sowie offenen Abwertungen wie »Ausländer raus!« changieren können und damit Teil der Logik rassistischer Auf- und Abwertung sind.[29]

Nach Grada Ferreira ist es gerade das Zusammenspiel scheinbar harmloser (Nach-)Fragen, Bezeichnungen und offensiver sprachlicher Gewalt, das für rassistische Praktiken besonders produktiv ist. So machen es nicht allein »süße und bittere Worte [...] schwer, Rassismus zu identifizieren; sondern das Spiel süßer und bitterer Worte ist eine Form, in der Rassismus produziert wird« (Ferreira 2003, S. 156). Nicht zuletzt deshalb ist eine Thematisierung von Sprache, Macht und Rassismus zentral, um »UNSPOKEN RACISM« (dt. unausgesprochenen Rassismus) zur Sprache zu bringen sowie an Veränderungen von Machtbeziehungen zu arbeiten, die den Wechsel der Rolle rassistisch diskriminierter Menschen von der Position der Befragten, Besprochenen und sprachlich Verletzten in sprechende und sich selbst ermächtigende Menschen ermöglichen (vgl. Kilomba 2008, S. 38 f.). Dabei ist die Verwendung von Selbstbezeichnungen anstelle von Fremdbezeichnungen als wesentlich zu begreifen.

---

29 Die Frage nach der Herkunft und weitere Anreden dieser Art knüpfen darüber hinaus – oftmals nicht bewusst und intendiert – an Bilder und Vorstellungen davon an, wer als rechtmäßige*r Deutsche*r gilt und wie Deutschsein auszusehen hat. Dabei wird Deutschsein weiß imaginiert (Walgenbach 2005).

5.4 Sprache als symbolische Machtpraxis rassismuskritisch reflektieren

Vor dem Hintergrund der Bedeutungsmacht, die Begriffen, Redewendungen und Bezeichnungen innewohnt, betonen rassismuskritische Perspektiven die Notwendigkeit eines reflexiven und hinterfragenden Umgangs mit eigenen Sprechgewohnheiten auf persönlicher sowie auf gesamtgesellschaftlicher Ebene, um die Auseinandersetzung und Vermittlung von Wissen über die Herkunft, Funktion und Verwendung von rassistisch vermittelten Begriffen mit Bezug auf ihren sozio-historischen Kontext sowie ihren gegenwärtigen Einsatz zu thematisieren. Gleichwohl stehen einer solchen selbst- und gesellschaftskritischen Befragungen oft verschiedene Abwehrmechanismen gegenüber. Werden Personen oder auch Institutionen auf die Verwendung von rassistischen Begriffen und Sprechpraktiken aufmerksam gemacht, wird von diesen oft eine Verteidigungshaltung eingenommen. So wird beispielsweise darauf verwiesen, dass es sich um einen historischen Begriff handele, der zur Sprache gehöre und nicht als kulturelles Erbe verloren gehen dürfe.[30] Eine weitere gängige Rechtfertigung wird mit dem Argument angeführt, dass keine anderen Bezeichnungen vorhanden seien oder man eine Person kenne, die selbst der bezeichneten Gruppe angehöre und den Begriff verwende. Indem eine Person als ein*e Vertreter*in einer strukturell benachteiligten Gruppe herangezogen wird, die die Verwendung von rassistisch diskreditierenden Begriffen gutheißt oder selbst verwendet, wird die eigene Sprechweise über eine Form eines erweiterten »tokenism«[31]

---

30 Vgl. hierzu beispielhaft die u. a. im Jahr 2013 kontrovers geführte Debatte um die Änderung von Kinderbüchern aufgrund rassistischer Bezeichnungen und Bilddarstellungen. Maureen M. Eggers hat dabei aus rassismuskritischer und erziehungswissenschaftlicher Perspektive die in der Figur Pippi Langstrumpf tradierten Bilder von weißsein und Schwarzsein analysiert und problematisiert, welche Botschaften weiße und Schwarze Kinder hierdurch erlernen (Eggers 2008).

31 Der Begriff »tokenism« geht auf Rosabeth Moss Kanter (1977) zurück, die mit ihm die paradoxe Situation von in Unternehmen unterrepräsentierten Frauen thematisiert, die, wenn sie als eine der wenigen in einen männerdominierten Arbeitskontext eintreten, mit vereinnahmenden und stereotypen, vergeschlechtlichten Zuschreibungen konfrontiert sind. »Die männliche Mehrheit« habe, so Hedwig Rudolph in Anlehnung an Rosabeth Moss Kanter, »(noch) keine Routinen im Umgang mit der weiblichen Minderheit – dem *token* – als Kolleginnen entwickelt und dient ihr daher aus anderen Lebensbereichen vertraute ›Rollen‹ an, etwa als Kumpel, Mutter, Schwester, Geliebte. Das *token* sieht sich dadurch in einer *double-bind* Situation: Nimmt sie das Rollenangebot an, hat sie keine Chance mehr auf Akzeptanz als Kollegin; lehnt sie es ab, hat sie als Frau ›verspielt‹« (Rudolph 2008, S. 162, Hervorh. i. Orig.). Auch in rassismuskritischen Auseinandersetzung wird der Begriff des tokenism für die Einstellung, Befragung und grundlegend den Einbezug rassifizierter Menschen in dominanzkulturelle Räume und Settings verwendet. Ich erweitere an dieser Stelle den Begriff und das Phänomen des tokenism für die

gerechtfertigt und für unproblematisch erklärt.[32] Kritiker*innen rassistischer Sprache wird dabei auch oft die Einführung eines dogmatischen Systems von sogenannter ⌕ Political Correctness unterstellt; jüngst wird auch mit dem Vorwurf des Praktizierens einer ⌕ Cancel Culture argumentiert, die als Einschränkung und Bedrohung des eigenen Rechts auf Rede- und Meinungsfreiheit verstanden wird (vgl. Hayn 2013, S. 339; Hentges/Reuter 2021).

Unbeachtet bleibt bei diesem Vorwurf jedoch, dass das gleichberechtigte Aushandeln der Frage, welche Sprache und welche Begriffe als angemessen für alle Subjekte gelten können, einen wesentlichen Aspekt von Rede- und Meinungsfreiheit einschließt. Wie gezeigt wurde, sind rassistische Begriffe nicht im Einverständnis Aller geprägt worden, sondern wurden als Teil der symbolischen Macht- und Herrschaftspraxis einer dominanten Gruppe zur Bestimmung, Kontrolle und Unterdrückung entwickelt. In der Abwehr weißer Dominanzangehöriger, rassistische Bezeichnungen aufzugeben, die Schwarzen Menschen, People of Color und migrantischen Menschen gegeben wurden und werden, zeigt sich die Weigerung, die Deutungsmacht über Sprache zu teilen (Hayn 2013, S. 339). Die Vehemenz, auf der symbolischen Ebene nicht in einen gleichberechtigteren Diskurs einzutreten, spiegelt sich auf alltägliche Weise in politischen, wissenschaftlichen, juristischen und auch in medialen Auseinandersetzungen wider. Nicht zuletzt die TV-Show »Die letzte Instanz« des WDR vom 29.01.2021 hat gezeigt, dass sie – ganz im Sinne eines »How to do things with words« nach Austin (1972) – die im Titel angespielte Funktion einer »letzten Instanz« auch im performativen Sprechen über rassistische Begrifflichkeiten aus einer dominanzkulturellen, weißen und deutschen Perspektive exemplarisch verfolgt hat. Dabei verweist die homogene Besetzung und programmatische Sorge um die mögliche Abkehr und »Aufgabe« von gewohnten – sprich rassistisch konnotierten – Begriffen sowie die Aneignung, Relativierung und Bagatellisierung von Rassismuserfahrungen einerseits auf

---

Aushandlungen von rassistischen Sprechweisen, in denen einzelne Personen als ›token‹ für die Legitimation einer Beibehaltung rassistisch konnotierter Begriffe von dominanzkultureller Seite herangezogen und vereinnahmt werden.

32 Auch wenn einige Menschen einer Gruppe beispielsweise einen rassistischen Begriff als Selbstbezeichnung verwenden, bedeutet dies nicht automatisch, dass sie mit dem Begriff und seiner Bedeutung einverstanden sein müssen. Selbst wenn die Personen die Verwendung bejahen: Es ist entscheidend, wer welche Begriffe für wen verwendet. So macht es einen Unterschied, ob rassifizierte Personen einen rassistischen Begriff aufgreifen, beispielsweise um der rassistischen Ursprungsbezeichnung eine Eigenbezeichnung entgegenzusetzen. Hier geht es um Wiederaneignung von Sprache, während die Verwendung rassistischer Begriffe durch rassifizierende Personen Gefahr läuft, zu einer Bestätigung und Vertiefung des ursprünglichen Begriffs und des rassistischen Bezeichnungsverhältnisses beizutragen (vgl. u. a. Arndt 2011, S. 125).

die Starrheit und Ignoranz, Deutungsmacht und -hoheit über Sprache und ihr Verletzungspotenzial zu teilen und dem theoretischen wie erfahrungsbezogen gewonnen Wissen rassistischer diskriminierter Subjekte zuzuhören. Andererseits haben die insbesondere über (Social Media) artikulierten, kritischen Einwände unter anderem von rassimuskritischen Journalist*innen, Aktivist*innen, selbstorganisierten Zusammenschlüssen wie auch wissenschaftliche Positionen deutlich gemacht, dass hegemoniales Sprechen über Rassismus nicht ohne kritische Wider- und Gegenrede bleibt. Exemplarisch wurde dies in dem Format »Die beste Instanz« vom 09.02.2021 deutlich, das nur wenige Tage nach der WDR-Ausstrahlung auf der Internetplattform YouTube (vgl. Amani 2021) öffentlichkeitswirksam platziert und (rezipiert) wurde. In Anlehnung an bell hooks können Formate und Artikulationen wie diese als eine Form des widerständigen »talking back« (1989, S. 9) verstanden werden.

5.5 Ausblick

Wer im Diskurs über Rassismus berechtigt ist, als Teil der Sprecher*innengemeinschaft in gleichberechtigter Weise zu sprechen und Sprache zu prägen, stellt einen zentralen Ort politischer Auseinandersetzung einer Gesellschaft dar, die sich als Migrationsgesellschaft begreift. In Aushandlungsprozessen kann durch die Egalisierung von (Deutungs-)Macht und selbstreflexiver Auseinandersetzung gemeinsam an weniger verletzenden und diskriminierenden Sprachgewohnheiten gearbeitet werden.

Wir erfinden Sprache nicht tagtäglich neu; Sprache ist ein historisch gewachsenes, gesellschaftlich geteiltes Produkt. Da Sprache jedoch nicht gänzlich feststehend und historisch unveränderlich ist, sondern in der Praxis des Sprechens, Schreibens und Lesens entwickelt, verändert und mitunter auch erneuert wird, gibt es immer auch einen Raum für Veränderung. Judith Butler spricht von Verschiebungen oder Resignifizierungen (1991, S. 49 ff.), die dadurch möglich werden. Das heißt, dass ursprüngliche Bedeutungen, die Begriffen innewohnen, auch verschoben, anders zitiert und damit verändert in unsere Sprach- und Schreibpraxis eingebracht werden können. Die widerständige Aneignung von gewaltvollen Fremdbezeichnungen wird beispielsweise in dem Begriff »People of Color« deutlich. Der Begriff wendet sich als selbstbezeichnender und die Gemeinsamkeiten rassifizierter Menschen bündelnder und fokussierender Begriff gegen tradierte Fremdbezeichnungen gegenüber nicht-weißen Menschen. Er stellt die Gemeinsamkeit rassistischer Erfahrungen von Subjekten in den Vordergrund und wendet sich damit gegen die Teilungs- und Hierarchisierungseffekte rassistischer Praktiken, die dazu beitragen, rassifizierte Menschen zu vereinzeln und gegeneinander auszuspielen (vgl. u. a. Akthar 2012, S. 17; Ha 2007).

In dem gestaltenden und hervorbringenden Charakter von Sprache und den kritischen Wiederaneignungen und -einschreibungen liegt damit auch das Potenzial einer schrittweisen und ⊙ immanenten Veränderung auf der Ebene der symbolischen Ordnung in der Migrationsgesellschaft. Möglichkeiten der sprachlichen Verschiebung sind dabei auf verschiedenen Ebenen anzusiedeln und neben der Etablierung und Verwendung rassismuskritisch reflektierter Begriffe und Selbstbezeichnungen auch auf der Ebene symbolischer Repräsentation im sozialräumlichen Sinn bedeutsam – beispielsweise in Form von Umbenennungen von Straßennamen und Plätzen, die die Sichtbarkeit von Kolonialismus und Rassismus in Deutschlands Vergangenheit und ihrem Gegenwartsbezug fördern (dekoloniale 2021), anstatt sie unkritisch fortzuschreiben. Sprachliche Verschiebungen zeigen sich auch in der tagtäglichen Entscheidung, welche Begriffe und Redewendungen im eigenen Alltag und gerade in professionellen Handlungszusammenhängen Gehör und Anwendung finden. Hier wird auf Ebene des Symbolischen an der Einschreibung rassismuskritisch reflektierter und an Selbstbezeichnungen ansetzenden Sprech- und Sprachgewohnheiten gearbeitet, die wiederum selbst zur wirklichkeitskonstituierenden Praxis werden können.

5.6 Reflexionsanregungen aus Dozent*innenperspektive

▶ Welche Begriffe und Bezeichnungen sind Ihnen aus Ihrem (beruflichen) Alltag vertraut und werden gewöhnlich verwendet?
▶ Mit welchen Begriffen sprechen Sie Menschen an oder sprechen über diese? Kennen Sie deren (ursprüngliche) Bedeutung und ihren Entstehungskontext?

▶ Woher stammt Ihr Wissen über Begriffe? Einige Begriffe, die rassistische Vorstellungen transportieren, können Sie in rassismuskritischen Leitfäden zur Sprache und Sammelbänden wie diesen nachschlagen, um mehr über die Wortherkunft und -bedeutung zu erfahren:
  • Arndt, S./Ofuatey-Alazard, N. (Hg.) (2011): (K)Erben des Kolonialismus im Wissensarchiv deutsche Sprache. Ein kritisches Nachschlagewerk. Münster.

  • Arndt, S./Hornscheidt, A. (Hg.) (2009): Afrika und die deutsche Sprache – Ein kritisches Nachschlagewerk. Münster.
▶ Nehmen Sie Kritik an mitunter ungewollt und unbewusst verwendeten, rassistisch geprägten Begriffen und ihrer Verwendung ernst. Fragen Sie nach Alternativen, die als weniger rassistisch eingeschätzt werden und/oder als Selbstbezeichnung bevorzugt werden.

- Informieren Sie sich über Selbstbezeichnungen von einzelnen Personen und Gruppen (s. QR-Codes).
- Versuchen Sie, Begriffen, die in rassimuskritischen Zusammenhängen und selbstorganisierten Bewegungen geprägt worden sind, mit Offenheit und Neugier zu begegnen. Versuchen Sie, der Annahme zu widerstehen, dass Ihnen »etwas weggenommen wird«. Es geht um das gemeinsame Entwickeln einer Sprache, die weniger stark auf Rassismus angewiesen ist und weniger Verletzungspotenzial birgt.
- Setzen Sie sich mit Ihren gegebenenfalls auftretenden Abwehrprozessen auseinander und versuchen Sie, Ihre eigene Irritation eher als Anlass einer Infragestellung bestehender Gewohnheiten und Veränderung wahrzunehmen, als sich über diese zu ärgern oder sich dafür zu schämen. Zweiteres verhindert oftmals eine weitere Auseinandersetzung.
- Welche Begriffe/Bezeichnungen/Ansprachen erleben Sie als Schwarze Person, als Person of Color, als migrantische oder jüdische Person als diskriminierend?
- Welche Begriffe erleben Sie als ⚪ empowernd, sprich, als stärkend und ermutigend? In welchen Räumen und Zusammenhängen werden sie verwendet? Wo finden Sie ⚪ safer spaces und/oder Allianzen für die Entwicklung und das Praktizieren einer rassismuskritischer Sprache? Anregungen zu Perspektiven auf Empowerment finden Sie bei Interesse unter anderem hier:
  - https://www.eccar.info/sites/default/files/document/empowerment_web-broschuere_barrierefrei.pdf
  - https://heimatkunde.boell.de/sites/default/files/dossier_empowerment.pdf

🔍 5.7 Zur Vertiefung

Die in den 1950er Jahren staatlich geförderte Anwerbung von sogenannten ausländischen Arbeitskräften aus dem südeuropäischen Raum in die Bundesrepublik Deutschland wurde als »*Gastarbeit*« bezeichnet. Menschen, die nach Deutschland migrierten und »Gastarbeit« verrichteten, wurden einerseits als mobile Arbeitskräfte benötigt, aber zugleich rechtlich sowie gesellschaftlich als »Ausländer*innen« markiert. Sie waren nur für einen zeitlich begrenzten Aufenthalt als Arbeitskräfte willkommen, aber nicht als gleichberechtigte und dauerhafte Bürger*innen.

Mit dem Ausdruck *Political Correctness* (dt. politische Korrektheit) wird das öffentlich kontrovers diskutierte Anliegen und Bestreben bezeichnet, einen sprachsensiblen Umgang mit (potenziell) verletzenden Begriffen – unter anderem rassistischen, hetero-sexistischen, klassistischen – zu verfolgen und damit auf diskriminierende Verhältnisse auf sprachlicher Ebene hinzuweisen.

Der Begriff steht in enger Verbindung mit dem Begriff *Cancel Culture*. Beide stehen in der Kritik. Ihnen wird vorgeworfen, Meinungs- und Kunstfreiheit einzuschränken, indem Aussagen, Formate und Inhalte, die unter anderem rassistische, sexistische und klassistische Vorstellungen transportieren, mit dem Verweis auf die Verletzung von Personen, die mit diesen Begriffen stellvertretend bezeichnet werden, problematisiert oder auch mit den Forderungen der Unterbindung oder Absage (›canceln‹) belegt werden. Eine sogenannte Cancel Culture wird überwiegend linksliberalen Positionen und Bewegungen vorgeworfen, während die Einschränkung oder auch Unterbindung von uneingeschränkter Rede in konservativen bis rechten Positionen und Kontexten gebraucht wird.

6. Konflikte: Potenziale, Selbstbilder, Strategien und die Frage nach der Interkulturalität

Konflikte sind kein ungewöhnliches Phänomen und allgegenwärtig – offenbar sind sie so alt wie die Menschheit selbst, das bezeugen ◌ Konfliktmythologeme eindrucksvoll (Dahrendorf 1991). Dennoch sind Konflikte in der Regel tendenziell negativ konnotiert. Eine negative Konnotation kann zu dem Wunsch führen, Konflikte zu vermeiden, vorzubeugen oder sie auszublenden und zu überspielen.

Ein friedlich ausgetragener und gut durchgestandener Konflikt jedoch kann die Gesellschaft insgesamt voranbringen (Leggewie 2001). Konflikten ausschließlich Negatives abzugewinnen, sich ihnen ohnmächtig ausgeliefert zu fühlen und davon auszugehen, dass von ihnen zwangsläufig Gefahren ausgehen, erschwert es, das in Konflikten innewohnende Potenzial und seine positiven Funktionen wahrzunehmen. Konflikte müssen nicht per se destruktiv verlaufen, der Verlauf steht und fällt mit dem Austragen und der Bearbeitung der Konfliktparteien (Glasl 1999). Viele soziale Fortschritte und Innovationen wurden erst durch Konflikte und die damit einhergehenden Kämpfe erreicht: sich zunehmend angleichende Geschlechtergerechtigkeit, Menschenrechte oder die Ahndung von Diskriminierung.

Auf individueller Ebene fällt es leichter, Konflikte aktiv und mit optimistischer Haltung anzugehen, wenn sie als handhabbar erlebt werden, wenn in der Vergangenheit positive Konfliktlösungen erfahren und erarbeitet wurden und ein Vertrauen in die eigene Konfliktkompetenz vorhanden ist beziehungsweise die Motivation besteht, diese weiterzuentwickeln. Bei Konflikten auf gesellschaftlicher Ebene muss das eigene Konflikt- und Kompetenzerleben ergänzend in Korrelation mit der eigenen gesellschaftlichen Verortung und den daraus hervorgehenden Privilegien beziehungsweise dem Zugang zu Macht und Einfluss mitgedacht werden. Mit hineinspielen können dabei auch Deutungshoheiten – wer findet Gehör und Aufmerksamkeit, einen Konflikt zu definieren und Konfliktursachen auszumachen? Wem wird Glauben geschenkt?

Was verbirgt sich hinter dem alltagssprachlich oft inflationär eingesetzten Begriff »Konflikt«? Innerhalb dieses Kapitels entfalten wir zuerst eine überschaubare Definitionsauswahl, an die eine Erläuterung von Konfliktkategorien, ein expliziter Bezug auf Konflikte in der Migrationsgesellschaft und auf Konflikte durch gesellschaftliche Öffnungsprozesse anknüpfen. Modellhaft geht es ab dem darauffolgenden Unterkapitel zu. Hier bilden sich zwei Modelle von Konfliktstilen und Lösungsstrategien ab, auch unter Berücksichtigung sogenannter »non-Western approaches«.

6.1 Konfliktbegriff

Der Begriff »Konflikt« entstammt dem Lateinischen »conflictus« und steht für »Zusammenstoß«, »aneinanderschlagen«.

Konflikte werden oft in drei Kategorien eingeteilt: Erstens in innere beziehungsweise seelische Konflikte, auch intrapersonale Konflikte genannt. Zweitens in äußere beziehungsweise soziale Konflikte, die auch als interpersonale Konflikte bezeichnet werden. Die dritte Kategorie stellen die Organisationskonflikte. Wir werden im Folgenden die intra- und interpersonalen Konflikte ins Zentrum stellen.

Hinsichtlich ihrer Ursachen und ihres Verlaufes lassen sich Konflikte trotz ihrer Alltäglichkeit schwer eindeutig bestimmen. Auch innerhalb der Fachliteratur wird immer wieder auf die daraus resultierende Schwierigkeit der klaren Begriffsdefinition hingewiesen (bspw. Krysmanski 1971; Kanning 1997). Konfliktdefinitionen unterscheiden sich in der Vielfalt der abgebildeten Aspekte sowie in ihrer Schärfe und Weite (Glasl 2020). Der Psychologe

> »Grunwald [...] beklagt in diesem Zusammenhang nicht nur die unüberschaubare Flut von Definitionsversuchen, sondern verweist auch darauf, dass der Begriff ›Konflikt‹ mit einer Reihe von anderen Begriffen gleichgesetzt wird, wie z. B. ›soziale Spannung‹, ›Inkonsistenz‹, ›Missverständnis‹, ›Aggression‹, [...] und ›Kampf‹, um nur einige anzuführen.« (Dahrendorf 1991, S. 29)

Auf der Suche nach dem kleinsten gemeinsamen Nenner diverser Definitionsversuche stößt die*der Forschende voraussichtlich auf den Konflikt als »unangenehmen Spannungszustand« (Dahrendorf 1991, S. 29). Spannungszustände können *intrapersonell* in einer Person wirksam werden, beispielsweise, wenn sie sich zwischen mehreren Verhaltensoptionen entscheiden muss, oder aber *interpersonell* zwischen Personen oder sozialen Gruppen. Zweiteres kann beispielsweise folgende Auslöser haben:

- divergierende Einstellungen und Werte
- differierende beziehungsweise miteinander unvereinbare Ziele
- unverträgliche Beweggründe
- Unvereinbarkeit von Handlungen beziehungsweise Handlungstendenzen
- Begehren von begrenzten Ressourcen wie Arbeit, Bildung, Anerkennung oder Geld (Dahrendorf 1991).

Interpersonelle Spannungszustände, die sich zwischen Angehörigen der Dominanzgesellschaft und Minderheiten vollziehen, lassen sich in dem ✹ Song »Aber« von Eko Fresh (2018) eindrücklich nachvollziehen. In einem Rollenspiel in drei Teilen sitzen sich zwei Männer, im Musikvideo dargestellt als ein »Deutscher« und ein »Türke«, gegenüber und entladen ihren Hass, ihre ✹ Vorurteile und gegenseitige Verachtung. Neben der Anspannung auf beiden Seiten wird so deutlich, welche Konfliktursachen sich vorrangig hinter dem gut getarnten »Kulturkonflikt« verstecken: Ressourcen-, Interessens- und Anerkennungskonflikte.

6.2 Intrapersonale Konflikte

Eine bekannte Einteilung für intrapersonale Konflikte stammt von dem Psychologen Kurt Lewin (1935). Lewin geht von drei Konflikttypen aus.

1. Annährungs-Annäherungs-Konflikt: Hier muss eine Person zwischen zwei positiven Möglichkeiten entscheiden. Eine Konfliktauflösung ist nur möglich, wenn sie von einer der beiden Möglichkeiten absieht (hat sie jedoch Befürchtungen, dass für sie daraus ein Nachteil entstehen kann, mündet dieser Konflikt in einen »Annäherungs-Vermeidungs-Konflikt«; Berkel 2014). Ein Annäherungs-Annäherungs-Konflikt besteht beispielsweise, wenn einer Person zeitgleich zwei als ebenbürtig bewertete Ausbildungs-/Studienplätze angeboten werden.

2. Vermeidungs-Vermeidungs-Konflikt: In diesem Fall muss sich eine Person zwischen zwei Möglichkeiten entscheiden, die sie beide negativ bewertet (Berkel 2014); die Wahl zwischen »Pest oder Cholera«. Solch ein Konflikt kann zum Beispiel entstehen, wenn eine Person sich zwischen zwei prekären Jobs entscheiden muss und nicht beide ablehnen kann.

3. Annäherungs-Vermeidungs-Konflikt: Dieser Konflikt ist sowohl durch Vor- als auch durch Nachteile gekennzeichnet. Eine Person muss sich zwischen zwei Möglichkeiten entscheiden, die sowohl Positives als auch Negatives mit sich bringen (Berkel 2014). Solch ein Konflikt kann beispielsweise bei einer anstehenden Möglichkeit zum Jobwechsel inklusive eines Umzuges auftreten, für die keine Dringlichkeit geboten ist. Die gegenwärtige Situation bietet Vertrautheit, Altbekanntes und ein stabiles soziales sowie berufliches Umfeld; allerdings auch einen gewissen »Stillstand«. Der neue Job und ein Umzug hingegen bergen Chancen auf einen Aufstieg, auf neue und bereichernde Netzwerke, aber auch das Risiko einer Verschlechterung, wenn sich die Entscheidung als ein »Fehlgriff« entpuppen sollte.

Kurz zusammengefasst sind intrapersonale/innere Konflikte solche, die insanlar mit sich selbst erleben und ausfechten. Für eine postmigrantische Gesellschaft ist eine bis hierher unerwähnte, aber wesentliche Facette *möglicher* intrapersonaler – und damit einhergehend interpersonaler – Konflikte von großer Relevanz: Solche, die mit Rassismus, Stigmatisierung und Ausgrenzung einhergehen und sich negativ auf die Identitätsentwicklung von jungen Mehrheimischen und insbesondere von PoC-Mehrheimischen auswirken *können* sowie Spannungen und Konflikte zwischen Angehörigen von Mehrheiten/Dominierenden und Minderheiten/Dominierten erzeugen (s. auch Kap. 5).[33]

Lewins Ausführungen werden im Folgenden durch dieses Konfliktpotenzial ergänzt, unter Berücksichtigung der Möglichkeit eines Entwicklungsprozesses zu einer hybriden Identität,[34] welcher stattfinden *kann,* jedoch nicht zwangsläufig stattfinden *muss.* Die Entwicklung zu einer hybriden Identität kann als ein »Lösungskonzept« für ein Identitätsdilemma empfunden werden (Foroutan 2013).

Identitätskonflikt als intrapersonaler Konflikt

Identität (lat. »idem«: »dasselbe«, »derselbe«) meint im klassischen Sinne das Bewusstsein, sich von anderen Menschen zu unterscheiden, über Zeit und verschiedene Situationen hinweg für sich selbst und die Umwelt dieselbe Person zu bleiben (Döring 1999) und in Übereinstimmung mit sich selbst zu sein (Hillmann 1994).

---

33 Mit PoC-Mehrheimischen sind Menschen gemeint, die Rassismuserfahrungen machen und gleichzeitig mehrheimisch verortet sind, sich mit mehr als einer kültür/einem Land verbunden fühlen. Da die aufgezählten Erfahrungen das Risiko eines negativen Einflusses in sich bergen, aber nicht zwangsläufig wirksam sein *müssen,* weisen wir mit einem kursiv gesetzten *können* darauf hin.

34 Perspektivisch wird die Zahl an mehrheimischen Individuen und hybriden Identitäten weiterhin zunehmen. »Im Jahr 2019 hatten in Deutschland 40,4 Prozent aller Kinder unter fünf Jahren einen Migrationshintergrund – in der Gruppe der 40- bis unter 45-Jährigen lag der entsprechende Anteil im selben Jahr bei 34,5 Prozent und bei den 80- bis unter 85-Jährigen bei 8,6 Prozent« (Bundeszentrale für politische Bildung 2021).

Eine der jüngeren Beschreibungen des Identitätsbegriffs findet sich bei den Psycholog*innen Eva Dreher und Rolf Oerter (2008, S. 291):

»In einem engeren, psychologischen Sinn ist die Identität die einzigartige Persönlichkeitsstruktur, verbunden mit dem Bild, das andere von dieser Persönlichkeitsstruktur haben. Für das Verständnis der Entwicklung im Jugendalter ist aber noch eine dritte Komponente wichtig, nämlich das eigene Verständnis für die Identität, die Selbsterkenntnis und der Sinn für das, was man ist beziehungsweise sein will.«

Die Identitätsentwicklung ist im Allgemeinen eine zentrale Entwicklungsaufgabe im Jugendalter (Oerter/Dreher 2008). Die Entwicklung einer positiven Ich-Identität *kann* für PoC-Mehrheimische vergleichsweise ein Kraftakt sein, da sie ihre soziale Identität, an sie herangetragene negative Zuschreibungen, Stereotype und Ausgrenzungserfahrungen regelmäßig mit ihrem Selbstbild abgleichen und ausbalancieren müssen, um ein positives Selbstwertgefühl und eine stabile Identität entwickeln zu können.

Zudem gestalten sich die Lebenswelten für Jugendliche mit mehrheimischer Verortung meist sehr heterogen und es begegnen ihnen oft divergierende Einflüsse und Erwartungshaltungen. Dazu kommen häufig erschwerend Diskriminierungs- und Rassismuserfahrungen und die Auseinandersetzung mit der eigenen Zugehörigkeit. Kinder von Einwanderer*innen, die in Almanya geboren wurden, wachsen nicht selten in *zwei Sphären* auf (El-Mafaalani 2018). In der *inneren Sphäre*, ihrem familiären Zuhause, erleben sie Traditionen aus der Kultur ihrer Eltern und sehr enge soziale Bindungen, denn in der »Fremde« rücken Menschen näher zusammen, dies ist ein generelles, typisches Phänomen. In der *äußeren Sphäre*, sprich in der Gesellschaft, in Bildungsinstitutionen etc., existiert eine andere »komplexe Gesellschaft, die sie weitgehend eigenständig verstehen lernen müssen« (El-Mafaalani 2018, S. 114). Beide Sphären verkörpern sozusagen ein je »richtiges« Leben, jedoch mit sehr unterschiedlichen sozialen Regeln und Beziehungen. Oft sind mehrheimische Kinder mit differenten und völlig widersprüchlichen Erwartungen konfrontiert: Die Eltern erwarten von ihren Kindern Erfolg in der neuen Haymat, gleichzeitig sollen sie sich nicht zu weit von ihnen entfernen und loyal bleiben. »Werde Arzt oder Anwalt, bleib aber im Hinblick auf deine Identität wie wir« (El-Mafaalani 2018, S. 115). In der äußeren Sphäre finden ähnlich widersprüchliche Prozesse statt; einerseits in Form von VerAnderungen, andererseits in Erwartungen der Anpassung an die Dominanzgesellschaft. Dieser Widerspruch kann sich beispielsweise darin äußern, dass in Almanya Geborene nach ihrer Herkunft und ihren vermeintlichen »Sitten« gefragt und damit als nicht-zugehörig, als »anders« markiert werden, gleichzeitig aber von ihnen gefordert wird, diese »Sitten« abzulegen und die Gepflogenheiten der Dominanzkultur zu übernehmen (El-Mafaalani 2018). Eko Fresh (2018) rappt es in »Aber« auf den Punkt: »Ich sitze schon mein ganzes Leben zwischen diesen fucking Stühl'n«. Die Forderung nach einer Übernahme von almanschen Verhaltensweisen wird häufig als »Integration« deklariert, meint jedoch nicht selten Assimilation und wird von den Adressat*innen auch oft als solche verstanden: »Was integrier'n? Ihr wollt uns assimilier'n« (Eko Fresh 2018).

Exkurs Assimilation

In der Soziologie wird Assimilation als »das Angleichen einer gesellschaftlichen Gruppe an eine andere unter Aufgabe eigener Kulturgüter« (Köck/Ott 1994, S. 11) verstanden.

El-Mafaalani (2018) beschreibt ein Gedankenexperiment, das sich hervorragend als autodidaktische Übung eignet, um Assimilation zu verstehen oder sogar nachempfinden zu können – und folglich zu entscheiden, ob und gegebenenfalls wann man sie als sinnvoll einzustufen vermag beziehungsweise es vorzieht, den »Assimilations-clear-Button« zu betätigen:

Dazu stellen Sie sich vor, dass Sie in Kürze Ihre jetzige Haymat verlassen werden, um dauerhaft, vielleicht auch für den Rest ihres Lebens, nach Japan auszuwandern. Das Motiv für die Migration ist an dieser Stelle unerheblich, ob aus Jobgründen, weil Sie flüchten müssen etc. Sie nehmen Ihre Familie inklusive Ihrer çocuklar mit. Wie werden Sie Ihre Kinder in Japan erziehen?

Variante eins: Sie wünschen sich, dass Ihre Kinder »echte Japaner*innen« werden, perfekt die japanische Sprache sprechen, denken und handeln wie Japaner*innen und hauptsächlich die japanischen Traditionen übernehmen.

Variante zwei: Sie wünschen sich für Ihre çocuklar ein erfolgreiches Leben in Japan und möchten zudem möglichst viele Übereinstimmungen mit ihnen haben. Ihre Kinder sollen Ihren (Nicht-)Glauben übernehmen, Ihre Sprache, kültür und Lebensvorstellungen.

Bei »psychischer Unversehrtheit«, so El-Mafaalani, entscheiden sich Eltern für Variante zwei. Wenn von Eltern kein Bedürfnis nach großer Übereinstimmung mit ihren Kindern ausgeht, macht Elternschaft wenig Sinn (El-Mafaalani 2018).

Der Orientalist und Publizist Navid Kermani (2015, S. 139) nimmt bei Politiker*innen und Publizist*innen, die

> »sich glaubwürdig und engagiert für die Migranten einsetzen, [...] immer wieder wahr, dass sie eine andere Vorstellung von Integration haben als ich. Ihre Offenheit besteht darin, zu sagen, daß wir so werden dürfen wie sie.

Intrapersonale Konflikte 87

> Ein Abgeordneter des Bundestags, der es wirklich gut meint, sagte mir einmal geradezu enthusiastisch: Irgendwann werden diese Türken alle richtige Deutsche sein! Vielleicht wollen sie das gar nicht. Vielleicht wäre es sogar ein Verlust, wenn sie Deutsche würden, wie es sich der Abgeordnete vorstellt.«

Das (Satire-Kalifat) »Die Datteltäter« – bekannt dafür, dass sie die kültür ihrer immigrierten Vorfahren sowie die almansche gleichermaßen aufs Korn nehmen – setzt das Resultat von Assimilation humoristisch in seinem Videoclip »Wenn Muslime Almans wären« um.

Zurück zu den Herausforderungen in der Identitätsentwicklung von mehrheimisch verorteten (PoC-)Jugendlichen. Neben der Gefahr eines (struggle,) den viele, aber sicherlich nicht alle erleben – abhängig auch von der eigens ausgebildeten (Resilienz,) von tragenden Beziehungen und unterstützenden Netzwerken – birgt die Entwicklungsaufgabe auch ein großes Potenzial. Als positive Konsequenz kann bei Mehrheimischen eine hybride Identität entstehen, aus der sich der Bedeutungssinn »Migrationsvorteil« erschließen lässt. Der Journalist und Autor Hasnain Niels Kazim twitterte dazu:

> »Manche Leute zu mir: ›Ja, ach, wie gut, dass Sie es nach Deutschland geschafft haben! Ja, Mensch, da, wo Sie herkommen, muss es ja furchtbar sein! Da können Sie ja dankbar sein, dass Sie jetzt in Deutschland sind!‹ Ich zu diesen Leuten: ... ›Ja, ach, Sie haben keinen Migrationsvorteil? Dass Sie sich nicht in zwei Kulturen bewegen können, muss ja furchtbar sein für Sie! Wie, Sie sind nur einsprachig aufgewachsen?‹«[35]

Hybride Identitäten haben in vielerlei Hinsicht einen Migrationsvorteil – dieser darf nicht als ein Lückenfüller für mangelnde Qualifikationen gedeutet werden, so wie mittlerweile der Begriff »Migrationsbonus« beziehungsweise »Migrant*innenbonus«,[36] sondern als ein Merkmal, das darauf hinweist, dass mit einer internationalen Geschichte *zusätzliche* Fähigkeiten einhergehen können. Wodurch entstehen diese Fähigkeiten und wo bringen sie sichtbare Vorteile? Hybride Identitäten entwickeln durch

---

35 https://twitter.com/hasnainkazim/status/1275345668979281921?lang=bg (Zugriff am 26.11.2021).
36 Die Journalistin Fatma Aydemir (2019) greift das Thema »Migrationsbonus« anschaulich im Zusammenhang mit einer erfolgreichen Bewerbung in ihrem Essay »Arbeit« im Band »Eure Heimat ist unser Albtraum« auf.

»die immerwährende Wahrnehmung von Unterschiedlichkeit [...] multiple Integrationsstrategien, welche wiederum Ressourcen generieren, die [...] in der Zukunftsausrichtung globaler Gesellschaftsordnungen von Vorteil sein könnten. Dazu gehören Bilingualität, familienzentrierte Werte, hohe psychische Robustheit und Frustrationstoleranz [...]. Den Menschen mit hybrider Identität wird in der Ressourcenanalyse ein intuitiver Umgang mit Vielfalt/ Diversity zugeschrieben [...]. Durch die situative Variation der Zugehörigkeiten gelten sie als flexibel und mobil, durch die authentische Verkörperung von Mehrheimigkeit als empathisch. Sie besitzen eine erhöhte Ambiguitätstoleranz [...], weswegen ihnen ein natürliches Mediationspotenzial zuerkannt wird. [...] Durch die immerwährende Parallelität von kognitiver, emotionaler und intuitiver Wahrnehmung entsteht ein Multitasking in der Wahrnehmungs- und Gedankenwelt.« (Foroutan 2013, S. 98)

Diese Kompetenzen klingen höchst verlockend und erstrebenswert für den Einsatz in einer pluralen und postmigrantischen Gesellschaft und im Zeitalter der Globalisierung. Auch wenn eine Ressourcenmobilisierung durchaus kritisch betrachtet werden kann und es nicht um eine ökonomisierte Sicht auf hybride Identitäten gehen soll (Foroutan 2013), kann eine kompetenzorientierte Perspektive dazu beitragen, die Problemorientierung, die mit Migrationsthemen einhergeht, zu reduzieren und Menschen mit internationaler Biografie nicht als defizitäre Wesen und Migration und die damit ausgelösten Prozesse nicht als per se problematisch und konflikthaft einzustufen. Zudem unterstützt ein ressourcenorientierter Blick junge PoC-Mehrheimische bei ihrer positiven Selbstwahrnehmung und (Identitäts-)Entwicklung.

Identitätsentwicklung und hybride Identitäten als Lösungskonzept von intrapersonalen Konflikten bei PoC-Mehrheimischen

Die Psychoanalytiker Sigmund Freud und Erik H. Erikson sind zwei der bedeutendsten Theoretiker des vergangenen Jahrhunderts, die sich mit dem Prozess der Identitätsbildung beziehungsweise mit der Frage nach dem »Ich« auseinandergesetzt haben. Freud gilt als der Begründer der Psychoanalyse. Obwohl er sich selbst nur indirekt mit dem Identitätsbegriff beschäftigt hat, ist sein »Strukturmodell der Psyche« (Stangl 2021) eine große Errungenschaft auf dem Gebiet der Identitätsforschung und bildet eine wissenschaftliche Vorarbeit für andere Identitätsforschende, zum Beispiel für seinen Schüler Erikson (Müller 2011).

Aus psychoanalytischer Sicht identifizierte Freud die frühen Lebensjahre eines Individuums als zentralen Aspekt für die Identitätsentwicklung (Flammer 1996).

Für ein gutes Gelingen und das Halten des Gleichgewichtes einer Ich-Identität spielen nach Freud die Vereinbarung der gesellschaftlichen Anforderungen mit dem Selbst eine große Rolle (Huppertz/Schindler 1995).

Die Identitätstheorie von Erikson basiert auf 🔍 Freuds Theorie der psychosexuellen Entwicklung mit fünf Phasen (Noack 2010). Erikson übernahm das psychoanalytische Modell von Freud und entwickelte es zu einem 🔍 psychosozialen Ansatz weiter. Als solcher versteht er ihn, da er die Identitätsentwicklung als einen lebenslang andauernden Wechselwirkungsprozess zwischen Individuum und Gesellschaft einstuft (Gugutzer 2002). Erikson (1968) beschreibt Identitätsentwicklung in acht Stufen der psychosozialen Entwicklung (s. Tabelle auf S. 90).

Das Jugendalter stuft Erikson als die einschneidendste Phase für die Entwicklung einer Identität ein, da das Individuum in diesem Alter erstmals kognitiv in der Lage ist, Denk- und Verhaltensmuster aus der Kindheit zu überdenken und sowohl selbstreflektiert als auch aktiv den Gestaltungsprozess des eigenen Lebens zu übernehmen (Kroger/Marcia 2011). Für die Auseinandersetzung mit der Identitätsentwicklung von (PoC-)Jugendlichen mit mehrheimischer Verortung ist das Identitätskonzept des Soziologen Ervin Goffman (1967) äußerst bedeutsam:[37] Nach Goffman setzt sich Identität aus drei Komponenten zusammen: der sozialen Identität, der persönlichen Identität und der Ich-Identität.

Bei der sozialen Identität handelt es sich um eine »soziale Erscheinung«. Sie entsteht aufgrund einer Mitgliedschaft zu einer bestimmten sozialen Gruppe und wird dem Individuum von außen zugesprochen (Münch 2002). Dabei werden unbekannte Personen bei Begegnungen mit Erwartungen an bestimmte Eigenschaften konfrontiert (Goffman 1967). Beispielsweise kann bei der ersten Begegnung mit einer angesehenen Professorin ein hohes Maß an Bildung, eine eloquente verbale Ausdrucksweise sowie eine gepflegte Erscheinung vonseiten der anderen Person vermutet werden. Dieses 🔍 Antizipieren geht mit einer Reihe von Zuschreibungen einher und dient vor allem dem Zweck der Kategorisierung. In der Antizipation werden unbewusst bestimmte Forderungen an die soziale Identität des Gegenübers gestellt, die ihrer sozialen Situation angemessen erscheinen. Dabei entsprechen die zugewiesenen Zuschreibungen, die das Gegenüber charakterisieren sollen, weniger deren tatsächlichen Eigen-

---

37 Nicht unerheblich ist auch das Identitätskonzept des Philosophen George H. Mead (das hier aus Platzgründen nicht dargestellt wird), der die drei Aspekte *Sprache*, *Spiel* und *Wettkampf* als maßgebend für die Entwicklung von Identität beziffert, z. B. im Buch »Geist, Identität und Gesellschaft aus der Perspektive des Sozialbehaviorismus« (1973).

Lebensphasen im vollständigen Lebenszyklus nach Erik H. Erikson

Phasen	Psychosoziale Phasen + Modi	Psychosoziale Krisen	Radius wichtiger Beziehungen	Grundstärken	Kernpathologie/ Grundlegende Antipathien	Ich-Erkenntnis	Verwandte Prinzipien der Sozialordnung	Bindende Ritualisierungen	Ritualismus
I: Säuglingsalter	Oral-respiratorisch; sensorisch kinästhetisch (Einverleibungsmodi)	Grundvertrauen / Grundmisstrauen	Mütterliche Person	Hoffnung	Rückzug	Ich bin, was man mir gibt.	Kosmische Ordnung	Das Numinose	Idolismus
II: Kleinkindalter	Anal-urethral (Modi des Zurückhaltens und Ausscheidens)	Autonomie / Scham + Zweifel	Elternpersonen	Wille	Zwang	Ich bin, was ich will.	„Gesetz und Ordnung"	Einsicht	Legalismus
III: Spielalter	Infantil-genital, lokomotorisch (Modi des Eindringens und Umschließens)	Initiative / Schuldgefühl	Kernfamilie	Entschlusskraft	Hemmung	Ich bin, was ich mir vorstellen kann zu werden.	Ideale Leitbilder	Das Dramatische	Moralismus
IV: Schulalter	„Latenz"	Regsamkeit / Minderwertigkeit	Nachbarschaft, Schule	Kompetenz	Trägheit	Ich bin, was ich lerne.	Technologische Ordnung	Das Formale (der Technik)	Formalismus
V: Adoleszenz	Pubertät	Identität / Identitätskonfusion	Peer-Groups und fremde Gruppen	Treue	Zurückweisung	Ich bin, was ich bin.	Ideologische Weltsicht	Das Ideologische	Totalismus
VI: Frühes Erwachsenenalter	Genitalität	Intimität / Isolierung	Partner in Freundschaft, Sexualität, Wettbewerb, Zusammenarbeit	Liebe	Exklusivität	Ich bin, was mich liebenswert macht.	Grundmuster von Kooperation und Rivalität	Das Zusammenschließende	Elitismus
VII: Erwachsenenalter	Prokreativität	Generativität / Stagnation	Arbeitsteilung und gemeinsamer Haushalt	Fürsorge	Abweisung	Ich bin, was ich bereit bin zu geben.	Zeitströmungen in Erziehung und Tradition	Das Schöpferische	Autoriarismus
VIII: Alter	Generalisierung der Körpermodi	Integrität /Verzweiflung	„Die Menschheit", Menschen meiner „Art"	Weisheit	Hochmut	Ich bin, was ich mir angeeignet habe.	Weisheit	Das Philosophische	Dogmatismus

schaften als vielmehr den Erwartungen des zuschreibenden Individuums (Goffman 1967). Über die soziale Identität wird der Status einer Person folgenreich konstruiert.

»Wenn ein Fremder uns vor Augen tritt, dürfte uns der erste Anblick befähigen, seine Kategorie und seine Eigenschaften, seine ›soziale Identität‹ zu antizipieren – um einen Terminus zu gebrauchen, der besser ist als ›sozialer Status‹, weil persönliche Charaktereigenschaften wie zum Beispiel ›Ehrenhaftigkeit‹ ebenso einbezogen sind wie strukturelle Merkmale von der Art des ›Berufs‹.« (Goffman 1967, S. 10)

Zur sozialen Identität tritt die *persönliche Identität* hinzu. Sie entsteht durch die Einzigartigkeit der Person und erfährt des Weiteren eine Zuteilung von außen (Münch 2002). Die persönliche Identität bezieht sich auf die eigene Biografie und ist ein Garant für die Konstante des eigenen Ichs. Goffman subsummiert hierunter die unverwechselbaren Merkmale und Eigenschaften einer Person, all jene

»positiven Kennzeichen oder Identitätsaufhänger und die einzigartige Kombination von Daten der Lebensgeschichte, die mit Hilfe dieser Identitätsaufhänger an dem Individuum festgemacht wird. Persönliche Identität hat folglich mit der Annahme zu tun, dass das Individuum von allen anderen differenziert werden kann und dass rings um dies Mittel der Differenzierung eine einzige kontinuierliche Liste sozialer Fakten festgemacht werden kann.« (Goffman 1967, S. 74)

Die dritte Identität, die *Ich-Identität,* meint die Innenwelt eines Individuums, seine Erfahrungen und Emotionen. Sie ist eine sogenannte »empfundene« Identität und bildet »das subjektive Empfinden seiner eigenen Situation und seiner eigenen Kontinuität und Eigenart, das ein Individuum allmählich als ein Resultat seiner verschiedenen sozialen Erfahrungen erwirbt«, ab (Goffman 1967, S. 132). Die Ich-Identität schließt den Umgang mit der ihr zugeteilten sozialen und persönlichen Identität mit ein (Münch 2002). Sie stellt die »innere psychische Seite« dar, das Selbstbild und -erleben. Aus der erlebten Differenz zwischen zugeschriebener sozialer Identität und den Attributen seiner persönlichen Identität entwickelt die Einzelne durch aktive Gestaltung ihre Ich-Identität, ihr Selbstbild. Ihre Aufgabe ist es, die Aspekte ihrer sozialen und persönlichen Identität emotional, kognitiv und in ihrem Verhalten aktiv zu einer »Ich-Identität« zu synthetisieren (von Kardorff 2009).

Wie vorab beschrieben, *kann* die Ausbildung einer positiven Ich-Identität für PoC-Jugendliche ein besonderer Balanceakt werden, weil sie negative Zuschreibungen, VerAnderungserfahrungen und Stereotype mit ihrem Selbstbild in Einklang bringen müssen.

»In seinem Buch *Whistling Vivaldi* beschreibt der afroamerikanische Psychologe Claude-Steele den Einfluss, den gesellschaftliche Stereotypen auf die betroffenen Gruppen haben. Er fand heraus, dass die Angst, negativen Stereotypen zu entsprechen, dazu führen kann, dass genau das Prophezeite eintritt. Soziale Identität beeinflusst schulische Leistungen und Erinnerungsvermögen, sie wirkt sich darauf aus, unter welchem Beweisdruck Menschen stehen und wie entspannt sie sich in einer bestimmten Umgebung fühlen. Alles Dinge, so Steele, von denen wir gemeinhin annehmen, dass sie durch individuelles Talent, persönliche Antriebsstruktur und charakterliche Prägung vorgezeichnet sind.« (Gümüşay 2021, S. 103, Hervorh. i. Orig.)

Bewältigungsstrategien von Stereotypisierungen und VerAnderungserfahrungen sind sehr unterschiedlich.

C., 40 Jahre alt, berichtet:

In der Pubertät und im jungen Erwachsenenalter, wenn sich sowieso die Identitätsfrage stellt, machte die VerAnderung (retrospektiv) eher unbewusst etwas mit mir. Ich ging auf eine Schule mit Menschen, die kaum eine jüngere Einwanderungsgeschichte mitbrachten. Der Wunsch, dazuzugehören, brachte mich zunächst dazu, dass ich so heißen wollte, wie viele andere auch: Julia, Anna, Claudia oder Lena. Dann habe ich Dinge mitgemacht, die eben dazugehören, wobei ich mich aber unwohl gefühlt habe. Es war ein Herausbewegen aus meiner Komfortzone, aus dem heraus, dazuzugehören, um dann zu merken, dass das nicht zu mir passt. Daher hat das othering eher in einem langen Prozess dazu geführt, zu meinem Selbstbild zu finden und mich auch nur noch mit Menschen zu umgeben, die entweder ähnliche Erfahrungen durchlebt haben oder an mir als Person und nicht als Repräsentantin/Quotenfreundin interessiert sind.[38]

---

[38] Dieser Ausschnitt ist aus einem anonymisierten Interview entnommen und nicht wortwörtlich, sondern in Absprache mit der Interviewten sinngemäß wiedergegeben.

Die Kabarettistin Idil Baydar hat sich als Erwachsene dazu entschieden, die Rollenerwartungen, die ihr häufig aus der Dominanzgesellschaft zugetragen werden, auf satirische Weise zu erfüllen. Die in Almanya geborene und aufgewachsene Baydar hörte nach ihrem Umzug als Jugendliche von Celle nach Berlin erstmalig

»sie sei Türkin. Alle wissen genau Bescheid, was das bedeutet: Ehrenmord, Koranschule, Hartz IV. ›So einsortiert zu werden, das kannte ich nicht.‹ […] Als 2011 Sarrazin mit seinem Buch rauskommt und alle Türken als Gemüsehändler abstempelt, reicht es ihr. ›Ihr wollt Eure Kanakin, Ihr kriegt sie.‹« (Keller 2013)

Mit ihrer Kunstfigur Jilet Ayşe erfüllt sie heute jegliches Klischee, das Türkeistämmigen nachgesagt wird, und ist eine bekannte und erfolgreiche Künstlerin der Kabarettist*innenszene.

Der Autor Feridun Zaimoglu schreibt hingegen:

»›Woher kommst Du?‹ fragten mich die Holländer. ›Aus Deutschland‹ antwortete ich. ›Nazi, Nazi!‹ riefen sie daraufhin und ich wurde von einem großen Glücksgefühl durchflutet: Endlich wurde ich als Deutscher anerkannt!« (Schmid 2005, S. 1)

Goffmans Identitätskonzept kann zum Verständnis für konflikthafte Komponenten in der Identitätsentwicklung bei PoC-Mehrheimischen auch besonders relevant sein, weil er negative Zuschreibungen im Sinne von *Stigmen* als ein zentrales Element in seinen Auseinandersetzungen mit Identität setzt.

Exkurs Stigma

Unter einem »Stigma« versteht Goffman (1967, S. 7) »die Situation des Individuums, das von vollständiger sozialer Akzeptierung ausgeschlossen ist.« Die Bedeutung von Stigma unterteilt Goffman in drei Typen:

»Erstens gibt es Abscheulichkeiten des Körpers – die verschiedenen physischen Deformationen. Als nächstes gibt es individuelle Charakterfehler, wahrgenommen als Willensschwäche, beherrschende oder unnatürliche Leidenschaften, tückische und starre Meinungen und Unehrenhaftigkeit, welche alle hergeleitet werden aus einem bekannten Katalog, zum Beispiel von Geistesverwirrung, Gefängnishaft, Sucht, Alkoholismus, Homosexualität, Arbeitslosigkeit, Selbstmordversuchen und radikalem politi-

> schen Verhalten. Schliesslich gibt es die ⚙ phylogenetischen Schemata von Rasse, Nation und Religion. Es sind dies solche Stigmata, die gewöhnlich von Geschlecht zu Geschlecht weitergegeben werden und alle Mitglieder einer Familie in gleicher Weise kontaminieren.« (Goffman 1967, S. 12 f.)[39]
>
> Ein*e Stigmatisierte*r ist demnach eine Person, die Merkmale besitzt, welche von Mehrheiten/Dominierenden unerwünscht sind – weshalb sie sich von ihr abwenden. Ein Stigma kann sich überhaupt erst in sozialen Relationen vollziehen. Die Definitionsmächtigen, die andere als »Stigmatisierte« brandmarken und sie von ihren Aktivitäten ausschließen können, nennt Goffman (1967, S. 13) die »Normalen«. Dabei geht es weniger um das Merkmal an sich als um die negative Konnotation des Merkmals beziehungsweise um dessen Zuschreibungen. Über das Merkmal hinaus werden der Merkmalsträgerin weitere, ebenfalls negative Eigenschaften zugeschrieben; aufgrund *einer* Eigenschaft wird sie mit Vorurteilen belegt, welche *alle anderen* Eigenschaften überschatten (Goffman 1967).[40]

PoC-Mehrheimische werden vor allem durch die dritte Kategorie der Stigmata, den phylogenetischen Schemata von ⚙ race, (zugeschriebener) Nationalzugehörigkeit und Religion sowie den daraus abgeleiteten Zuschreibungen, diskriminiert (was kein Ausschlusskriterium für das gleichzeitige Zusammentreffen mit anderen Diskriminierungskategorien, Stichwort ⚙ Intersektionalität, ist).

Resümierend lässt sich festhalten, dass bei jungen PoC-Mehrheimischen die Identitätsentwicklung konfliktreicher verlaufen *kann*.[41] Daneben winkt ein Migrationsvorteil und ein mit Hybridität gewürztes, »mehrkulturelles Selbstbewusstsein« (Foroutan 2013). Foroutan beschreibt dies so:

> »Kinder und Jugendliche mit Migrationshintergrund sind zwar genervt von Fragen wie ›Und woher kommst du wirklich?‹, weil sie sich ausgegrenzt fühlen. Doch sie schaffen sich auch eine neue, ganz eigene Identität, indem sie die

---

39 Die Kategorien würden heute sicherlich anders benannt und auch beschrieben werden, was ihre inhaltliche Bedeutung jedoch auch für die Gegenwart nicht schmälert.
40 Hier spricht man auch von einem Horn- oder Teufelshorn-Effekt, im Gegensatz zum Halo-Effekt.
41 Nicht außer Acht gelassen werden sollte, auch wenn es in diesem Buch keinen Raum hat, dass konfliktreiche Momente in der Identitätsentwicklung generell von vielen Jugendlichen und insbesondere auch von anderen Minderheiten erfahren werden und kein Alleinstellungsmerkmal von PoC-Mehrheimischen sind.

deutschen Alltagscodes, die sie von klein auf kennen, mit dem kombinieren, was ihnen aus dem Heimatland und der Religion ihrer Eltern übermittelt wird. Die Zugehörigkeit zu diesen beiden Kulturen muss für sie kein ›Dazwischen‹ sein, sondern kann ein ›Zusammen‹ werden, aus dem sie ein neues Selbstbewusstsein schöpfen.« (Thurm 2014)

Hybridität kann als ein Konstrukt verstanden werden, um Identitätsbildungsprozesse von Menschen nachzuvollziehen, die gleichzeitig in verschiedenen Referenzsystemen verankert sind, welche sich aus Sicht der nicht-hybriden Dominanzgesellschaft gegenseitig widersprechen oder gar ausschließen können (Foroutan 2013). Mehrdeutigkeiten und Ambivalenzen, ein diffuser und nicht durchgängig bestimmbarer Charakter zeichnen hybride Menschen aus. Sie sind nicht zu positionieren, nicht einzuordnen. Damit verkörpern sie ein »Sowohl-als-auch« und rufen Verärgerung und Aggression derjenigen hervor, die Eindeutigkeit als klare Positionierung einfordern, was nicht selten Diskriminierung und Alltagsrassismus (Foroutan 2013) sowie intra- und/oder interpersonale Konflikte erzeugt.

Unterstützend für die eigene hybride Identität(sentwicklung) und auch für die (professionelle) Unterstützung der Entwicklungsprozesse bei jungen (PoC-)Mehrheimischen ist die schon mehrfach genannte Ambiguitätstoleranz. Kermani fügt dieser Form der Toleranz hinzu, dass Identität auch etwas per se Vereinfachendes und Einschränkendes sein kann,

»wie jede Art von Definition. Es ist eine Festlegung dessen, was in der Wirklichkeit vielfältiger, ambivalenter, durchlässiger ist. [...] Ich sage von mir: Ich bin Muslim. Der Satz ist wahr, und zugleich blende ich damit tausend andere Dinge aus, die ich auch bin und die meiner Religionszugehörigkeit widersprechen können – ich schreibe zum Beispiel freizügige Bücher [...] und bejahe die Freiheit zur Homosexualität. Das ist ein Widerspruch.« (Kermani 2015, S. 17)

6.3 Interpersonale (soziale) Konflikte

Die Konfliktdefinition des Konfliktforschers Friedrich Glasl hat im deutschsprachigen Raum ein hohes Maß an Popularität erreicht. Nach Glasl (2020, S. 17) ist ein sozialer Konflikt

»eine Interaktion zwischen Aktoren (Individuen, Gruppen, Organisationen usw.), wobei wenigstens ein Aktor Unvereinbarkeiten im Denken/Vorstellen/

Wahrnehmen und/oder Fühlen und/oder Wollen mit dem anderen Aktor/anderen Aktoren in der Art erlebt, dass im Realisieren eine Beeinträchtigung durch einen anderen Aktor (die anderen Aktoren) erfolge.«

Dabei kommt es Glasl (2020, S. 17) vor allem auf folgendes an:
- »Es besteht eine Interaktion, also ein aufeinander bezogenes Kommunizieren oder Handeln«;
- es genügt, wenn eine Seite/ein*e Akteur*in eine Unvereinbarkeit empfindet und dementsprechend danach handelt. Eine objektive Feststellung, ob das Erleben tatsächlich »real« ist, ist nicht zweifelsfrei möglich;
- Unvereinbarkeiten können »im Denken/Vorstellen/Wahrnehmen [...] gegeben sein, aber es muss auch noch ein entsprechendes Realisierungshandeln (z. B. verbale Kommunikation) dazu kommen«;
- die Unvereinbarkeit besteht auch im Gefühlsleben und im Wollen;
- mindestens eine Partei empfindet die Interaktion so, dass sie die Gründe für das Nicht-umsetzen-Können der eigenen Ideen, Gefühle etc. der anderen Partei zuschreibt. Unerheblich ist dabei, ob die Interaktion »berechtigterweise« so empfunden wird und auch, ob die Gegenpartei bewusst oder willentlich der Umsetzung der Wünsche des Gegenübers entgegensteht;
- ein sozialer Konflikt ist nur gegeben, wenn mindestens eine Partei eine Beeinträchtigung erlebt (z. B. in Form eines Behindert-Werdens, von Widerstand oder Abwehr).

Beispiel »Sozialer Konflikt durch den unreflektierten Einsatz von rassistischen Bezeichnungen«
Ein junges und prominentes Beispiel dafür ist die WDR-Talkshow »Die letzte Instanz« als Wiederholungssendung im Januar 2021. Gesprächsthema war unter anderem rassistisch diskriminierender Sprachgebrauch, der ausschließlich von prominenten weißen Gästen unkritisch, ohne Hintergrundwissen und Sensibilität aus einer weißen Perspektive diskutiert wurde. Dabei wurden Stereotype über Sinti*zze und Roma*nja produziert und die Empörung von PoC's über rassistische Bezeichnungen bagatellisiert sowie ihnen die Angemessenheit ihrer Reaktionen abgesprochen (s. auch Kapitel 5).

Der Mediator Christopher W. Moore entwickelte 1986 eine Konflikttypologie, die auf fünf Konfliktursachen basiert: Sachverhalts-, Interessens-, Beziehungs-, Werte- und Strukturkonflikte.

A) Sachverhaltskonflikte können verursacht werden durch:
- Informationsmangel,
- Fehlinformationen,
- verschiedene Einschätzungen von Priorisierungen, Wichtigkeit,
- unterschiedliche Dateninterpretation,
- unterschiedliche Vorgehensweise zur Bewertung.

B) Interessenkonflikte können verursacht werden durch:
- wahrgenommene oder tatsächliche Konkurrenz, Wettbewerb,
- inhaltliche Interessen,
- Verfahrensinteressen,
- psychologischen Interessen.

C) Beziehungskonflikte können verursacht werden durch:
- starke Gefühle,
- Missverständnisse und/oder Stereotype,
- wiederholt negatives Verhalten,
- mangelnde Kommunikation oder Fehlkommunikation.

D) Wertekonflikte können verursacht werden durch:
- unterschiedliche Kriterien zur Bewertung und Interpretation von Verhalten oder Ideen,
- sich ausschließende Ziele von innerem Wert,
- differente Lebensformen, -haltungen, Ideologien und Religionen.

E) Strukturkonflikte können verursacht werden durch:
- destruktive Verhaltens- und Interaktionsmuster,
- ungleiche Eigentumsverhältnisse, Macht- und Ressourcenverteilung, Kontrolle und Autorität,
- geografische, physische oder umweltbezogene Faktoren, welche zu Kooperationshindernissen führen. (Mayer 2019; Faller 1998; Moore 1986)

In der Konfliktforschung wird synonym zum Strukturkonflikt häufig der Terminus »Ressourcenkonflikt« eingesetzt, den wir im Folgenden ebenfalls verwenden. In Konflikten zwischen Angehörigen der Dominanzgesellschaft und Minderheiten wird regelmäßig auf die Konfliktlinie »mangelnde Anerkennung« beziehungsweise »Kampf um Anerkennung« hingewiesen. Moore benennt dies mit dem Hinweis auf ungleiche Macht- und Ressourcenverteilungen als Struktur-Konflikt, wir benutzen stattdessen den Terminus »Anerkennungskonflikt«.

Anerkennungskonflikte können verursacht werden durch:
- Konkurrenzen um sozialen Status,
- Zugehörigkeitsfragen,
- Machtverteilung,
- Teilhabe (soziale, rechtliche, politische). (Fechler 2013)

In Kämpfen um Anerkennung in einer postmigrantischen Gesellschaft werden diverse Fragen und Forderungen ausgefochten: nach Zugehörigkeit, nach Akzeptanz und Wertschätzung sprachlicher, religiöser und kultureller Vielfalt, aber auch nach gesellschaftlicher Machtverteilung und Teilhabechancen:

>»Wer gehört dazu? Wer hat das Sagen? Wie ist das Zusammenleben zwischen Mehrheit und Minderheiten formell geregelt – und wie ist die informelle Praxis? Welche Menschen und Gruppen werden in dem, was ihnen wichtig ist, überhaupt angehört, geschweige denn respektiert und anerkannt?«[42] (Fechler 2013, S. 181)

In dem vorab erwähnten Song »Aber« (Eko Fresh 2018) klingt an, wie ein Kampf um Anerkennung zeitgleich mit weiteren Konfliktarten einhergehen kann und wie diese miteinander verwoben sind. Neben den Konfliktursachen geht es hier auch um die Frage der *Integration* (nach einem soziologischen Verständnis)[43] *beider* Protagonisten und um den Zustand des gesellschaftlichen Zusammenhalts.

>»Der Grad der gesellschaftlichen Integration von Migranten gibt – soziologisch gesehen – im Kern Antwort auf die Frage, in welchem Ausmaß es diesen gelingt, an den für die Lebensführung bedeutsamen gesellschaftlichen Bereichen teilzunehmen, also Zugang zu Arbeit, Erziehung und Ausbildung, Wohnung, Gesundheit, Recht, Politik, Massenmedien und Religion zu finden. Die moderne Gesellschaft mutet *allen* Individuen – nicht nur Migranten – zu, dies eigenständig [...] zu realisieren. Integration bezeichnet daher eine Problemstellung, mit der *unterschiedslos alle Menschen* konfrontiert sind.« (Bommes zit. n. Treibel 2016, S. 35 f., Hervorh. d. Autorin)

---

42 »Dies betrifft nicht zuletzt die für die Machtdynamik in Migrationsgesellschaften entscheidende Frage der Re-Präsentation: ›Wer gehört dazu?‹ transportiert auch die Frage ›Wem wird zugehört?‹« (Castro Varela/Dhawan zit. n. Fechler 2013, S. 181)

43 In der Soziologie sind für die Integration zwei Aspekte relevant: die Frage, inwieweit Einzelne oder Gruppen Teilhabe an der Gesellschaft haben, sprich Zugang zu Ressourcen und Teilbereichen. Und zweitens die Frage, »in welcher Verfassung sich eine Gesellschaft insgesamt befindet« und wie ausgeprägt der Zusammenhalt ist (Treibel 2016, S. 35).

Die Journalistin Ferda Ataman (zit. n. Riese 2019) bekräftigt:

> »Wie viele Chefposten haben wir, und wer bekommt die? Wir führen eine Verteilungsdebatte. Die Kinder von Migranten, die eigentlich Niedriglohnjobs machen sollten, konkurrieren jetzt mit den Wurzeldeutschen auch um die guten Jobs. Und sie reden mit in öffentlichen Debatten.«

6.4 (Interkulturelle?) Konflikte in der Migrationsgesellschaft

Beispiel »Meryem und Burkhard«
Das Ehepaar Meryem und Burkhard hat einen manifesten Konflikt miteinander. Meryem ist in Almanya geboren und aufgewachsen und Tochter marokkanischer Migrant*innen aus Frankreich. Burkhard ist Sohn einer almanschen, einheimischen Mutter und eines tunesischen Vaters. Burkhard lebte bis zu seinem zwölften Lebensjahr mit seinen Eltern in Frankreich und besuchte dort eine deutsche Schule. Das Ehepaar spricht gemeinsame Sprachen (Französisch, Englisch, Arabisch, Deutsch), hat eine vergleichbare Bildungssozialisation durchlaufen und teilt viele Interessen miteinander.

Wann ist ein Konflikt zwischen dem Paar interkulturell und welche Parameter müssen für die Definition »interkultureller Konflikt« gegeben sein? Vielleicht merken Sie schon, dass eine pauschale Antwort auf Basis einer klaren Abgrenzung gar nicht so einfach ist und auch von der verwendeten Kulturdefinition abhängt. Vor dem Hintergrund des »fuzzy culture« Kulturbegriffs (s. Kap. 3.1) kann die Einordnung noch diffuser und weniger eindeutig sein.

In diesem Buch meint »interkulturell« das, was sich zwischen *unterschiedlichen Lebenswelten* (auch Ethnien) ereignet; statt tatsächlicher Differenzen können Lebenswelten als unterschiedlich imaginiert werden, mit der Folge künstlicher Grenzziehungen und »Fremdheitsgefühlen« in der Interaktion. Aufgrund einer schwierigen Grenzziehung sprechen wir statt von einem *interkulturellen Konflikt* von der »hypothetischen kulturellen Komponente in Konflikten«.

Schauen wir uns den Konflikt zwischen dem Ehepaar einmal näher an: In Burkhards Familie besteht ein enger Kontakt zwischen den Geschwistern und zu den Eltern – in Form täglicher Telefonate und regelmäßiger Treffen. Das ist von allen Mitgliedern aus Burkhards Herkunftsfamilie erwünscht und wird sehr genossen. Meryem dagegen ist »genervt«, fühlt sich ihres Mannes beraubt und in den Möglichkeiten der gemeinsamen Freizeitgestaltung eingeengt. Nun *könnte* es sein, dass die Kulturdimension *Individualität-Kollektivität* (s. nachfolgender Exkurs) in diesem Fall die hypothetische kulturelle Komponente in der bikulturellen Ehe markiert. Gleichzeitig kommen auch innerhalb einer (National-)Kultur diverse Ausprägungen von Bedürfnissen an Nähe zur Herkunftsfamilie vor, da Kulturen aus Individuen mit unterschiedlichen Neigungen und Prägungen bestehen. Der beschriebene Streitpunkt ist in vielen Partnerschaften von Bedeutung und keine Exklusivität für Paare aus unterschiedlichen Herkunftsländern.

Dennoch, wer sich auf humorvolle Weise den Herausforderungen nähern möchte, die in vielen interkulturellen Partnerschaften bekannt sind, der*dem sei das Video »Dinge, die internationale Paare kennen« der Datteltäter empfohlen.

Exkurs Kulturdimension »Individualismus versus Kollektivismus« nach Hofstede

Diese Dimension bildet die Beziehung ab, in der ein Mensch zur Gesellschaft steht – ob er in sehr enge Beziehungen mit anderen eingebunden ist (Kollektivismus) oder eher in loseren Verbindungen zu anderen steht (Individualismus).

Kollektivistische Kulturen zeichnen sich dadurch aus, dass die Mitglieder die Ziele ihrer sozialen Bezugsgruppen (Familie, Kolleg*innen etc.) über ihre persönlichen Ziele stellen (Thomas/Utler 2012). Der Kollektivismus »beschreibt Gesellschaften, in denen der Mensch von Geburt an in starke, geschlossene Wir-Gruppen integriert ist, die ihn ein Leben lang schützen und dafür bedingungslose Loyalität verlangen« (Hofstede/Hofstede/Minkov 2017, S. 110).

In individualistischen Kulturen spielt der Stellenwert von Unabhängigkeit und Autonomie der Einzelnen dagegen eine größere Rolle (Thomas/Utler 2012). »Individualismus beschreibt Gesellschaften, in denen die Bindungen zwischen den Individuen locker sind; man erwartet von jedem, dass er für sich selbst und für seine unmittelbare Kernfamilie sorgt« (Hofstede/Hofstede/Minkov 2017, S. 110).

In tatsächlichen oder vermuteten kulturellen Überschneidungssituationen werden Konfliktpunkte oftmals als ein »interkulturelles Problem« aufgefasst, weil es sich »anbietet«. Zwischen zwei Menschen ohne internationaler Geschichte würde der zuvor beschriebene Konflikt vermutlich als ein »Eheproblem«, »Interessenskonflikt« oder ähnliches aufgefasst werden. Außer Acht gelassen und unterschätzt wird in Konflikten, auch zwischen Paaren mit (ein- oder beidseitiger) internationaler Geschichte, häufig der Einfluss von Machtasymmetrien und damit verbundenen ungleichen Deutungshoheiten. Welche Bedeutung könnte dies für das vorangegangene Beispiel haben? Das Paar lebt in Almanya, einem Land, das der Kulturdimension »Individualismus« zugeordnet wird. Menschen, die hier kollektivistisch leben (wenn man an dieser Stelle eine Schwarz-weiß-Einteilung zulässt), sind demzufolge in der Minderheit und entsprechen weniger den dominierenden Normalitätsvorstellungen. Kollektivistisch ausgerichtetes Verhalten, das sich im Gegensatz zum individualistischen durch eine größere Nähe in sozialen Beziehungen ausdrückt, wird von insanlar mit starker individualistischer Prägung oft als »nicht abgenabelt«, »unselbständig«, »nicht emanzipiert« gebrandmarkt. Die vergleichsweise loseren familiären Bindungen in individualistischen Gesellschaften gelten hingegen als »normal«, »erstrebenswert« und sind mit Attributen wie »selbständig«, »unabhängig« und »emanzipiert« belegt. Die vermeintliche *Normalität* der Umgebung, in der das Paar Meryem und Burkard lebt, kann das Erleben, wessen Perspektive »angemessen« bzw. »unangemessen« ist, und damit einhergehend den gesamten Konfliktprozess beeinflussen.

> »Machtasymmetrien [...] erzeugen zwei divergierende Perspektiven, die den Konflikt verkomplizieren, weil die Verständigung zwischen ihnen nicht nur vorübergehend sondern dauerhaft misslingt. Jedoch ist die Perspektivendivergenz, die sich aus Machtasymmetrien ergibt, asymmetrisch verteilt: Während Angehörige der dominanten Gruppe in selbstverständlichem Einverständnis mit den gegebenen Normen leben, sind die Dominierten strukturell benachteiligt und erleben alltäglich, wie sie zur Assimilation gezwungen werden.« (Weiß 2001, S. 100)

Zur Ablenkung von Machtasymmetrien und dominierenden Normalitätsvorstellungen kann »kulturelle Differenz« eingesetzt und somit 🔍 »Kultur« als eine Srategie zur Konfliktvermeidung gewählt werden; sowohl von Seiten Dominanzangehöriger als auch von 💬 Subalternen (Fechler 2013). Die dominante Seite kann sich hinsichtlich ihrer Überlegenheit ahnungslos stellen und ausblenden, was sie als »normal« erlebt, und gleichzeitig ignorieren, dass es sich weniger um die Anerkennung von Differenz dreht als vielmehr um die Anerkennung eines strukturell verankerten Machtgefälles (Fechler 2013). Mit Verweis auf kulturelle Eigenarten können beide Seiten vermeiden, Interessenskollisionen anzusprechen, und sich auf eine diplomatischere Formel einigen: »Missverständnisse durch kulturelle Unterschiede« (Fechler 2013, S. 188). Aus welcher Statusposition dabei kulturalisiert wird, ist in diesem Prozess entscheidend. Die dominante Partei versucht dabei, ihren »Normalitätsdiskurs« und einen damit einhergehenden Integrations- und Anpassungskurs zu diktieren, dabei Bezug auf die eigene nationale, ethnische oder kulturelle Identität zu nehmen und auf ihr »Hausrecht« zu verweisen:

> »›Wenn du bei uns mitmachen möchtest, musst du dich an unsere Spielregeln (Leitkultur) halten.‹ Was die als verletzend wahrgenommene Asymmetrie betrifft, so bleibt der subalternen Partei – neben einer mit der Betonung der eigenen kulturellen Besonderheit einhergehenden Forderung nach Sonderrechten – nicht zuletzt die Möglichkeit der öffentlichen Skandalisierung. Hier kann sie die moralische Integrität ihres Gegenübers angreifen (Rassismus-Vorwurf) oder die ökonomischen, politischen oder institutionellen Aspekte von struktureller Diskriminierung problematisieren.« (Fechler 2013, S. 188)

Da Meryem durch ihre Eltern selbst eine internationale Geschichte hat, kann sie sich nicht auf ein vermeintliches Hausrecht berufen, sondern den auf »erfolgreiche Integration« angelegten Trumpf »Ich-bin-im-Gegensatz-zu-dir-voll-integriert-und-handele-zeitgemäß-und-angemessen« spielen.

6.5 Konflikte durch gesellschaftliche Öffnungsprozesse

El-Mafaalani (2018) vertritt die These, dass Konflikte und Spannungen durch das Zusammenwachsen der Gesellschaft entstehen und dadurch, dass die Welt sich näher kommt. Die dadurch erzeugten Bewegungen und Veränderungen führen zu Dissonanzen. Mit dem Prozess des Zusammenwachsens meint El-Mafaalani die *offene Gesellschaft*, die weitestgehend, wenn auch noch nicht vollständig, realisiert ist und im jetzigen Stadium auch als *liberale Migrationsgesellschaft* bezeichnet werden kann (El-Mafaalani 2018). Offenheit besteht dabei in zwei Sphären, im Innen und im Außen. Die *innere Offenheit* meint die Verschiebung der Grenzen von Teilhabe und Zugehörigkeit innerhalb einer Gesellschaft. In der Vergangenheit wurde sie vor allem durch Bürger*innenrechte, Anti-Diskriminierungspolitik und durch das Graswurzelengagement vieler Randgruppen ermöglicht (El-Mafaalani 2018). Konflikte sind auch ein Motor für sozialen Wandel.

Der inneren Offenheit steht die *äußere Offenheit* gegenüber. Sie meint die Verschiebung von Grenzen zwischen verschiedenen Gesellschaften, Stichwort Globalisierung, und wirkt sich unter anderem auf Wirtschaft, Handel, Unterhaltungsindustrie und Mobilität in Form von Tourismus und Migration aus. Beide Sphären – die innere und äußere Offenheit – *vereinen* sich in der*dem

Migrant*in. In einer Person verkörpert diese*r die äußere Offenheit durch *Migration* und die innere durch *Integration*. Während öffentlich über die Spaltung (als eine vorher gewesene Einheit, die sich trennt) der Gesellschaft diskutiert wird, geht El-Mafaalani (2018) davon aus, dass sich die Spalten zwischen Geschlechtern, Hautfarben und Herkunft zunehmend schließen. Dieser Entwicklung entsprechend lässt sich weniger von einer gesellschaftlichen Spaltung als von einem gesellschaftlichen Zusammenwachsen sprechen.

> »Gespalten ist die Bevölkerung darüber, ob das Zusammenwachsen gut oder schlecht ist [...]. Wir haben es also nicht mit zunehmender Spaltung [...] zu tun, sondern mit den Strukturen zunehmender gesellschaftlicher Offenheit, die ein Zusammenwachsen und ein Sichnäherkommen ermöglichen. Hieraus erwachsen Widerstände und Konflikte, die – wie immer – stärker wahrgenommen werden als die ihnen zugrunde liegenden positiven Entwicklungen.« (El-Mafaalani 2018, S. 16 f.)

Um zu erkunden, ob die Grenzfurchen innerhalb der Gesellschaft geringer ausfallen als beispielsweise noch in den 1990er Jahren, kann man die viel diskutierte Frage heranziehen, ob der Islam zu Deutschland gehöre oder nicht (El-Mafaalani 2018). Vor dreißig Jahren wäre diese Frage höchstwahrscheinlich entweder nicht verstanden oder aber als ein misslungener şaka aufgefasst worden. Während zu dem Zeitpunkt vermutlich selbst die meisten Muslim*innen mit einem »hayır« geantwortet hätten, haben heute viele von ihnen ein so großes Zugehörigkeitsgefühl zu Almanya, dass ihre Entrüstung über ein nicht eindeutiges »evet« deutlich vernehmbar ist (El-Mafaalani 2018).

Die Bevölkerungsstruktur, der Lebensalltag und die Gesellschaft haben sich in den letzten Jahrzehnten enorm verändert – nicht zuletzt durch Migration und dadurch ausgelöste Prozesse. Während ein Teil der alteingesessenen Bevölkerung mit dem soziokulturellen Wandel überfordert ist, genießt ein anderer Teil die Diversität. Während sich viele Migrant*innen und deren Nachkommen fragen, was sie für eine Zugehörigkeit noch alles tun müssen, hat manch Alteingesessene den Eindruck, sie verliere ihre Haymat und Identität.[44] Hier treffen zwei unterschiedliche Erwartungshaltungen aufeinander: Die Alteingesessenen erwarten von den (ewig) »Neuen«, dass sie sich anpassen und unauffällig sind, Letztere

---

44 Der Eindruck eines Identitätsverlustes kann sich in einer antidemokratischen Gesinnung und Desintegration niederschlagen. Letzteres bietet einen Nährboden für Gewalt, Radikalisierungstendenzen, Rechtsextremismus, Rassismus, Islamismus etc. (Foroutan 2013).

erwarten Anerkennung ihrer sprachlichen und religiösen Vielfalt und ihrer Mehrfachidentitäten – ohne Bringschuld.

Anhand der Tisch-Metapher von El-Mafaalani (2018) lässt sich das aufkommende Konfliktpotenzial gut nachvollziehen: *Immer mehr Menschen sitzen gemeinsam am Tisch und beanspruchen ein Stück vom Kuchen.* Während die erste Generation von Arbeitseinwanderer*innen vorwiegend bescheiden, fleißig und unauffällig, ohne Anspruch auf einen Sitzplatz am Tisch (im Sinne von vollständiger Teilhabe und Zugehörigkeit) in Almanya lebte, gab es außer kleineren Irritationen im Alltag keine nennenswerten Komplikationen. Diese Generation war größtenteils anspruchslos, zum Teil dankbar für ihr Dasein in Almanya und dementsprechend mehr oder minder zufrieden mit ihrem Platz am Katzentisch oder auf dem Boden.[45] Im Gegensatz dazu haben ihre Nachkommen begonnen, am Tisch einen Platz einzunehmen. Sie sehen Almanya als ihre Haymat an und haben nie eine andere kennengelernt. Die dritte Generation geht sogar noch einen Schritt weiter. Sie beansprucht nicht nur Teilhabe und ein Stück vom Kuchen – sie möchte mitbestimmen, welcher Kuchen auf den Tisch kommt, und die Tischregeln, die sich vor ihrem Beisein etabliert haben, mitgestalten. An diesem Punkt geht es um die Rezeptur des Kuchens und um die Regeln der offenen Tischgesellschaft. Migrant*innen und ihre Nachfahren – und auch andere Minderheiten, folglich mehr Menschen als je zuvor – sitzen am Tisch und beanspruchen ein Stück vom Kuchen, im übertragenen Sinne *Positionen* und *Ressourcen*. Das steigert das Konfliktpotenzial. Da Almanya ein Einwanderungsland ist, wird es vermutlich kontinuierlich eine erste, zweite, dritte Generation usw. geben. Es ist also davon auszugehen, dass die Situation dauerhaft komplex und konfliktreich bleiben wird (El-Mafaalani 2018).

---

45 So das Narrativ. Auch in der ersten Einwanderer*innengeneration hat es bereits Aufbegehren gegen Ungleichheitsverhältnisse und Diskriminierungen gegeben, jedoch weniger öffentlichkeitswirksam (und ohne die Möglichkeiten von Sozialen Medien) und vermutlich in einem vergleichsweise geringeren Maße.

Zusammengefasst besagt die Tisch-Metapher (eine kürzere Zusammenfassung ist als gerappte Variante hörbar), dass »erfolgreiche Integration« das Konfliktpotenzial dadurch steigert, dass die Tischgesellschaft heterogener wird und mehr Menschen – darunter diverse Minderheiten, unter anderem Mehrheimische – an einem Tisch sitzen, ein Stück vom Kuchen abbekommen und Kuchenrezeptur sowie Tischregeln mitbestimmen möchten. Das verursacht Streit. Ein Mehr an Gleichberechtigung und Teilhabechancen führt zur Heterogenisierung, diese folglich zu mehr Dissonanzen und neuen Aushandlungsprozessen – und nicht zu mehr Harmonie und gesellschaftlichem Konsens. Konflikte können dementsprechend als *gelungene Integration* verstanden werden (El-Mafaalani 2018).

Was ist Gegenstand in diesen Konflikten und damit einhergehenden Aushandlungsprozessen?

> »Postmigrantische Aushandlungsprozesse drehen sich um die Verwirklichung des Versprechens einer Einwanderungsgesellschaft: Gleichheit für alle, unabhängig von sexueller Orientierung, Geschlecht, Alter, Religion, Hautfarbe oder Herkunft.« (Foroutan 2018, S. 20)

Bei Konflikten mit hypothetischen kulturellen Komponenten handelt es sich insbesondere um Ressourcen- und Interessenskonflikte. Ressourcen und hohe Positionen sind nicht unerschöpflich und wer »gut integriert« ist, im Bildungswesen, am Wohnungs- und Arbeitsmarkt und beim Zugang zu Spitzenpositionen, ist eine Konkurrentin, die damit die Karrierechancen von anderen blockieren kann (El-Mafaalani 2018).

> »Dass diese erhöhte Teilhabe überhaupt als Konkurrenz wahrgenommen werden kann, hat auch damit zu tun, dass einige der Menschen am Tisch nicht als zugehörig erlebt werden.« (El-Mafaalani 2018, S. 80 f.)

Konflikten um soziale Positionen und Ressourcen folgt die Infragestellung von sozialen Privilegien und kulturellen Dominanzverhältnissen, die neu ausgehandelt werden wollen. Das verursacht Interessenskonflikte, die auf die Ressourcenkonflikte folgen – und die sind nicht einfach lösbar. Für alle Beteiligten kann der gesamte Konflikt- und Aushandlungsprozess mühsam, streckenweise auch überfordernd sein (El-Mafaalani 2018) und situativ angemessene und konstruktive Konfliktstrategien erfordern.

6.6 Konfliktstrategien

Welche Strategien Menschen in Konflikten und Aushandlungsprozesse einsetzen, wird von vielen Einflussfaktoren bestimmt: der Umgebung der Konfliktsituation und vorhandenen Hierarchien, der generellen Haltung zu Konflikten, dem Kommunikations- und Interaktionsstil sowie von bisher angewendeten und bekannten Lösungsstrategien. Eines der bekanntesten Konfliktlösungsmodelle ist das Thomas-Kilmann-Modell mit seinen fünf Konfliktstilen. Ein nuancierteres Modell mit explizitem interkulturellen Ansatz bietet das Acht-Stile-Konfliktraster nach Ting-Tomey et al. (2001).

Thomas-Kilmann-Modell

Die Philosophen Kenneth W. Thomas und Ralph H. Kilmann (1974) haben ein Modell zur Konfliktlösung entwickelt, das sogenannte Thomas-Kilmann-Modell (TKI). Mit dem TKI wird das Verhalten von Personen in Konfliktsituationen anhand fünf unterschiedlicher Konfliktstile beschrieben.

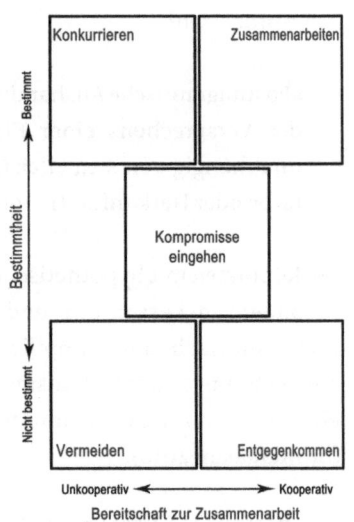

Thomas und Kilmann stützen ihre Klassifizierung auf die zwei konzeptionellen Dimensionen »Kooperation« und »Durchsetzung«. Die beiden Dimensionen werden kombiniert und ergeben im Resultat fünf Stile des Umgangs mit zwischenmenschlichen Konflikten: Vermeidung, Konkurrenz, Kooperation, Entgegenkommen, Kompromiss.

Konkurrieren

Das Konkurrieren ist ein machtorientierter Modus, in dem mit hoher Bestimmtheit und ohne kooperative Ausrichtung gehandelt wird. Die eigenen Anliegen werden gegebenenfalls auch auf Kosten anderer verfolgt, die Durchsetzung der eigenen Position und Interessen sowie die Verteidigung des eigenen Standpunktes stehen im Vordergrund. Es geht ums Gewinnen.

Zusammenarbeiten

Beim Zusammenarbeiten wird kooperativ und bestimmt gehandelt, sich um Lösungen bemüht, die die Anliegen aller Beteiligten zufriedenstellen, und dennoch bestimmt agiert. Dies erfordert in der Regel eine tiefergehende Auseinandersetzung mit dem Problem, um die dahinterliegenden Interessen aller Involvierten zu erkennen und zu berücksichtigen.

Kompromisse eingehen

Dieser Modus liegt mittig zwischen Konkurrieren und Zusammenarbeiten. »Der goldene Mittelweg« ist das Ziel: Zugeständnisse, um sich auf halbem Wege zu treffen und zu einer sinnvollen, für beide Seiten akzeptablen Lösung zu finden. Probleme werden dabei direkt angegangen, jedoch nicht so tief analysiert wie im Modus des Zusammenarbeitens. Kompromisse einzugehen verfolgt den Mittelweg zwischen Konkurrieren und Entgegenkommen.

Vermeiden

In diesem unkooperativen und unbestimmten Modus wird nicht auf den Konflikt eingegangen. Weder das eigene Anliegen noch das des Gegenübers werden verfolgt. Eine Vermeidung kann eine diplomatische Umgehung eines Problems, ein Verschieben auf einen geeigneteren Zeitpunkt oder auch ein Rückzug aus einer bedrohlichen Situation sein.

Entgegenkommen

Dieser Modus ist höchst kooperativ und zugleich unbestimmt. Eine Partei vernachlässigt ihre eigenen Anliegen, um die der anderen Partei zu erfüllen. Ein Entgegenkommen kann sich in selbstloser Großzügigkeit/Selbstaufopferung oder in Wohltätigkeit, Gehorsam oder Nachgeben gegenüber der anderen Person ausdrücken.

Die meisten Menschen tendieren dazu, einen bestimmten Modus bevorzugt einzusetzen, abhängig von ihren persönlichen Neigungen und den situativen Anforderungen (Thomas/Kilmann 2002). Alle fünf Modi repräsentieren eine Reihe von wichtigen sozialen Fähigkeiten und können situationsabhängig als sinnvoll erachtet werden. Besteht beim Suchen nach einer Konfliktlösung das Ziel darin, alle Konfliktparteien miteinzubeziehen, so ist der Konfliktstil »Zusammenarbeit« der Königinnenweg – durch gemeinsame Aushandlungsprozesse und Kooperation.

Diverse Kommunikationsforschende weisen darauf hin, dass die Wahl der Konfliktstile auch mit kulturellen Prägungen zusammenhängt und stark durch die Kulturdimension »Kollektivismus/Individualismus« geprägt ist (Oetzel/Ting-Toomey 2003). Spannend wäre sicherlich die Frage, ob PoC-Mehrheimische vergleichsweise auf mehr Konfliktmodi und, wenn ja, in welchem Maße zugreifen. Eine gewagte These könnte an dieser Stelle sein, dass viele von ihnen eine Strategieflexibilität erlernen und damit einhergehend einen variantenreicheren Zugriff auf Konfliktstile praktizieren. Denn zu den »alltäglichen Konflikten«, mit denen alle Individuen im unterschiedlichen Maße konfrontiert werden, sind PoC-Mehrheimische zusätzlichen intra- und interpersonellen Konflikten ausgesetzt, die Mitglieder der Dominanzgesellschaft nicht erleben und für die PoC-Mehrheimische Bewältigungsstrategien erlernen müssen. Zudem wachsen Mehrheimische in mehreren kulturellen Sphären auf, die zum Erlernen von vielfältigeren Konfliktbehandlungsstrategien führen können.

Ein interkultureller Ansatz mit dem Acht-Stile-Konfliktraster

Nicht nur Thomas und Kilmann (1974), auch andere Forscher*innen, darunter Blake und Mouton (1964) und Berkel (1997), konzeptualisieren Konfliktstile entlang zweier Dimensionen.

Aus Sicht der interkulturellen Kommunikationsforscherin Stella Ting-Toomey sind die daraus resultierenden Fünf-Stile-Modelle nicht ausreichend, um auch subtilere Nuancen im Konfliktverhalten abzubilden. Auch fehlt den westlichen Konfliktmodellen eine kollektivistische Perspektive im Sinne einer Beschreibung von Konfliktverhalten, die mit kollektivistischen Prägungen einhergehen. Ting-Toomey et al. (2000) haben den fünf Konfliktstilen, basierend auf ihren Forschungen, drei weitere Stile hinzugefügt, *emotionaler Ausdruck, Hilfe durch Dritte* sowie *Vernachlässigung*, und daraus ein Konfliktmodell mit acht Konfliktstilen entwickelt. In diesem »Eight-Style Conflict Grid« (Acht-Stile-Konfliktraster) werden kulturelle und ethnische Unterschiede in Konflikten berücksichtigt, weshalb die Entwickler*innen ihr Modell als einen *interkulturellen Ansatz* verstehen (Oetzel/Ting-Tomey 2001). Eine Erklärung der Begriffe aus der Abbildung finden Sie im Glossar.

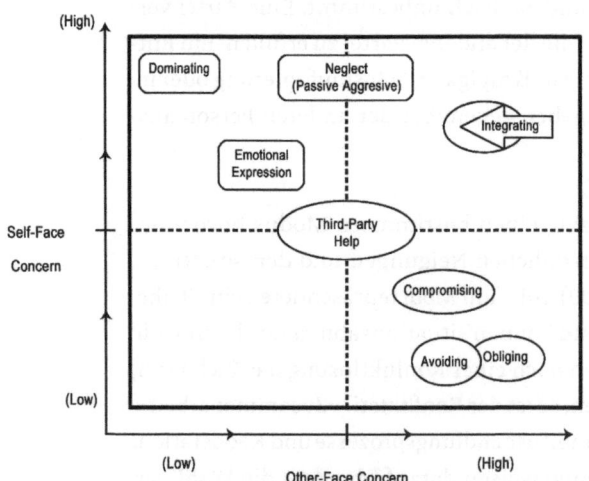

Der *emotionale Ausdruck* bezieht sich auf die Verwendung der eigenen Emotionen zur Steuerung des Kommunikationsverhaltens während eines Konfliktes (Oetzel/Ting-Toomey 2001). Anhand der Kulturdimension »Neutralität versus Emotionalität« lässt sich der emotionale Ausdruck umfassender nachvollziehen.

Konfliktstrategien

> **Exkurs Kulturdimension »Neutralität versus Emotionalität« nach Trompenaars**
>
> Fons Trompenaars und Charles Hampden-Turner entwickelten 1993 auf Basis empirischer Untersuchungen ein Modell mit sieben Kulturdimensionen.
>
> Die Dimension »Neutralität versus Emotionalität« beschreibt die Unterschiede im Grad der gezeigten Emotionen. Trompenaars geht allerdings davon aus, dass eine Kultur gleichzeitig zu beiden Extremwerten tendieren kann (Trompenaars/Hampden-Turner 2006). Er beschreibt, dass Menschen in tendenziell neutral bewerteten Kulturen aufkommende Gefühle stark kontrollieren und zurückhalten. Diskussionen verlaufen überwiegend sachlich, körperlicher Kontakt wird dabei vermieden. Beherrschtes Verhalten wird stark wertgeschätzt, ausgeprägte Mimik und Gestik sind eher unerwünscht. Gegenteilig verhält es sich in tendenziell emotional eingestuften Kulturen: Der Ausdruck spontaner Gefühle wird akzeptiert und kann sich in extrovertiertem Verhalten zeigen. Das Mitteilen von starken Emotionen wie Enttäuschung und Trauer ist in der Öffentlichkeit ebenso erlaubt wie der Ausdruck von Aggression und Wut. Berührungen, Gestikulieren und ein starker Einsatz von Mimik sind üblich. Mit einer lauten Stimme wird in emotionalen Kulturen die Wichtigkeit des eigenen Anliegens bekräftigt, während der Einsatz von Lautstärke in neutralen Kulturen eine gegenteilige Wirkung erzeugt und bedrohlich wirkt, zudem als indiskret und unschicklich gilt (Schugk 2004).

Hilfe durch Dritte meint den Einbezug einer außenstehenden Person, um in dem Konflikt zu vermitteln (Oetzel/Ting-Toomey 2001). Vor allem in kollektivistischen Kulturen wird diese Form der Konfliktlösung häufig eingesetzt. Im Islam findet sie beispielsweise durch wasāṭa Anwendung. Wasāṭa, arabisch für »Fürsprache« oder »Vermittlung«, wird von einer Person oder von mehreren Personen mit hoher Reputation ausgeführt (Bouheraoua 2008).

Vernachlässigung ist dadurch gekennzeichnet, dass passiv-aggressive Antworten verwendet werden, um dem Konflikt auszuweichen, wobei als Resonanz eine indirekte Reaktion von der anderen Konfliktpartei erhalten wird (Oetzel/Ting-Toomey 2001).

Das »Eight-Style Conflict Grid« stellt heraus, dass das Verhalten und die Wahl der Konfliktstile von Konfliktbeteiligten durch Kulturdimensionen beeinflusst werden. Kulturübergreifende Forschungsprojekte in verschiedenen Ländern

(u. a. China, Hongkong, Japan, Mexiko, USA) belegen, dass Individualist*innen beispielsweise dazu neigen, mehr Selbstverteidigungs-, Kontroll-, Dominanz- und Wettbewerbsstile im Umgang mit Konflikten zu verwenden als Kollektivist*innen (Oetzel/Ting-Toomey 2001). Letztere greifen vergleichsweise mehr auf integrative und kompromissbereite Stile im Umgang mit Konflikten zurück. Was bedeutet das konkret für interpersonelle Konflikte in einer Migrationsgesellschaft? Wenn wir Kultur an dieser Stelle als ein Orientierungssystem nach Auernheimer (s. Kap. 3.2) definieren, das das Bewerten, Wahrnehmen und Handeln von Menschen steuert, und zudem als Lebenswelt auffassen (s. Kap. 3.1), verweist das Konfliktmodell darauf, dass Individuen auf einen in ihrer Lebenswelt erlernten Konfliktstil zurückgreifen – und dass der vom Gegenüber eingesetzte Stil entsprechend der eigenen Wahrnehmung und des persönlichen Werteschemas interpretiert und bewertet wird. Ausschnitte aus einer Studie, deren Daten zur Verbesserung der Zusammenarbeit in einem international agierenden Unternehmen erhoben wurden, veranschaulichen dies kontrastreich. Konflikthintergründe, die für eine postmigrantische Gesellschaft vordergründig relevant sind, spiegeln sich zwar nicht in der Studie wider, weshalb davon ausgegangen werden kann, dass sie nicht eins-zu-eins auf konfliktträchtige Settings außerhalb international agierender Konzerne übertragen werden kann. Denn mehrheimische Verortungen und Migrationsspezifika werden hier nicht thematisiert. Ähnlich wie die Exkurse zu den Kulturdimensionen und -standards bietet sie jedoch vielfältige Impulse zur Selbstreflexion und Perspektiverweiterung.

Holzhammer und Mimose – Interkulturelles Konfliktverhalten in der deutsch-thailändischen Zusammenarbeit

Die Kommunikationswissenschaftlerin Stefanie Rathje beschrieb 2003 in ihrem oben genannten Aufsatz Konfliktverständnis, -verhalten, -rituale und -perspektiven aus thailändischer und deutscher Sicht. Sie stellte Forschungsergebnisse einer qualitativen Untersuchung von dreizehn Tochtergesellschaften deutscher Unternehmen in Thailand aus dem Jahr 2002 vor. Die Studie hatte zum Ziel, ein Konzept zur Entwicklung einer interkulturellen Unternehmenskultur herauszubilden. Als Teilbereich wurde hierfür das interkulturelle Konfliktverhalten untersucht, da deutsche Unternehmen in Thailand zu diesem Zeitpunkt immer wieder mit Kündigungswellen konfrontiert waren.

Die Studie stellte heraus, dass nicht nur das Verständnis von Konflikten Unterschiede aufweist, sondern auch die *Interpretation* von Verhaltensunterschieden bei beiden Kulturnationen unterschiedlich ausfällt. Hier einige Auszüge:

1. Konfliktverständnis

Deutsche ⟨Expats⟩ schätzen das Konfliktverständnis ihrer thailändischen Kolleg*innen folgendermaßen ein:

- Meinungsverschiedenheiten oder Konflikte bergen die Gefahr des Gesichtsverlustes (vor allem in größeren Gesprächskreisen).
- Ein Gesichtsverlust zerstört eine Kommunikationsbeziehung dauerhaft und kann nicht rückgängig gemacht werden.
- Das Verhalten ist defensiv beziehungsweise passiv.
- Es herrscht eine hohe Sensitivität für Konfliktpotenziale und eine damit verbundene hohe Emotionalität vor.

Ein Geschäftsführer aus Deutschland verwendet für das Konfliktverhalten der thailändischen Kolleg*innen die Metapher »kleine Mimöschen«. Diese Verniedlichung und Verkleinerung verweisen nach Rathje (2003) darauf, dass das thailändische Konfliktverhalten aus deutscher Sicht als Überempfindlichkeit interpretiert werde.

Thailändische Mitarbeitende schätzen ihr eigenes Konfliktverständnis folgendermaßen ein:

- Das Konfliktverständnis ist geprägt von »kreng jai« (Rücksichtnahme gegenüber hierarchisch Ranghöheren).
- Kreng jai ist eine aktive Handlung der Rücksichtnahme und äußert sich in zuvorkommender Aufmerksamkeit, Zurücknahme der eigenen Person und der Herstellung einer angenehmen Atmosphäre.
- Kreng jai wird als Weichheit (als Gegensatz zur Härte) aufgefasst.
- Das Ziel von kreng jai ist ein weiches und aktives Herstellen und der Erhalt einer friedfertigen und harmonischen Atmosphäre – nicht das passive Vermeiden eines Konfliktes.

Deutsche Expats schätzen ihr eigenes Konfliktverständnis folgendermaßen ein:

- Der Umgang mit Konflikten im Arbeitsalltag hat eine besondere Bedeutung und kann eine Grundlage zur Problemlösung sein (nicht im Sinne eines Gesichtsverlustes).
- Auftretende Probleme und Konflikte werden als »Normalität« empfunden; Problemlösungsfertigkeiten gehören zu den Basisanforderungen an die Mitarbeiter*innen.
- Konflikte sind zur Lösung von Problemen notwendig. Sie tragen dazu bei, Fehler zukünftig zu vermeiden und das Unternehmen weiterzuentwickeln. Eine »konstruktive Streitkultur« ist bestimmend für das deutsche Kommunikationsverhalten.

Thailändische Mitarbeitende schätzen das Konfliktverständnis der deutschen Expats folgendermaßen ein:
- Starke Tendenz zur Problem-/Konflikterzeugung (nicht zur Problemlösung) durch aktive Zuspitzung.
- Mangelnde Sozialkompetenz, die sich durch Insensibilität und Ungeschick im sozialen Umgang ausdrückt.
- Konflikte üben auf deutsche Mitarbeiter*innen eine besondere Anziehungskraft aus.

Deutsche Kolleg*innen seien »Holzhammer«, äußert sich eine thailändische Mitarbeiterin.

2. Konflikt-/Kommunikationsstrategien zur Vermeidung von Konflikten
*Deutsche Expats schätzen das Kommunikationsverhalten ihrer thailändischen Kolleg*innen in Konflikten folgendermaßen ein:*
- Nicht eindeutige, verbale Kommunikation (indirekte Kommunikation, kein binäres Denkschema).
- Vermeidung von Kritik und schlechten Nachrichten.
- Grundsätzliche Zustimmung (besonders in Gruppensituationen, in denen Gesichtswahrung wichtig ist).

*Thailändische Mitarbeiter*innen schätzen ihr eigenes Kommunikationsverhalten in Konflikten folgendermaßen ein:*
- Wahl von wirksameren Wegen als direktes Ansprechen von Problemen.
- Uneingeschränkte Zustimmung, damit Vorgesetzte in öffentlichen Situationen ihr Gesicht wahren können.

Deutsche Expats schätzen ihr eigenes Kommunikationsverhalten in Konflikten folgendermaßen ein:
- Verbale Direktheit ist eine Grundvoraussetzung zur Konfliktlösung; dahinter steht die Idee der Eindeutigkeit und Verbindlichkeit.
- Toleranz gegenüber direkter Kritik.
- Erwartung von Klärungen und Weitergabe von kritischen Informationen auch durch Untergebene.
- Zuspitzung von Gegensätzen zur Identifikation von Konfliktursachen wird als sinnvoll bewertet.

Thailändischer Mitarbeiter*innen schätzen das Kommunikationsverhalten der deutschen Expats folgendermaßen ein:
- Direktheit wird durch die thailändischen Mitarbeiter*innen als Nachlässigkeit und Bequemlichkeit gedeutet, da sich die Gesprächspartner*innen nicht in das Gegenüber einfühlen, sondern den bequemeren direkten Weg wählen.
- Verbale Direktheit nehmen sie als ungerechtfertigte Aggression wahr, die sich durch Ton- und Lautstärke ausdrückt.
- Die Kommunikationsform der deutschen Kolleg*innen wird als unangemessene Ausübung von Druck und als stressauslösend empfunden.

Aus dieser Studie kann abgeleitet werden, dass Perspektiven auf Konflikte und die Wahl eines Konfliktstiles und Konfliktverhaltens unter anderem durch das kulturelle Umfeld beeinflusst werden und Diskrepanzen zu Missverständnissen und weiteren Konflikten, in diesem Beispiel zu Kündigungswellen, führen können. Ein wichtiger und häufig vernachlässigter Aspekt in Kommunikationssituationen, der auch aus diesem Beispiel hervorgeht, ist »face«, die »Gesichtswahrung«. Alle Menschen haben kulturunabhängig das Bedürfnis, ihr Gesicht zu wahren und nicht bloßgestellt zu werden. Somit ist »face« ein universelles soziales Phänomen, das in jeder Interaktion zwischen Individuen und Gruppen eine Rolle spielt. Forschungsergebnisse im Feld der interkulturellen Kommunikation zeigen jedoch, dass es kulturell bedingt unterschiedliche Zugänge zur und Vorgehensweisen der Gesichtswahrung gibt (Oetzel/Ting-Toomey 2003).

6.7 »Face« als kultureller und individueller Ursprung zwischenmenschlicher Konflikte

Das Prinzip der Gesichtswahrung und das damit einhergehende Verhalten wird mit »face« bzw. »facework« beschrieben. Umgangssprachlich kann »face« als »Gesichtswahrung« und »facework« mit »Gesichtstechnik« übersetzt werden. »Face« beschreibt den positiven sozialen Wert, den eine Person für sich selbst beansprucht, und das damit verknüpfte Selbstbild, welches im Kontakt mit anderen bestätigt oder beschädigt werden kann (Goffman 1955).

Beim »facework« handelt es sich um ein verbales und nonverbales Kommunikationsverhalten, das zur Wahrung des eigenen und des anderen Gesichts führt oder das Gesicht aller Beteiligten wahrt. Das »Face«-Konzept wird verwendet, um sprachliche Höflichkeitsrituale, Entschuldigungshandlungen, Verlegenheitssituationen, Bittstellungsverhalten und Konfliktinteraktionen zu erklären (Ting-Toomey 2015).

Der Soziologe Erwin Goffman (1955) definiert »face« als positiven sozialen Wert und beschreibt es als »gesichtswahrendes Verhalten« in der sozialen, unmittelbaren Interaktion. »Face« ist demnach das Bild, das Menschen von sich selbst haben, welches in der Interaktion mit anderen bestätigt oder beschädigt wird (Goffman 1955). Zur Wahrung, Schonung oder Wiederherstellung des »face« des Gegenübers werden strategisches Verhalten und verschiedene Formen von Höflichkeit und Rücksichtnahme eingesetzt, beispielsweise durch die Vermeidung von (Reiz-)Themen oder den Einsatz von »Notlügen«. Während in individualistisch geprägten Kulturen im Falle eines Gesichtsverlustes das jeweilige Individuum betroffen ist, wird in kollektivistischen Kulturen tendenziell die gesamte Familie/ das Kollektiv, das auch aus Kolleg*innen bestehen kann, mit berührt.

Wie sich Strategien zur Gesichtswahrung auf Konfliktlösungen auswirken, untersucht die Kommunikationsforschung. Ting-Toomey entwickelte im Jahr 1988 die Conflict Face-Negotiation Theory (FNT), die »Theorie der Gesichtsverhandlung in Konflikten«. FNT hat zum Ziel, interkulturelle Konfliktansätze zu verstehen, bezieht dabei den Einfluss von Werten auf das individuelle Konfliktvorgehen ein und nimmt auch Bezug auf die Kulturdimensionen Individualismus-Kollektivismus (s. Kapitel 6.4) und Machtdistanz (s. nachfolgender Exkurs), wodurch sich ihre Theorie (ergänzt durch eine kollektivistisch-asiatische Perspektive) von dem Gros an westlich orientierten Konfliktmodellen unterscheidet. Die wichtigsten Kernpunkte der Theorie sind die Annahmen, dass Menschen in allen Kulturen versuchen, ihr »face« in allen Kommunikationssituationen zu bewahren und auszuhandeln, und dass die Kulturdimensionen Individualismus-Kollektivismus und Machtdistanz sich stark auf die Belange zur Gesichtswahrung auswirken (Ting-Toomey 2015).

> **Exkurs Kulturdimension »Machtdistanz« nach Hofstede**
> Die Kulturdimension Machtdistanz bezieht sich nach Hofstede (2017) auf die menschliche Ungleichheit, die in allen Kulturen existiert; wie stark diese akzeptiert und auch erwartet wird. Ungleichheiten beziehen sich insbesondere auf die Bereiche Wohlstand, Prestige und Macht. Im familiären Kontext schlägt sich Machtdistanz beispielsweise auf den Umgang zwischen Jüngeren und Älteren nieder. Durch eine hohe Machtdistanz und eine damit einhergehende kollektivistische Ausrichtung bringen jüngere Menschen Älteren in der Regel hohen Respekt und Gehorsam entgegen.
>
> Im beruflichen Kontext bildet sich Machtdistanz insbesondere in Beziehungen zwischen Vorgesetzten und Mitarbeitenden ab. Bei hoher Machtdistanz werden von Vorgesetzten beispielsweise Prestigesymbole und ein direktives, auto-

kratisches Vorgehen erwartet und akzeptiert. Angestellte haben vergleichsweise weniger Mitspracherechte, die Entscheidungsmacht liegt bei den Vorgesetzten – während eine niedrige Machtdistanz mit einem geringeren Machtgefälle und mit schwächer ausgeprägten Hierarchien einhergeht. Auch Mitspracherecht und stärkere Entscheidungsbefugnisse sind hier erwünscht (Thomas/Utler 2012).

In einer Studie untersuchte Ting-Toomey 2003 anhand von 768 Teilnehmenden aus vier Nationen (China, Deutschland, Japan, USA) die kommunikativen Strategien, die Menschen in interpersonalen Konfliktgesprächen einsetzen. Demnach ist »face« ein Erklärungsmechanismus für den Einfluss von kultureller Zugehörigkeit auf Konfliktverhalten: Die Ausrichtung zum Individualismus oder Kollektivismus beeinflusst beispielsweise, ob sich Konfliktbeteiligte für den Schutz des eigenen oder den Schutz des gegenseitigen »face« entscheiden. Die Sorge um das eigene Gesicht ist dabei positiv mit einem bestimmenden Konfliktstil, die Sorge um das Gesicht der anderen positiv mit den Vermeidungs- und Integrationsstilen verbunden. Menschen, die ihr *eigenes* Gesicht schützen, reagieren demnach eher dominant, während Menschen, die versuchen, das Gesicht der *anderen* zu wahren, eher konfliktvermeidend oder kooperierend agieren (Oetzel/Ting-Toomey 2015).

6.8 Interkulturelle Konflikte und Handlungsimpulse für die Praxis

Konflikte in der Migrationsgesellschaft aus Trainerinnenperspektive

Über Konflikte mit hypothetischen kulturellen Komponenten wird in Seminaren selten ohne starke Emotionen berichtet. Häufig drücken sie sich in Wut über »mangelnden Integrationswillen« oder »ständige Einforderungen von Assimilation« aus. Daneben zeichnet sich häufig die Furcht ab, dass die »Rassist*innen«- oder »Sensibelchen-Karte« gezogen wird, wenn Integrations-/Assimilationsthemen angesprochen werden. Konflikte mit hypothetischen kulturellen Komponenten scheinen Extreme hervorzurufen: Auf der Seite der Dominanzangehörigen sind oft undifferenzierte Forderungen nach »Anpassung« und »Integration« zu vernehmen; daneben gibt es viele empathische und wohlwollende Menschen, die im Perspektivwechsel gut geübt sind, viel Verständnis für Migrationsprozesse aufbringen und sich (auch in Konfliktsituationen) für die Belange von Menschen mit internationaler Biografie einsetzen. Auf der anderen Seite stehen die Minderheitsangehörigen. Nicht wenige haben eine große Bandbreite an Ausgrenzungserfahrungen durch die Dominanzgesellschaft erlebt, manche bringen diese Erfahrungen direkt zum Ausdruck. Sie werden nicht selten (und sehr vereinzelt auch von anderen Menschen mit internationaler Biografie) abgestraft und mit vorwurfsvollen oder belehrenden Sätzen bedacht: »Diejenigen, die Diskriminierung erfahren, sind selbst schuld.« »Guck dir ›deine Landsleute‹ doch an, die benehmen sich auch ständig daneben.« »Du bist zu empfindlich. In deinem Herkunftsland wäre deine Lage noch viel schlimmer.« Oder: »Du reagierst zu empfindlich, das war doch nicht böse gemeint.«

Das sind natürlich sehr vereinfachte, minimierte und pauschalisierende *Ausschnitte*, sie bilden jedoch eine Regelmäßigkeit ab. Und sie weisen darauf hin, dass Rassismus ein Strukturierungsmerkmal der hiesigen Gesellschaft ist und weder ein einzelnes Individuum noch ganze Räume vor Rassismus gefeit sind (Fereidooni 2019). Diesen Aspekt greift die (Rassismuskritik) auf, welcher in der Auseinandersetzung mit Konflikten mit hypothetischen kulturellen Komponenten unbedingt Beachtung geschenkt werden sollte.

Handlungsimpulse aus Trainerinnenperspektive

- Betrachten Sie Konflikte nicht per se als etwas Negatives und/oder als ein (persönliches) Versagen, sondern als ein gewöhnliches Phänomen, das zum Leben dazugehört.
- Begegnen Sie Konflikten als Chance auf persönliches und gesellschaftliches Wachstum.
- Üben Sie Fehlerfreundlichkeit mit sich selbst und in Bezug auf andere.
- Stellen Sie sich die Frage, unabhängig von Ihrer Positionierung: »Was haben Rassismus und daraus entstehende Konflikte mit meinem eigenen Leben zu tun?«
- Reflektieren Sie, inwiefern Sie Ungleichwertigkeitsstrukturen (internalisiert) haben.
- Erkennen Sie (eigene) Rassismuserfahrungen an und nehmen Sie sie ernst, seien Sie gegebenenfalls parteiisch (bei eigener Betroffenheit mit sich selbst). Erinnern Sie das berühmte Zitat des Bürger*innenrechtlers Martin Luther King: »Am Ende werden wir uns nicht an die Worte unserer Feinde erinnern, sondern an das Schweigen unserer Freunde.«
- Versuchen Sie, Konflikte besprechbar zu machen und nicht zu tabuisieren, auch wenn sie brisante Themen wie zum Beispiel Rassismus und Diskriminierung beinhalten.
- Wenn Sie sich unsicher über die hypothetische kulturelle Komponente in Konflikten sind, stellen Sie sich folgende Fragen: Wie würde ich den Konflikt analysieren und bewerten, wenn mein Gegenüber (auch) (k)eine internatio-

nale Geschichte hätte? Kann ich meine Antwort auf den gegenwärtigen Konflikt anwenden?
- Üben Sie sich in Ambiguitätstoleranz.
- Erkennen Sie Mehrfachzugehörigkeiten und hybride Identitätsbildungsprozesse als Normalität und nicht als Ausnahmezustände an – und nicht als ungewöhnliche oder bedrohliche Phänomene, die es bei sich und/oder bei anderen zu »heilen« und korrigieren gilt.
- Beachten Sie in interpersonellen Kommunikationssituationen und insbesondere in konfliktbesetzen Begegnungen »face« als gesichtswahrendes Prinzip und »facework« als Kommunikationsverhalten.

6.9 Zur Vertiefung

Freuds Theorie der psychosexuellen Entwicklung.

Konflikte in bikulturellen Partnerschaften:
Martinez Hernandez, N. (2006): Sorry, Schatz, aber ich verstehe nur Spanisch. In: D. Kumbier/F. Schulz von Thun (Hg.): Interkulturelle Kommunikation: Methoden, Modelle, Beispiele (S. 131–150). Reinbek bei Hamburg.

Kultur als Strategie:
Fechler, B. (2007): Differenz – Dominanz – Kontext. Mediation in interkulturellen Kontexten. Über den Umgang mit Differenzen in einer asymmetrischen Welt.

7. Interkulturelle Konfliktkompetenz und praxiserprobte Konfliktlösungsstrategien

Konflikte können aus unterschiedlichen Blickwinkeln und Disziplinen beleuchtet werden; ebenso vielfältig sind ihre Ursachen. Einige davon haben wir in den vorangegangenen Kapiteln mit Blick auf Konflikte in der Migrationsgesellschaft dargestellt und dabei den Aspekt der kültürellen Differenz aufgegriffen, ihm jedoch nur ein Nischendasein zugestanden. Umfangreicher, weil elementarer und in hegemonialen Diskursen häufig ignoriert, haben wir auf sogenannte Migrationsspezifika als Ursachen für Konflikte auf gesellschaftlicher und individueller Ebene Bezug genommen.

An alle Kriterien knüpft dieses Kapitel an und bildet Modelle, Methoden und Impulse ab, wie Konflikte in der Migrationsgesellschaft analysiert, nachvollzogen und Schritte zur Konfliktbearbeitung und -lösung auf individueller und gesellschaftlicher Ebene entwickelt werden können.

Teilnehmende an Bildungsangeboten zur »interkulturellen Sensibilisierung« oder ähnlichem wünschen sich häufig »Patentlösungen und Rezepte« für Konflikte in ihrem (Arbeits-)Umfeld. Das ist aus vielfältigen Gründen nachvollziehbar. Jedoch wäre es vermessen, Konfliktbearbeitungsmodelle als garantierte »Allheilmittel« anzupreisen. Die folgenden Darstellungen und Beschreibungen können vielmehr als ausgewählte Optionen zur Konfliktanalyse, zur (Selbst-)Reflexion, als Denkanstöße und Impulse für das eigene Handeln und zur Konfliktbehandlung samt der Entwicklung einer persönlichen Haltung verstanden werden.

Im ersten Abschnitt werden zwei praxisorientierte Modelle vorgestellt, die sich zur Analyse von Konflikten in interkulturellen Kontexten und zur Entwicklung von Lösungsstrategien nutzen lassen. Diese Modelle beziehen (hypothetische) kulturelle und individuelle Prägungen sowie situative Einflussfaktoren mit ein und eignen sich zur Anwendung auf Konflikte auf individueller Ebene, ohne die gesellschaftliche und kontextuale Ebene aus dem Blick zu verlieren. Die Erklärung erfolgt in zwei Schritten: Im ersten Schritt werden konzeptuelle Grundlagen beschrieben, im zweiten die Modelle anhand eines Fallbeispiels erklärt. Zur Selbstanwendung auf Ihre eigenen Praxisfälle finden Sie anschließend (≡ Arbeitsblätter zum Download) (Downloadlink und Zugangscode auf der letzten Seite des Buches). Bei der Modellauswahl haben wir uns für jene entschieden, mit denen Teilnehmer*innen in Seminaren auch ohne Fachexpertise und Vorerfahrungen gut arbeiten können. Diese beiden Modelle sind aus westlicher Sicht entwickelt worden. Perspektiven auf Konflikte, Konfliktfähigkeit und Konfliktlösung unter Einbezug nicht-westlicher Perspektiven schließen sich an und laden – falls bis dato unbekannt – zur Reflexion des eigenen Umgangs mit Konflikten ein.

Als eine Methode der (Selbst-)Ermächtigung (u. a. auch in der Sozialen Arbeit) und als Konflikt- beziehungsweise Diskriminierungsverarbeitungsstrategie auf individueller und gesellschaftlicher Ebene nehmen wir folgend Bezug auf »Empowerment«. In unserer Darstellung setzen wir den Fokus vorrangig auf einen künstlerisch/kreativen Ausdruck. In diesem Ausdruck werden migrationsspezifische Erfahrungen als kollektiv erlebte Ausgrenzungserfahrungen und damit einhergehende inter- und gegebenenfalls auch intrapersonale Konflikte be- und verarbeitet, sichtbar gemacht und Gegennarrative formuliert. Die »postmigrantischen Allianzen« schließen sich als weitere, kollektiv ausgerichtete Handlungsstrategie und Sichtbarmachung von Ungleichheitsverhältnissen und daraus entstehenden Konflikten an.

7.1 Konfliktanalyse, Reflexion und Fallbearbeitung mit dem Wirkdreieck-Modell

Angelehnt an das Diversitätsdreieck der Pädagogin Marina Khanide (2004) und ans »KPS-Modell« (Kultur-Person-Situation) des Pädagogen Harald Grosch und des Volkswirts Wolf Rainer Leenen (1998) hat sich das »Wirkdreieck-Modell« als Analysemodell für Konfliktbesprechungen in Seminaren mit interkulturellen Schwerpunkten entwickelt. Das Wirkdreieck illustriert drei Einflussfaktoren für Begegnungen innerhalb eines *Kontextes*, die sich auf interkulturelle Interaktionen auswirken und in Konflikten wirksam sein können: *Person, Situation* und *(Sub-)Kultur*.

Das KPS-Modell haben Leenen und Grosch (1998) schon früh in interkulturellen Trainings eingesetzt, vor allem bei der Analyse von »Kulturkontaktsituationen« (Dağdeviren/Leenen/Scheitza 2018). Sie gehen davon aus, dass kulturelle, personale und sozialstrukturell/situative Einflüsse das Verhalten von Akteur*innen grundsätzlich – in unterschiedlicher Gewichtung – steuern, was wiederum jede interkulturelle Begegnungssituation bestimmt.

Mit dem Wirkdreieck als Analyse-, Reflexions- und Konfliktbearbeitungsmodell erheben wir nicht den Anspruch, dass es auf *alle* konfliktträchtigen Situationen anwendbar ist. Nach unseren Seminarerfahrungen eignet es sich jedoch zur Anwendung auf sehr viele Praxisfälle und bringt häufig neue, vielfältige Perspektiven auf Konfliktursachen zum Vorschein. Auf deren Grundlage konnten bis dato viele Lösungsoptionen entwickelt werden. Idealerweise wird das Modell im gemeinsamen Austausch mit anderen angewendet. Letztere müssen nicht in den Konflikt involviert sein. Ähnlich wie bei der kollegialen Fallberatung[46] ist eine Darstellung des Konfliktfalls durch die »Fallgeberin« ausreichend.

Das Wirkdreieck kann theoretisch ohne Vorarbeit eingesetzt werden. Von Vorteil ist jedoch eine aktive Auseinandersetzung mit Machtverhältnissen, Migrationsspezifika und (eigenen) individuellen sowie kollektiven Prägungen. Dies kann beispielsweise durch das Lesen der vorangegangenen Kapitel und einer damit einhergehenden, vertieften Auseinandersetzung mit den Inhalten erfolgen.

Ergänzend zu dem Wirkdreieck haben wir »Klärungsfragen«[47] entwickelt, die Bezug auf den Kontext und auf die drei Einflussfaktoren Person, Situation und Kultur nehmen und der Arbeit mit dem Modell ein stärkeres Fundament verleihen. Die Klärungsfragen sind auf dem (🗐 Arbeitsblatt I) abgebildet und können auch für das (🗐 Arbeitsblatt II) verwendet werden. Die eine oder andere Frage ist aus dem Stegreif eventuell nicht so einfach zu beantworten oder kann zu Unbehagen führen. Nehmen Sie sich die Zeit zur Reflexion, die Sie benötigen, oder überspringen Sie gegebenenfalls auch mal eine Frage, um später wieder darauf zurückzukommen, und gehen Sie, wenn möglich, in den Austausch mit anderen.

---

46 Bei der kollegialen Fallberatung suchen beruflich Gleichgestellte gemeinsam nach Lösungen für ein konkretes Problem beziehungsweise für einen »Fall«. Die »Fallgeberin« schildert den Kolleg*innen die Situation und wird von diesen beraten.
47 Einige der Fragen sind an die »Klärungsfragen für Mediator*innen in interkulturellen Kontexten« von Mayer (2019, S. 94) angelehnt.

Zur selbständigen Anwendung des Modells auf Ihre eigenen Praxisfälle verwenden Sie bitte das ▢ Arbeitsblatt I. Zum einfacheren Verständnis erläutern wir die Grundlagen im Folgenden ausführlicher und illustrieren sie anhand eines wiederholt geschilderten Praxisbeispiels in diversen Seminaren.

Kontext: Der Kontext verweist auf das Setting, in dem die Interaktion stattfindet. Das können beispielsweise Amt, Schule, Firma oder ein privater Rahmen sein. Hier können Machtungleichheiten wirken: durch Sprachbarrieren, Ressourcenverteilung, Rolle und Position, Abhängigkeiten, Zugang zu Informationen oder Zugehörigkeiten (Alter, Klasse, Gender, race etc.).

Einflussfaktor Person: Der Einflussfaktor Person beschreibt den Menschen in seiner Einzigartigkeit. Dazu gehören Charaktereigenschaften, Erlerntes, Vorlieben, Abneigungen etc. Es können vorhandene oder nicht vorhandene Privilegien, individuelle und kollektive Diskriminierungs-, Marginalisierungs- beziehungsweise »Vorherrschaftserfahrungen« wirken. Auch die biografische Situation (z. B. Alter, Gesundheit) kann eine Rolle spielen.

Einflussfaktor (Sub-)Kultur: Der Einflussfaktor (Sub-)Kultur meint die soziale Gemeinschaft, durch die Menschen geprägt werden. Was gilt beispielsweise als (un-)höflich: direkte oder indirekte Verneinung? Wie wichtig ist minutiös genaue Pünktlichkeit, wie flexibel das Zeitverständnis? Lasse ich jemanden aussprechen oder falle meinem Gegenüber als interessierte*r Gesprächspartner*in ins Wort?

Einflussfaktor Situation: Der Einflussfaktor Situation beschreibt den situativen Hintergrund einer Handlung und schließt aktuelle Gegebenheiten und Machtstrukturen mit ein: Jemand kommt zu spät, weil ein Zug ausgefallen ist. Jemand ist unaufmerksam, weil sie mit den Gedanken bei einem anstehenden Besuch im hastane ist. Jemand willigt in unwürdige Arbeitsbedingungen ein, weil sie sonst ihren Aufenthaltsstatus verliert.

Fallbeispiel aus dem Jobcenter
Beteiligte: Seminarteilnehmerin als »Fallmanagerin« beim Jobcenter. Kundin X (nicht anwesend).
  Fallschilderung: Kundin X erscheint morgens zu spät (zwanzig Minuten nach der vereinbarten Zeit) zu einem Termin. Dieser wurde mehrere Wochen im Voraus durch ein Einladungsschreiben schriftlich kommuniziert. Die Fallmanagerin weist die Kundin (verärgert) ab, da in ihrem Terminkalender zeitnah

die nächste Kundin terminiert ist. Die Kundin X möchte den Termin jedoch wahrnehmen und verweist auf das Datum im Einladungsschreiben.

Im ersten Schritt bildet die Fallmanagerin gemeinsam mit den anderen Seminarteilnehmer*innen Hypothesen[48] für die Interaktion aus Sicht der Kundin X und für die Gründe ihrer Verspätung. Als Grundlage dient die Ausgangsfrage: Welche Faktoren führen zum Verhalten meines Gegenübers? Dabei werden der Kontext und die drei im Wirkdreieck genannten Einflussfaktoren berücksichtigt.

Kontext: Jobcenter. Machtasymmetrien durch einen ungleichen Wissens- und Informationsstand, Fachsprache, einseitige Terminsetzung sowie Sanktionsmöglichkeiten und die Abhängigkeit der Kund*innen aufgrund von benötigten finanziellen Leistungen. Zusätzlich existieren engmaschige Rahmenbedingungen durch konkrete Vorgaben und Routinen.

Einflussfaktor Person: Die Kundin nimmt aufgrund ihrer akut schwierigen Lebenssituation Schlaftabletten ein und hat Schwierigkeiten beim Wahrnehmen morgendlicher Termine. Sie ist generell desorganisiert und »chaotisch«, hat aufgrund negativer Vorerfahrungen Vorbehalte gegenüber Behörden und »rebelliert«. Ihr ist die Struktur im Jobcenter und der dortige Umgang mit Zeit nicht vertraut.

Einflussfaktor (Sub-)Kultur: Zeitangaben sind eher ein »Richtwert«. Es sind Sprachbarrieren vorhanden; die Formulierung »*Einladungs*schreiben« wird missverstanden und als freiwillige Terminwahrnehmung gedeutet. Verbindlichkeit im Sinne von Pünktlichkeit stellt keinen hohen Wert dar.

Einflussfaktor Situation: Die Kundin ist etwas »zerstreut«. Sie hat sich beim Zeitungsholen ausgesperrt, hat weder Zugriff auf ein Telefon noch auf ihre Busfahrkarte. Der Lebensgefährte der Kundin hatte einen Unfall, sie musste ihn akut ins hastane begleiten.

Nach zwei Reflexionsfragen (s. Arbeitsblatt I und II) werden im nächsten Schritt Erklärungen für die Einflussfaktoren auf die Interaktion aus Sicht der Jobcentermitarbeiterin und für ihre Verärgerung formuliert:

Kontext: Jobcenter. Machtasymmetrien durch einen ungleichen Wissens- und Informationsstand, Fachsprache, einseitige Terminsetzung, Sanktionsmöglichkeiten und die Abhängigkeiten der Kund*innen. Zusätzlich existieren engmaschige Rahmenbedingungen durch konkrete Vorgaben und Routinen.

---

48 Für das in der Regel nicht anwesende Gegenüber können nur Hypothesen aufgestellt werden. Die hier aufgestellten sind in Seminaren zur »interkulturellen Sensibilisierung« entstanden.

Einflussfaktor Person: Die Fallmanagerin schätzt Struktur, Überschaubarkeit und Klarheit. Sie steht unter Leistungs- und Zeitdruck. Das Einhalten des gesetzten Rahmens durch Kund*innen erleichtert ihr die Arbeit. Auch: Die Fallmanagerin übt den Job als Juristin als »vorübergehende Notlösung« aus, leidet unter den institutionellen Vorgaben, ist von »Unregelmäßigkeiten« zusätzlich gestresst.

Einflussfaktor (Behörden-)Kultur: Tagesabläufe und Termine sind zeitlich durchstrukturiert. Für effiziente Abläufe ist die Einhaltung von Terminen wichtig. Wiederholte Versäumnisse werden unter Umständen sanktioniert.

Einflussfaktor Situation: Die Fallmanagerin wartet auf Kundin X und steht wegen der hohen Fallzahlen unter großem (Termin-)Druck. Sie muss regelmäßig Berichte über ihre »Erfolge« an die Teamleitung weitergeben.

Auf Grundlage der vorangegangenen Ergebnisse können unter Einbezug des jeweiligen Handlungsspielraums und der Rahmenbedingungen im gegebenen Kontext abschließend Lösungsoptionen erarbeitet werden (s. Arbeitsblatt I).

7.2 Konfliktanalyse, Reflexion und Fallbearbeitung mit dem Vier-Perspektiven-Modell

Das nachfolgende Modell, das wir »Vier-Perspektiven-Modell« nennen, baut auf dem Wirkdreieck auf. Neben den drei Einflussfaktoren *Person, (Sub-)Kultur* und *Situation* kommt ergänzend der Faktor *Natur* dazu (analog des Modells der »drei Ebenen der mentalen Programmierung« nach Hofstede 2017, s. Kapitel 3.3). Dieses Modell ist in einer Projektzusammenarbeit zur »interkulturellen Sensibilisierung« entstanden und wurde von diversen Trainer*innen in Seminarkontexten vielfach angewendet und erprobt. Auch für dieses Modell gilt: Es erhebt nicht den Anspruch, auf alle Konfliktsituationen anwendbar zu sein. Eine vorherige Auseinandersetzung mit (eigenen) individuellen und kollektiven Prägungen, Migrationsspezifika usw. ist hilfreich. Die Klärungsfragen von Arbeitsblatt I unterstützen die Anwendung des Modells auf eigene Praxisfälle.

Die menschliche *Natur* nach Hofstede (2017) bildet die *Gemeinsamkeiten* aller Menschen ab, die physischen und psychischen Funktionsweisen, welche ge-

netisch bedingt sind. Ausgehend von der Bedürfnispyramide nach Maslow (1943) summieren wir darunter die sogenannten »Defizitbedürfnisse« und »Wachstumsbedürfnisse«.

Exkurs Bedürfnispyramide nach Maslow
Der Psychologe Abraham Maslow zählt zu den Begründern der Humanistischen Psychologie. Maslow versuchte, eine allgemeingültige Erklärung für die Frage zu finden, was Menschen zu ihren Handlungen motiviert, und entwickelte ein Motivationsmodell, die sogenannte »Maslowsche Bedürfnispyramide«.

Maslow (1943) kategorisierte fünf Bedürfnisgruppen, die hierarchisch aufeinander aufbauen. Die Basis bilden drei Stufen, die sogenannten »Defizitbedürfnisse«. Sind diese nicht erfüllt, können physische oder psychische Erkrankungen entstehen. Die Stufen vier und fünf bilden die »Wachstumsbedürfnisse«. Im Gegensatz zu den Defizitbedürfnissen gelangen sie nicht an die Grenzen einer Sättigung und bieten größtes Entwicklungspotenzial.

1. Stufe: Grundbedürfnisse. Sie halten Menschen elementar am Leben – dazu zählen Nahrung, Wasser, Schlaf und Sexualität.
2. Stufe: Sicherheitsbedürfnisse. Darunter fallen eine Unterkunft, Arbeit, gesichertes Einkommen etc.
3. Stufe: Soziale Bedürfnisse. Dazu zählen das Bedürfnis nach Zugehörigkeit, Partnerschaft, Freundschaft etc.
4. Stufe: Individualbedürfnisse. Unter anderem das Bedürfnis nach Anerkennung, Status, Macht, Erfolg, Freiheit.
5. Stufe: Bedürfnis nach Selbstverwirklichung. Diese Stufe bildet die Spitze der Pyramide. Hier strebt der Mensch nach Entfaltung seiner Kreativität, Weiterentwicklung, Potenzialausschöpfung und Sinnhaftigkeit seiner Existenz (Geppert 2019).

Das Vier-Perspektiven-Modell berücksichtigt neben den Einflussfaktoren *Person, Situation, (Sub-)Kultur* und *Natur*, wie auch das vorangegangene Modell, den *Kontext*.

Am vorab beschriebenen Beispiel der Verspätung von Kundin X zu einem morgendlichen Termin im Jobcenter und der Verärgerung der zuständigen Fallmanagerin könnten die hypothetischen

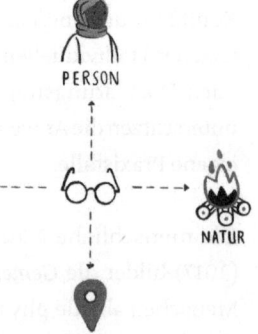

Erklärungen[49] analog des Modells für den Einflussfaktor *Natur* folgendermaßen aussehen:

> Kundin: Abhängigkeit von Grundsicherung, um die ersten beiden Stufen der Defizitbedürfnisse erfüllen zu können. Bedürfnis nach Anerkennung, Mitgestaltung, Selbstwirksamkeit, Freiheit.
> Behördenmitarbeiterin: Wunsch nach beruflichem Erfolg und Anerkennung, nach Sicherheit im Sinne von Vorhersehbarkeit und eines routinierten und störungsarmen Arbeitsablaufs.

7.3 Konfliktkompetenz, non-Western approach

Um eine konstruktive Konfliktfähigkeit zu entwickeln, ist es von Bedeutung, eine Vorstellung davon zu haben, wie das eigene Kommunikations- und Konfliktverhalten auf andere Menschen wirken kann. Das Verhalten so aufeinander abzustimmen, dass alle Beteiligten das gemeinsame Tun als konstruktiv und zufriedenstellend bewerten können, ist Ziel der *konstruktiven Konfliktfähigkeit* nach Ting-Toomey. Ting-Toomey (2004) beschreibt diese als eine Fähigkeit, Konfliktsituationen *angemessen* und *effektiv* zu bewältigen. Diese beiden Aspekte finden sich auch in der Definition zur interkulturellen Kompetenz bei Deardorff (2004) wieder (s. Kapitel 4.1). Ting-Toomey (2004) beschreibt fünf relevante Fähigkeiten zur konstruktiven Konfliktfähigkeit und zudem konkrete Handlungsempfehlungen für Kollektivist*innen in der Interaktion mit Individualist*innen und umgekehrt.

1. *Facework Management:*

Das Facework Management befasst sich mit dem Thema, die eigene und die Identität des Gegenübers im Kommunikationsverhalten zu berücksichtigen und zu schützen, denn alle Menschen möchten Respekt und Anerkennung erfahren, besonders in verletzlichen Konfliktsituationen. Facework Management zeigt sich im *achtsamen Zuhören* und dem Einnehmen einer aneinander orientierten Perspektive im Konfliktprozess.

---

49 In dem Fallbeispiel sind die Einflussfaktoren als Hypothesen zu verstehen. Sie sind in Seminaren zur »interkulturellen Sensibilisierung« entstanden.

Konkret: Individualist*innen wie auch Kollektivist*innen sollen die Fähigkeit entwickeln, strategisch das Gesicht zu wahren, sich während einer Konfliktepisode angemessen zu verhalten, die Gesichtsansprüche von anderen zu unterstützen und diese nicht öffentlich zu demütigen. Für Individualist*innen kann dies bedeuten, der Teamarbeit oder (unbeteiligten) Familienmitgliedern Anerkennung zu zeigen.

Kollektivist*innen sollten lernen, dass »face« geben bedeutet, individuelle Namen, Gesichter, Fähigkeiten und Fertigkeiten zu erkennen und auch Einzelpersonen zu gegebenen Anlässen ein Lob auszusprechen.

Beim Umgang mit Machtdistanz sollten Personen mit geringer Machtdistanz eine gesichtswahrende Sprache verwenden, wie beispielsweise das Anerkennen von Titeln während der Interaktion und das Einhalten von Umgangsformen in allen Situationen. Personen mit großer Machtdistanz können sich dagegen beim Einsatz ihres Status oder ihrer Machtverfügung zur Lösung des Problems zurückhalten.

2. Achtsames Zuhören

Das achtsame Zuhören beschreibt Ting-Toomey (2004) als eine mächtige Fähigkeit zur (Face-Validierung.) Streitende müssen sich in einer Konfliktepisode anstrengen, um die kulturellen und persönliche Annahmen, die im Konflikt ausgedrückt werden, wahrzunehmen und bewusst zu hören.

Die Konfliktparteien sollen lernen, (responsiv) oder ting zuzuhören (das chinesische Wort für »zuhören«. Es bedeutet, mit Ohren, Augen und einem konzentrierten Herzen aufmerksam zuzuhören) und die Klänge, Töne, Gesten, Bewegungen, nonverbalen Nuancen, Pausen und Stille in einer gegebenen Konfliktsituation wahrzunehmen (Ting-Toomey 2004).

Das achtsame Zuhören kann durch Paraphrasierung und Verständnisüberprüfung geübt werden. Paraphrasieren beinhaltet sowohl das Zusammenfassen der inhaltlichen Bedeutung als auch der emotionalen Botschaft in eigenen Worten ((s. auch Arbeitsblatt III).

Konkret: Im Umgang mit kontextstarken Personen (s. nachfolgender Exkurs) sollten paraphrasierende Aussagen als respektvolle Phrasen formuliert werden (Ting-Toomey 2004). Beispielsweise: »Ich habe verstanden, dass ... Bitte korrigieren Sie mich, wenn ich Ihre Worte unbeabsichtigt falsch interpretiert habe.«

Bei der Interaktion mit Personen aus niedrigen Kontexten (s. nachfolgender Exkurs) können paraphrasierende Aussagen direkter formuliert und auf den Punkt gebracht werden.

Exkurs Kulturdimension »High-context cultures versus low-context cultures« nach Hall

Der Kulturanthropologe Edward T. Hall hat sukzessiv vier Kulturdimensionen entwickelt und in unterschiedlichen Publikationen beschrieben.

Mit »high-context cultures« (Kulturen mit hohem Kontext) und »low-context cultures« (Kulturen mit niedrigem Kontext) wird die Beziehung zwischen dem Kontext und der eigentlichen Information beschrieben. Unter Kontext wird der Wissensvorrat verstanden, der Anteil gespeicherter Informationen, von denen die*der Sender*in im Gespräch annimmt, dass die*der Empfänger*in über sie verfügt. In Kulturkreisen, in denen tendenziell eine high-context Kommunikation überwiegt, benötigen die Sprecher*innen zur Entschlüsselung einer Botschaft kaum zusätzliche Informationen, da sie ständig umfassend informiert sind und über eine hohe Informationsdichte verfügen.

Informationen werden neben Worten auch stark »zwischen den Zeilen« vermittelt: durch den Einsatz von Körpersprache, Gesichtsausdruck, Stimmlage, Blickkontakt, der Platzierung von Sprechpausen sowie Hinweise auf frühere Begegnungen, den Status und gemeinsame Netzwerke. Dementsprechend kann die Kommunikation implizit ausfallen.

Menschen aus low-context cultures benötigen dagegen zum Verständnis einer Botschaft zusätzliche Detailinformationen, weil sie in weniger informelle Informationsnetze eingebunden und folglich nicht so umfassend informiert sind sowie über ein geringeres Vorverständnis verfügen. Dementsprechend muss expliziter kommuniziert werden. Beziehungen in beruflichen Kontexten sind in low-context cultures unpersönlicher, der Fokus liegt vorrangig auf der Sachebene. Informationen werden vor allem über Worte vermittelt, Bedeutungen explizit ausgedrückt. Nonverbale Kommunikation, wie die Verwendung von Gesichtsausdruck, Augen- und Körperkontakt etc., spielt eine nachrangige Rolle.

Hall geht davon aus, dass Personen aus romanischen und ost-asiatischen Ländern einen hohen Kontext voraussetzen und dementsprechend eher implizit kommunizieren, was für Personen, die nicht über den Kontext, sprich den Wissensvorrat, verfügen, zur Verständniserschwernis führen kann. In germanophonen und anglophonen (vorwiegend deutsch- und englischsprachige Regionen) Kulturen wird laut Hall dagegen mehr explizit kommuniziert. Dadurch sind Aussagen zwar klar verständlich, können auf Personen mit einem niedrigeren Informationsbedarf jedoch belehrend wirken, da die Informationsübermittlung als überflüssig und zeitintensiv empfunden werden kann (Barmeyer 2010; Hall 1976).

3. Achtsames Reframing

Achtsames Reframing beschreibt Ting-Toomey (2004) als eine hoch kreative Konfliktmanagement-Fähigkeit, die das gegenseitige Gesicht ehrt. Reframing beinhaltet das achtsame Anwenden von Sprache, um die Art und Weise zu beeinflussen, wie jede Person oder Partei die Konfliktsituation definiert, erlebt und betrachtet.

Konkret: Sprache sollte strategisch eingesetzt werden, um die emotionale Einstellung zum Konflikt von defensiv zu kooperativ zu verändern, und neutral bis positiv getönt sein. Letzteres kann helfen, die Verteidigungsbereitschaft zu mildern, Spannungen zu reduzieren und das Verständnis zu erhöhen. Dabei sollte der Versuch unternommen werden, Konfliktpositionen als gemeinsame Interessen zu äußern und Beschwerden in Bitten umzuformulieren.

4. Kollaborativer Dialog

Dieser Dialog zielt darauf ab, gemeinsame Bedürfnisse zu erörtern, wie beispielsweise Sicherheit, Einbindung, Respekt und Anerkennung. Je mehr echtes, gegenseitiges Interesse gezeigt wird, desto wahrscheinlicher ist es, dass im Konfliktdialogprozess auf tiefer Ebene Gemeinsamkeiten entdeckt werden.

In einem kollaborativen Dialogaustausch orientieren sich die Individuen vollständig in der Gegenwart. Sie verwenden dabei das achtsame Zuhören und achtsames Reframing, um sich vollständig in den Dialogprozess einzubringen. Durch diese Art des Dialoges wird gegenseitiger Respekt aufgebaut, Engagement für neue Lösungen entwickelt und Vertrauen gestärkt (Ting-Toomey 2004).

Konkret: Beim Üben des kollaborativen Dialogs mit Kollektivist*innen sollten sich Individualist*innen in Geduld und nonverbaler Achtsamkeit beim »Herauslocken« persönlicher Geschichten, Gefühle, Interessen, Ziele und Wünsche der Kollektivist*innen versuchen und zudem achtsam beim Ausdruck von Sprichwörtern, Metaphern, Analogien und Untertreibungen sein.

Längere Pausen und reflektierendes Schweigen sollten akzeptiert und daneben auf Identitäts- und Beziehungsbedeutungen geachtet werden, die die inhaltlichen Botschaften des Konflikts unterstreichen.

Allgemein sollten Probleme im Team (in der Gruppe) angesprochen werden, anstatt eine konkrete Person herauszugreifen.

Im Dialog mit Individualist*innen sollten Kollektivist*innen beim Erfragen der persönlichen Interessen, Ziele, Wünsche und Bedürfnisse verbale Ausdrucksfähigkeit üben und direkte verbale Antworten verwenden, um Übereinstimmungen, verhandelbare Punkte und Meinungsverschiedenheiten anzuzeigen und Gründe für Letztere klar zu artikulieren. Zur Überprüfung von Fakten, Interessen und unklaren Zielen sollten direkte, spezifische Fragen verwendet und diese an eine bestimmte Person gerichtet werden. Verbale Paraphrasierung und wahrnehmungsüberprüfende Aussagen, um das Gehörte in eigenen Worten zusammenzufassen, können helfen, Missverständnisse zu vermeiden (Ting-Toomey 2004).

5. Kulturbasierte Konfliktlösungsschritte

Inmitten der Identifizierung der unterschiedlichen Blickwinkel bei der Interpretation eines Konfliktereignisses können beide »Kulturteams« das folgende siebenstufige Konfliktlösungsmodell nach Clarke und Lipp als Leitfaden verwenden. Das Modell bezieht sich vor allem auf den multinationalen Arbeitsplatz (Ting-Toomey 2004), weshalb wir es leicht angepasst haben.

1. Schritt
Problemidentifikation. Beide Parteien identifizieren das Konfliktproblem und seinen Hintergrund, beschreiben kurz die Konfliktsituation und arbeiten gleichzeitig an einer »kathartischen Emotionsentlastung«.

2. Schritt
Klärung des Problems. Die Absichten und Verhaltensweisen jeder Konfliktpartei werden mit den Wahrnehmungen und Bewertungen der anderen Konfliktpartei verglichen; mit dem Ziel, Missverständnisse auszuräumen und gegenseitiges Verständnis zu erhöhen.

3. Schritt
Kulturelle Erkundung. In diesem Schritt werden die kulturellen Annahmen und Werte untersucht, die den unterschiedlichen Konflikterwartungen zugrunde liegen – diese Erwartungen bestimmen häufig die Absichten und Wahrnehmungen im zweiten Schritt.

4. Schritt
Organisatorische Erkundung. Dieser Schritt untersucht die organisatorischen Probleme (Rahmenbedingungen, Kontext), die den Konflikt zusätzlich belasten.

5. Schritt
Konfliktlösung. Dieser Schritt ebnet den Weg für beide »Kulturteams«, um Harmonie zu finden, ein gemeinsames Ziel zu verfolgen und konkrete Strategien oder Aktionen zu entwickeln, um das gemeinsame Ziel zu erreichen.

6. Schritt

Folgenabschätzung. In diesem Schritt werden Evaluationsmöglichkeiten entwickelt, um den Fortschritt der Konfliktlösungserfolge und den damit verbundenen Nutzen zu überwachen.

7. Schritt

Organisatorische Integration. Im letzten Schritt werden die Ergebnisse des konstruktiven Konfliktlösungsgeschehens in die gesamte Organisation/Institution weitergetragen.

Praxisbeispiel »Kulturbasierte Konfliktlösungsschritte in einer Kindertagesstätte«:[50]

Ein Erzieher einer Kindertagesstätte schildert im Seminar folgenden Fall: Seine Kita-Gruppe hat vor wenigen Monaten erstmalig ein Kind aufgenommen (die dreijährige L.), das kein Rindfleisch essen soll. Die Eltern von L. wiesen vor der Anmeldung ihrer Tochter darauf hin. Die Einrichtungsleitung versicherte, den Wunsch bei der Bestellung des Mittagessens beim örtlichen Cateringdienst zu berücksichtigen.

In der Praxis erweist sich dies jedoch regelmäßig als problematisch. Das Essen wird nicht portionsweise, sondern in großen Behältern geliefert, aus denen sich die Kinder, zum Teil mit Unterstützung durch die Erzieher*innen, bedienen. L. erhält deshalb an manchen Tagen eine eigene, kleine Lieferung ohne Rindfleisch. Sie ist dann offensichtlich nicht glücklich darüber, etwas anderes als ihre Sitznachbar*innen zu essen und nicht ebenfalls aus den großen Töpfen schöpfen zu dürfen. Es kommt nun wiederholt vor, dass L. sich am Nebenteller bedient und dadurch Rindfleisch zu sich nimmt. Die Eltern befragen ihre Tochter regelmäßig zum Tages- und Essensverlauf. Nach dem ersten Malheur bitten sie die Erzieher*innen freundlich, aber nachdrücklich um die Einhaltung von rindfleischfreier Kost. Die Pädagog*innen bemühen sich, L. immer wieder zu erklären, warum sie an manchen Tagen einen eigenen Teller mit Essen erhält. Wenn es möglich ist, sitzt eine erwachsene Person während des Essens bei L., doch der Personalschlüssel und die Anzahl an jüngeren Kindern, die Hilfe beim Essen benötigen, lassen dies nicht immer zu.

In den nächsten Wochen kommt es zu weiteren Situationen, in denen sich L. bei ihren Nachbar*innen am Teller bedient, während die Erwachsenen nicht

---

50 S. auch »Zur Vertiefung«: Interkulturelle Pädagogik in der Elementarerziehung.

schnell genug eingreifen. Die Eltern reagieren inzwischen erbost, wenn sie dies am Nachmittag von ihrer Tochter erfahren. Sie weisen darauf hin, dass das Mittagessen generell kein Schweinefleisch enthält, ihre eigenen Bedürfnisse jedoch nicht berücksichtigt werden, und drohen mit dem Einschalten einer Antidiskriminierungsstelle. Die Erzieher*innen erklären den Eltern die Schwierigkeiten bei der Umsetzung, bitten um Nachsicht, versprechen, sich um eine Lösung zu bemühen und in der nächsten Teamsitzung zudem den Rat ihrer Kolleg*innen aus den anderen Gruppen und den ihrer Vorgesetzten einzuholen. Bei den folgenden Mittagessen mit rindfleischhaltiger Kost setzen sie L. an einen separaten Tisch, doch das wird nicht als eine dauerhafte Lösung bewertet, zumal das Mädchen darunter leidet und die Nahrungsaufnahme nur widerwillig und reduziert vollzieht.

1. Schritt
Problemidentifikation. Beide Parteien identifizieren das Konfliktproblem und seinen Hintergrund, beschreiben kurz die Konfliktsituation und arbeiten gleichzeitig an einer »katharischen Emotionsentlastung«.

Erzieher: L. nimmt »im Eifer des Gefechts« beim Mittagessen manchmal Nahrung zu sich, die sie nicht essen sollte. Zur Vermeidung isst sie momentan allein an einem eigenen Tisch und ist damit unzufrieden, was teilweise zur Verweigerung der Essensaufnahme führt. Das Anliegen der Eltern kollidiert mit der personellen Betreuungssituation in der Kita. Das Catering ist aktuell nicht auf rindfleischfreie Kost eingestellt. Es kam zu einem »Bedrohungsszenario« (Ankündigung des Einschaltens der Antidiskriminierungsstelle).
Eltern von L.:[51] Unser Anliegen einer durchgängig rindfleischfreien Kost wurde bei der Anmeldung im Kindergarten thematisiert und wohlwollend aufgenommen. Die Umsetzung war auch die Bedingung für uns, unsere Tochter dem Kindergarten anzuvertrauen. Wir haben den Eindruck, dass sich die Erzieher*innen nicht ausreichend bemühen und den Stellenwert unseres Anliegens nicht hoch genug einstufen.

---

51 Stellvertretend für die Eltern von L. haben im Seminar anwesende Teilnehmende deren »Rolle« und bestmöglich auch deren (hypothetische) Perspektiven eingenommen.

2. Schritt

Klärung des Problems. Die Absichten und Verhaltensweisen jeder Konfliktpartei werden mit den Wahrnehmungen und Bewertungen der anderen Konfliktpartei verglichen; mit dem Ziel, Missverständnisse auszuräumen und gegenseitiges Verständnis zu erhöhen.

Erzieher: Alle Erzieher*innen möchten dem Bedürfnis der Eltern von L. nach rindfleischloser Kost nachkommen. In der Umsetzung jedoch fühlen wir uns mit den Herausforderungen, die das Mittagessen momentan birgt, überfordert. Wir haben den Eindruck, von L.'s Eltern nicht in unserem Bemühen gesehen und anerkannt zu werden, und fühlen uns massiv unter Druck gesetzt.

Eltern von L.: L. soll ausnahmslos kein Rindfleisch essen. Wir fühlen uns in unseren Bedürfnissen nicht ernst genommen und sind enttäuscht, dass die Erzieher*innen ihr Wort nicht halten. Wir fühlen uns gegenüber anderen Eltern nicht gleichwertig behandelt und in unserer Religionszugehörigkeit ignoriert, weil zwar eine schweinefleischfreie Kost möglich ist, unsere spezifischen Bedürfnisse aber unzureichend berücksichtigt werden.

3. Schritt

Kulturelle Erkundung. In diesem Schritt werden die kulturellen Annahmen und Werte untersucht, die den unterschiedlichen Konflikterwartungen zugrunde liegen – diese Erwartungen bestimmen häufig die Absichten und Wahrnehmungen im zweiten Schritt.

Erzieher: Den Erzieher*innen sind diverse religiöse Werte und mit Religionen verbundene Essgewohnheiten vertraut. Die Berücksichtigung verschiedener Lebensgewohnheiten und Werte ist in der Einrichtung verankert und wird (so die Selbsteinschätzung) auch gelebt und von den Mitarbeitenden mitgetragen. Das spiegelt sich zusätzlich in dem regelmäßigen Wahrnehmen verschiedener Fortbildungsangebote zum Thema »Diversität in der Elementarpädagogik« wider und in einer Belegschaft mit unterschiedlichsten Migrationsbiografien (auch in Leitungsfunktionen).

Eltern von L.: Die Ernährung von L. ist mit der religiösen Erziehung durch uns verbunden. Rindfleischnahrung ist darin nicht vorgesehen, denn Rinder sind heilige Tiere und zum Verspeisen verboten. Wir stellten in der Vergangenheit einmal die Frage an eine Erzieherin, ob die Tatsache, dass unsere

Religion in Deutschland vergleichsweise nur schwach vertreten ist, dazu führt, dass sie und die damit zusammenhängenden Ernährungsweisen als unwichtig empfunden werden – verglichen mit denen im Islam und damit verknüpften Speisen, die als »halāl« oder »harām« gelten und auch in Deutschland geläufig sind.

4. Schritt
Organisatorische Erkundung. Dieser Schritt untersucht die organisatorischen Probleme (Rahmenbedingungen, Kontext), die den Konflikt zusätzlich belasten.

Erzieher: Die personellen Ressourcen lassen keine Eins-zu-eins-Betreuung beim Mittagessen zu. Das Catering ist bis dato auf schweinefleischfreie Kost ausgerichtet, aber (noch) nicht auf rindfleischlose oder vegetarische Kost.
Eltern von L.: Wir sind beim Mittagessen nicht anwesend und haben keinerlei Einfluss auf den Speiseplan. Eine Herausnahme vom Mittagessen oder ein schneller Wechsel des Kindergartens ist momentan nicht denk- und umsetzbar und auch nicht unser Wunsch.

5. Schritt
Konfliktlösung. Dieser Schritt ebnet den Weg für beide »Kulturteams«, um Harmonie zu finden, ein gemeinsames Ziel zu verfolgen und konkrete Strategien oder Aktionen zu entwickeln, um das gemeinsame Ziel zu erreichen.

Das gemeinsame Ziel von den Erzieher*innen und den Eltern von L. ist die rindfleischfreie Nahrungsaufnahme von L.
Erzieher: Anliegen von L.'s Eltern ernst nehmen und eine aufrichtige Entschuldigung (wenn authentisch!) ausdrücken. Bemühen um eine schnelle Lösung und signalisieren von Dialogbereitschaft.
Arbeitsabläufe transparent gestalten: Eltern zum Hospitationstag/Mittagessen einladen. So kann verdeutlicht werden, dass die »Ausrutscher« keinem Desinteresse geschuldet sind, sondern die Essenssituation die Erzieher*innen wirklich vor Herausforderungen stellt.
Projektinitiierung zum Thema »Religionen und Lebensanschauungen« und damit verbundene Feiertage, Ernährungsgewohnheiten und -vorschriften, die alle Kinder miteinbeziehen und in denen sich alle wiederfinden.

Ergänzend eine Thematisierung von »Nahrungsmittelallergien«. Somit wird das Thema »erlaubte und unerlaubte Nahrungsmittel« auf eine größere Basis gestellt, es kann eine Sensibilisierung für Gemeinsamkeiten und Verschiedenheiten von Ernährungsgewohnheiten stattfinden. L. befände sich nicht mehr allein in einer Ausnahmesituation. Denn auch andere Kinder sowie Erzieher*innen dürfen manches nicht zu sich nehmen: Zitrusfrüchte, Kuhmilch, Schweinefleisch, Zucker etc.

Einrichten von »Essenspatenschaften«: Ältere Kinder übernehmen während des Mittagessens Patenschaften für jüngere Kinder mit Lebensmittelunverträglichkeiten beziehungsweise Ernährungsvorschriften.

Wechsel des Caterings mit Umstellung auf eine »fleischlose Kita«, mit vorheriger Absprache/Ankündigung für alle Eltern.

Eltern von L.: Bereitschaft zum Vertrauensaufbau und zum Dialog. Versuch des Perspektivwechsels und Verständnisses für die schwierige Situation beim Mittagessen.

Mitgeben eines eigenen (Lieblings-)Essens von L. bis zum Abschluss einer praktikablen Lösung.

6. Schritt
Folgenabschätzung. In diesem Schritt werden Evaluationsmöglichkeiten entwickelt, um den Fortschritt der Konfliktlösungserfolge und den damit verbundenen Nutzen zu überwachen.

Dieser Konflikt bedarf einer kurzfristigen, handlungsorientierten Lösung mit realistischer Einschätzung der Praktikabilität. Einmal implementiert, sollte sie keine langwierigen Evaluationsphasen mit sich bringen. Ein anderer Aspekt sollte dagegen stärker und langfristig im Blick behalten werden: die Beziehung zwischen L.'s Eltern und den Gruppenmitarbeitenden. Hat sie sich nach der Einrichtung einer Essenspatenschaft/Umstellung des Mittagessens etc. entspannt? Was wurde für einen konstruktiven Beziehungsaufbau getan? Wie wurde eine Wertschätzung der Eltern und deren Religion sowie ihren religiös geprägten Essgewohnheiten etc. vermittelt? In den regelmäßigen Teambesprechungen können diese Punkte auf die Agenda gesetzt werden – oder auch in Supervisionsgesprächen oder anderen Settings, die die Kindertagesstätte zum Austausch der Mitarbeiter*innen untereinander vorhält.

7. Schritt
Organisatorische Integration. Im letzten Schritt werden die Ergebnisse des konstruktiven Konfliktlösungsgeschehens in die gesamte Organisation/Institution weitergetragen.

> Dieser Konflikt mitsamt den Lösungsschritten sollte nicht als ein exklusives Gruppengeschehen charakterisiert und behandelt werden. Die anderen Kita-Gruppen und die Leitung sollten umfassend informiert sein. Das Geschehen kann wichtige Grundsatzdebatten anstoßen; über die gesamte Ausrichtung der Einrichtung, über das Widerspiegeln und die Wertschätzung von kultureller und religiöser Vielfalt in Abläufen, Ritualen und Spielmaterialien.

Diese sieben Schritte, in Verbindung mit den vorab erläuterten Fähigkeiten, können nicht ⟨ präskriptiv ⟩ angewendet werden. Konfliktlösungen hängen stark vom Konfliktthema, dem Kontext, involvierten Personen, Beziehungen, Ressourcen und vom ⟨ Timing ⟩ ab. Der Schlüssel zur konstruktiven Konfliktlösung liegt darin, flexibel und anpassungsfähig zu bleiben und sich nicht in einem Satz von Denkmustern, emotionalen Reaktionen oder Verhaltensmustern zu verfangen.

7.4 (Self-)Empowerment als Methode der Konfliktbehandlung

Das Leben vieler PoC's findet »unter Bedingungen rassistischer Normalität« (Mohseni 2020, S. 266) statt. Machtasymmetrien, fehlende Anerkennung, (internalisierter) Rassismus und Diskriminierungspraxen sind Konfliktauslöser auf individueller, oft auch auf intrapersoneller und auf gesellschaftlicher Ebene. Wie kann (Self-)Empowerment dazu beitragen, Konflikten zu begegnen, sie sichtbar zu machen, zu verarbeiten und Änderungen in Richtung ⟨ Egalität ⟩ anzustoßen? Um diesen Fragen nachzugehen, begeben wir uns auf die Suche nach hiesigen ⟨ Exempel, ⟩ vorrangig mit Blick auf künstlerische/kreative Performanz, und beleuchten dabei, wen und was es benötigt, damit diese Exempel aus der ⟨ Peripherie ⟩ ins Zentrum wirken und welche Rolle dabei dem ⟨ Powersharing ⟩ zukommt.

Bei den Darstellungen konzentrieren wir uns vor allem auf die Selbstermächtigungsstrategie ⟨ »Self-Empowerment« ⟩ als Antwort auf Diskriminierungspraxen und Rassismus. Dabei beziehen wir uns auf die Traditionslinie »Empowerment als Leitformel einer Politik der Selbstbemächtigung« (Herriger 2020, S. 19) mit starkem Fokus auf Empowerment aus PoC-Perspektive und auf das damit verknüpfte künstlerische/kreative Tun aus einer postmigrantischen Verortung heraus.

Im Empowermentprozess werden Strategien zum Umgang mit Ausgrenzungs- und Diskriminierungserfahrungen entwickelt, die unter Umständen auf vorherige Ohnmachtsgefühle/unbefriedigende Bewältigungsstrategien folgen und somit einen Wendepunkt im Leben markieren. An diesem Punkt wird erkannt, dass Diskriminierungspraxen und Machtstrukturen gesellschaftlich verankert sind und das Erleben von Diskriminierungen nicht mit der eigenen Person im Zusammenhang steht. Das verändert die (Selbst-)Wahrnehmung drastisch und lässt sich folgendermaßen zusammenfassen: »Ich erlebe Rassismus aufgrund einer rassistisch strukturierten Gesellschaft« anstelle von »ich erlebe Rassismus, weil mit meinem Äußeren, meinem Namen, meiner Religion, meiner Weltsicht etc. – sprich mit mir – etwas nicht in Ordnung ist.«

> Die Antirassismus-Trainerin und Autorin Tupoka Ogette berichtet, dass dieser Wendepunkt bei ihr eintrat, als im Austausch mit anderen Afro-Deutschen genau diese Erkenntnis einsetzte: Was sie erlebte, hatte weder etwas mit ihr zu tun, noch war es ihr Problem; nicht *sie* ist schwierig. Das Problem trägt einen anderen Namen, es heißt Rassismus. Ogette beschreibt diesen Moment als befreiend, aber auch als schmerzhaft, da er viel Wut auslöste.

Dieser Erkenntnis folgt oft eine Bewusstwerdung über eigene Ressourcen und Fähigkeiten und das Absetzen der »Defizit-/Mangelbrille«, mit der sich Rassismuserfahrene als Folge ihrer Erlebnisse oft selbst betrachten. Rassistische Vorstellungen der Mehrheitsgesellschaft prägen bereits das Selbstbild von Kindern im Grundschulalter, die einer ausgegrenzten Gruppe angehören, wie das Experiment »Doll-Test«, erstmalig in den 1940er Jahren in den USA durchgeführt, eindrücklich zeigte.

Mit dem emanzipativen Prozess der Selbstermächtigung stellt sich ein neuer und klarerer Blick ein, wie ihn Tupoka Ogette und weitere PoC's beschreiben.

> **K., 29 Jahre alt, berichtet:**
> Mein Selbstbild wurde durch die Ausgrenzungs- und Rassismuserfahrungen stark beeinflusst. Das war früher viel stärker. Heute mache ich mir keine Gedanken mehr darüber und sage zu mir: »Natürlich gehörst du zur Gesell-

> schaft.« Früher war man schwächer und mit weniger Widerstandskraft ausgestattet. Man hinterfragte sich selbst, nicht die anderen, und war mit dem eigenen Sortieren beschäftigt (»Was macht das mit mir, was ist wahr daran?«). Später setzte die Erkenntnis ein: Ich bin nicht die Schuldige/das Problem. Es ist ein strukturelles Ding, ich hinterfrage die anderen.[52]

Aus dieser Erkenntnis kann ein neues Selbstbewusstsein erwachsen. Das geht oftmals Hand in Hand mit einer selbstbewussten Entwicklung zur hybriden Identität beziehungsweise mit einer Weiterentwicklung selbiger – im Geiste einer »Sowohl-als-auch-Identität« mit mehrheimischer Verortung – oder mit der Konklusion, *kein-heimisch* zu sein, dies nicht als neu ausgemachten Mangel zu beziffern, sondern als Spezifikum zu genießen. Mit den Worten Kermanis (2015, S. 139) ausgedrückt: »Nicht ganz dazuzugehören, sich wenigstens einige Züge von Fremdheit zu bewahren, ist ein Zustand, den ich nicht aufgeben möchte. [...] Fremdsein ist keine Krankheit.«

Empowerment. Historie und Begriffsklärung

Der Beginn der Auseinandersetzung mit Empowerment steht ganz in der Tradition der Bürger*innenrechtsbewegung (civil-rights-movement) in den USA. Die Selbstermächtigungspolitik und Forderung nach Gleichheitsrechten der Schwarzen Bevölkerung in den 1960er Jahren, die Frauenbewegung mit ihrem Kampf gegen Machtungleichheiten, die Friedensbewegung mit ihrem Einsatz gegen kriegerisch-imperiale Einmischungen – die Historie des Empowerment-Konzeptes ist eng verwoben mit der Historie dieser sozialen Bewegungen (Herriger 2020).

Im angloamerikanischen und deutschsprachigen Raum wird als einer der ersten Theoretiker*innen des Empowerment-Ansatzes der Gemeindepsychologe Julian Rappaport (1981) genannt.

Im almanschen Sprachraum kam Empowerment vornehmlich über wissenschaftliche Publikationen in bestimmten akademischen Sparten und Berufsfeldern (z. B. im Gesundheits- und Sozialwesen, in der »Entwicklungshilfe« und Gemeinwesenarbeit) zur Anwendung.

»Dadurch erfuhr der in den genannten sozialen Arbeitsbereichen bereits bestehende und sich ab den 1950er Jahren in der bundesdeutschen Gesell-

---

52 Das Zitat ist aus einem anonymisierten Interview entnommen und nicht wortwörtlich, sondern in Absprache mit der Interviewten sinngemäß wiedergegeben.

schaft verstärkt durchsetzende *Selbsthilfe-Ansatz* gegenüber dem paternalistischen *Defizit-Ansatz* der etablierten professionellen Versorgungssysteme eine wesentliche Bereicherung.« (Can 2013, S. 9, Hervorh. i. Orig.)

In der Sozialen Arbeit wird Empowerment als ein »emanzipatives Leitkonzept« (Blank 2018, S. 327) beschrieben. Als Begründerin des Empowerment-Konzeptes in diesem Feld wird die Psychologin Barbara B. Solomon genannt (Blank 2018).

In Schwarzen deutschen (und feministischen) Diskursen und der damit zusammenhängenden politischen Praxis ist Empowerment als Strategie und Konzept und als ein Instrument politischer Selbstbestimmung seit Mitte der 1980er Jahre bekannt. Im Diskurs über Migration und Rassismus gehörte der Empowermentbegriff jedoch lange Zeit nicht zum üblichen hiesigen Sprachgebrauch. Erst ab Anfang der 2000er Jahre fand der Empowerment-Ansatz mit der politischen Selbstbezeichnung »People of Color« (PoC) eine wesentlich breitere und communityübergreifende Resonanz im Sprachgebrauch (Can 2013). Eine Initiative prägte den Recherchen der Erziehungswissenschaftlerin Farrokhzad (2019) zufolge den Empowerment-Diskurs von PoC's erheblich mit: »HAKRA«[53], die sich 2005 aus PoC-Perspektive[54] in Berlin gründete. Das zentrale Konzept ihrer politischen Bildungsarbeit hob sich von anderen interkulturellen, antidiskriminatorischen und antirassistischen Bildungsangebote in Almanya ab und war darauf aufgebaut, »bewusst geschützte Empowerment-Räume (safer spaces) nur für Menschen mit Rassismuserfahrungen zu schaffen, Schutzräume wie sie auch in der Frauen-, Schwarzensowie Lesben- und Schwulenbewegung bekannt sind« (Can 2019, S. 40).

Der Begriff Empowerment ist zunächst einmal eine offene, normative Form und bedeutet wörtlich übersetzt »Selbstbefähigung«, »Selbstermächtigung«, »Stärkung von Eigenmacht und Autonomie« (Herriger 2020, S. 13).

In der deutschen Sprache wird »power« oft mit »Kraft«, »Stärke« und »Macht« übersetzt (Blank 2018).[55] Für die Theoriebildung bilden alle drei Bedeutungen einen eigenen handlungstheoretischen Zugang: Ressourcenförderung, Resilienzstärkung und die Reflexion und Überwindung von externalen und inter-

---

53 https://www.jugendhilfeportal.de/projekt/hakra-gegen-rassismus-aus-minderheitenperspektive/ (Zugriff am 12.03.2021).
54 Die PoC-Perspektive steht hier, angelehnt an Can (2019, S. 33), »für macht- und rassismuskritische und widerständig-solidarische Haltungen, Positionierungen und Praxen des (Self-) Empowerments von PoCs aus der Erfahrungswelt des Rassialisiertseins.«
55 Der Soziologe Norbert Herriger (2020, S. 14) übersetzt Empowerment auch mit »politischer Macht«.

nalen Machtblockaden. Im Ermächtigungsprozess wirken alle drei Ansätze in wechselseitiger Bedingtheit auf vier Empowerment-Ebenen zusammen: der individuellen (psychologischen) Ebene, der sozialen Gruppenebene, der institutionellen Ebene und der Gemeindeebene (gesellschaftliche Ebene; Blank 2018). Beim Empowerment ist der Blick gezielt auf Ressourcen, Potenziale und Stärken zur Lebensbewältigung gerichtet, gegebenenfalls auch unter eingeschränkten, widrigen Bedingungen und persönlichen Defiziten (Herriger 2020). An dieser Stelle lässt sich die provokative Frage stellen, ob Widrigkeiten (z. B. in Form struktureller Diskriminierung) zu einem Migrations*hindergrund* führen können (im Sinne von »in der zugeschriebenen Migrations-/Kanakenkaste verweilen zu sollen und nicht in die geschlossene ›Parallelgesellschaft‹ der autochthonen Almans migrieren zu können«) und ob dies zur Folge hat, dass die Teilhabe und Mitgestaltung am gesellschaftlichen Leben verhindert *wird*, anstatt dass die Betroffenen verhindert *sind* – durch persönliche Defizite. Die »Datteltäter« beantworten die Frage nach (verhinderter) Integration satirisch.

Eingebettet ist der Empowerment-Diskurs in zwei Traditionslinien:

»(1) Empowerment als Leitformel einer Politik der Selbstbemächtigung im Kontext der Bürgerrechts- und Selbsthilfe-Bewegung; und (2) Empowerment als Signum eines neuen professionellen Handlungsprogramms im Horizont der psychosozialen Praxis.« (Herriger 2020, S. 19)

Unter der ersten Linie sind »alle selbstläufig entstandenen kollektiven und politischen ›Graswurzel‹-Bewegungen und -Initiativen gemeint [...], die ohne Impulse einer professionellen Sozialen Arbeit entstanden sind« (Farrokhzad 2019, S. 16). Unter der zweiten, historisch jüngeren Traditionslinie verbinden sich die lebensweltliche und transitive Buchstabierung miteinander. Das Konzept wird hier für die berufliche Hilfe (u. a. Soziale Arbeit) postuliert, mit dem Ziel, zur (Wieder-)Aneignung von Selbstgestaltungskräften anzuregen, zu unterstützen sowie zu fördern und hierfür Ressourcen bereitzustellen (Herriger 2020).

Die Erziehungswissenschaftlerin Gabriele Rosenstreich (2009, S. 196) formuliert Empowerment

»als die Ausweitung von Machtzugang und damit von Handlungsspielräumen unterdrückter Gruppen auf der Grundlage von Selbstdefinition und Selbstbestimmung. Ich spreche hier von Gruppen, denn mein Ausgangspunkt ist, dass die Entfaltungsmöglichkeiten bestimmter sozialer Gruppen systematisch eingeschränkt werden.« (Rosenstreich zit. n. Farrokhzad 2019, S. 16)

Mit Bezug auf konkrete soziale Kategorien formuliert die Politikwissenschaftlerin Natascha Nassir-Shahnian (2013, S. 16) Empowerment aus der *PoC-Perspektive:*

»Empowerment bedeutet die Freiheit, als Selbst existieren zu können, ohne sich Handlungszwängen zu beugen, die von außen aufgrund sozialer Kategorien (wie ›Rasse‹, Klasse, Gender, Disability u. a.) an uns herangetragen werden und die uns in unserer Sozialisation prägen. Daher richtet sich Empowerment an Menschen, die durch diese Herrschaftsverhältnisse (Rassismus, Klassismus, Sexismus, Heteronormativität u. a.) unterdrückt werden.«

Für PoC's kann Empowerment eine widerständige Praxis gegen Diskriminierung und Rassismus, ein politischer Handlungsansatz und Befreiungsakt sein.

Herriger (2020) »buchstabiert« Empowerment aus vier unterschiedlichen Blickwinkeln.

Politische Buchstabierung: Angelehnt an die Übersetzung »politische Macht« thematisiert Empowerment in diesem Wortsinn

»die strukturell ungleiche Verteilung von politischer Macht und Einflußnahme. In politischer Definition bezeichnet Empowerment so einen konflikthaften Prozeß der Umverteilung von politischer Macht, in dessen Verlauf Menschen oder Gruppen von Menschen aus einer Position relativer Machtunterlegenheit austreten und sich ein Mehr an demokratischem Partizipationsvermögen und politischer Entscheidungsmacht aneignen.« (Herriger 2020, S. 14)

Empowerment als Buchstabierung in politische Kategorien »findet sich vor allem in Arbeitsansätzen und Projekten, die dem Kontext der Bürgerrechtsbewegung und anderer sozialer Emanzipationsbewegungen entstammen« (Herriger 2020, S. 14). Allen gemein ist das parteiische Eintreten für eine Bemächtigung von Machtärmeren, beispielsweise durch Alphabetisierungsprogramme (Herriger 2020).

Lebensweltliche Buchstabierung: Verbunden mit den Übersetzungsoptionen »Stärke«, »Kompetenz« und »Durchsetzungskraft« meint Empowerment hier, dass Menschen ihren Alltag aus eigener Kraft selbst organisieren und bewältigen. Mit dem lebensweltlichen Bezug wird Empowerment nicht auf der Makroebene mit politischer Entscheidungsmacht definiert, sondern meint vielmehr »eine gelingende Mikropolitik des Alltags« (Herriger 2020, S. 15). Der lebensweltliche Begriff wird vor allem in der Sozialen Arbeit und in der Gemeindepsychologie verwendet: »Empowerment zielt auf die Stärkung und Erweiterung der Selbstverfügungskräfte des Subjektes; es geht um die (Wieder-)Herstellung von Selbstbestimmung über die Umstände des eigenen Alltags« (Herriger 2020, S. 15).

Reflexive Buchstabierung: Der reflexive Wortsinn betont die *aktive* (Wieder-) Aneignung von Kraft, Macht und Gestaltung durch die Personen, die sonst von Ohnmacht und powerlessness betroffen sind. Im Prozess der Selbstermächtigung wechseln Machtärmere aus eigener Kraftanstrengung sinnbildlich die Lebensspur/den Lebenskurs und verlassen die gewohnten Positionen der Abhängigkeit, Schwäche und Bevormundung (Herriger 2020).

»Empowerment in diesem reflexiven Sinn bezeichnet damit *einen selbstinitiierten und eigengesteuerten Prozeß der (Wieder-)Herstellung von Lebenssouveränität* auf der Ebene der Alltagsbeziehungen wie auch auf der Ebene der politischen Teilhabe. Diese Definition betont den Aspekt der Selbsthilfe und der aktiven Selbstorganisation der Betroffenen« (Herriger 2020, S. 16, Hervorh. i. Orig.)

und ist beispielsweise in Selbsthilfeorganisationen, in feministischen Bewegungen wie Femen[56] oder Bürger*innenrechtsbewegungen wie Black Lives Matter (BLM)[57] zu finden.

Transitive Buchstabierung: In Empowerment-Definitionen im transitiven Wortsinn werden Ermöglichung, Unterstützung und Förderung der Selbstbestimmung betont. In dieser Beschreibung finden sich vor allem berufliche Helfer*innen in diversen Handlungsfeldern psychosozialer Arbeit wieder. Sie unterstützen ihre Adressat*innen bei der (Wieder-)Erlangung von Selbstbestimmung und Selbstgestaltungskräften (Herriger 2020).

»Empowerment als professionelle Haltung kann als Versuch bezeichnet werden, die sozialtechnologische ›Reparaturmentalität‹ der helfenden Berufe zu überwinden, indem die Aufgabe der Professionellen darin besteht, einen Prozeß zu ermöglichen und anzustoßen, durch den KlientInnen […] Ressourcen erhalten, die sie befähigen, größere Kontrolle über ihr eigenes Leben […] auszuüben.« (Stark zit. n. Herriger 2020, S. 17)

---

56 https://femen.org (Zugriff am 05.05.2022).
57 https://blacklivesmatter.com/ (Zugriff am 05.05.2022).

Powersharing

Den Begriff »Powersharing« hat Rosenstreich im Jahre 2004 in Deutschland eingeführt (Rosenstreich 2018). Powersharing

>»verweist auf die Notwendigkeit, sich selber und die eigenen individuellen und strukturellen Positioniertheiten und Privilegien, die unsichtbaren und gleichzeitig beständig wirkmächtigen Platzanweisungen zu vergegenwärtigen und die sich daraus ergebenden Verantwortungen zu reflektieren.« (Chehata/Jagusch 2020, S. 12)

Damit adressiert der Powersharing-Ansatz Menschen, die strukturell privilegiert beziehungsweise machtreich (Can 2019) und gewillt sind, diese Strukturen im Sinne einer größeren Verteilungsgerechtigkeit in Bezug auf Macht, Zugänge und Partizipationschancen aufzubrechen. Als Voraussetzung dafür gilt das Erkennen von Machtstrukturen, das bewusste Wahrnehmen der eigenen Position und Verwobenheit darin sowie die Wahrnehmung des damit einhergehenden Profits (Nassir-Shahnian 2020). Letzteres bleibt in der Diskussion über Diskriminierungspraxen meist unberücksichtigt. »Bei Diskriminierungen wird viel über Benachteiligung gesprochen, jedoch wenig über diejenigen, die von Ausschlüssen profitieren. Der Ansatz des Powersharing verändert den Fokus und richtet die Linse auf Privilegien« (Nassir-Shahnian 2020, S. 29).

Betroffen von Rassismus sind alle Menschen der hiesigen Gesellschaft, wenn auch im unterschiedlichen Ausmaß und unterschiedlicher Art der Involviertheit:

>»Während POC und Schwarzen Kindern beigebracht wurde, sich als minderwertig zu betrachten, haben weiße Kinder im Laufe ihrer Sozialisation gelernt, dass sie anderen Menschen überlegen sind. Somit haben POC, Schwarze und weiße Kinder Fantasmen über sich selbst und über andere Gesellschaftsmitglieder gelernt und internalisiert. Überall dort, wo sich Menschen in unserer Gesellschaft begegnen, spielen Ungleichheitsstrukturen eine Rolle.« (Fereidooni 2019, S. 9)

Die Begriffe Empowerment und Powersharing sind komplementär: Empowerment aus einer machtärmeren Position und Powersharing aus einer machtreicheren und privilegierteren Position heraus.

>»In einigen Texten zu Empowerment und Powersharing [...] wird davon ausgegangen, dass Empowerment und Powersharing als ineinandergreifende

konzeptionelle Bezugsrahmen gedacht werden müssen, denn: Solange die nichtmarginalisierten Akteursgruppen nicht selbstkritisch eigene mögliche Verstrickungen in rassistische Diskurse und Strukturen und damit verbundene ›Othering‹-Prozesse reflektieren und infolgedessen auch (Macht-)Räume an marginalisierte Gruppen abgeben, sind Empowerment-Prozesse vor allem bezogen auf die Frage der Verteilungsgerechtigkeit [...] nur eingeschränkt wirksam – zumindest auf der strukturellen Ebene.« (Farrokhzad 2019, S. 24)

Powersharing kann demnach als ein solidarisches Handeln/Verbündet-Sein von Privilegierten verstanden werden, die aus ihrer machtreichen Position heraus Verantwortung für gegenwärtige und historische Vorteile übernehmen, die sich aus ausbeuterischen beziehungsweise unterdrückerischen Strukturen ergeben. Daraus soll nicht die Schlussfolgerung entstehen, dass Privilegierte selbstverständlich per se von Erfolg gekrönt sind; genauso wenig, wie es umgekehrt für weniger Privilegierte nicht unmöglich ist, gesellschaftliche Machtpositionen zu bekleiden. Weder Privilegien noch Barrieren sind als starre Kategorie zu verstehen, sondern vielmehr als Möglichkeiten von Chancen (Nassir-Shahnian 2020).

Fürs Powersharing gibt es nach Rosenstreich (2018) zwei Voraussetzungen: das *aktive Zuhören von Seiten der Mehrheitsangehörigen* (zur Technik des aktiven Zuhörens s. auch Arbeitsblatt III, Kap. 7.3), um die Problemdefinitionen und Belange von Personen aus deprivilegierten Positionen in ungleichen Machtverhältnissen zu hören, sie ernst zu nehmen und »um die selbstdefinierten Interessen der Gruppe zu erkennen« (Rosenstreich 2018, S. 9), und zweitens das *Bewusstwerden über eigene Privilegien und Ressourcen* (s. Arbeitsblatt IV).

Farrokhzad (2019, S. 25 f.) gibt bei der Konzipierung von Powersharing-Aktivitäten zu bedenken, dass sie nicht ausschließlich an weiße bzw. Menschen ohne (zugeschriebenen) Migrationshintergrund adressiert sein sollten:

»Denn selbstverständlich sind auch Menschen mit (zugeschriebenem) Migrationshintergrund in Strukturen und Organisationen verankert, die man ›deutungsmächtige Akteur_innen‹ nennen könnte (z. B. Politik, Medien, Wissenschaft, Wirtschaft, Behörden etc.).«

Wie kann Powersharing konkret in die eigene Arbeits-/Alltagspraxis umgesetzt werden? Jede*r Einzelne kann im eigenen Umfeld sicherlich zahlreiche Möglichkeiten dafür ausmachen. Zwei ineinandergreifende Ansätze möchten wir – neben den in nachfolgenden Unterkapiteln beschriebenen »Critical Whiteness Studies« und den »postmigrantischen Allianzen« – an dieser Stelle vorstellen: Das Schaffen von Bündnissen und das »Verbündet-Sein« aus dem Konzept »Social Justice und Diversity (SJ)«.

Exkurs Social Justice und Diversity
Die Pädagogin Leah Carola Czollek und die Philosophinnen Gudrun Perko und Heike Weinbach entwickelten 2001 das aus den USA stammende SJ-Konzept für den deutschsprachigen Raum.

»Social Justice bedeutet partizipative Anerkennungs- und Verteilungsgerechtigkeit. Im Kontext von Social Justice-Theorien wurden Methoden zugunsten von Antidiskriminierung, Partizipation, Inklusion (im weiteren Sinne) und Empowerment gegen strukturelle Diskriminierung entwickelt.« (Czollek/Perko 2014, S. 153)

Das Konzept richtet sich gegen »polarisierendes Denken, Vereinfachungen und festgezurrte – zumeist von außen bestimmte – (Gruppen-)Identitäten oder ein identitätspolitisches ›Wir‹« (Perko 2020, S. 63). Stattdessen setzt es auf »den anerkennenden Umgang miteinander und auf die Vision neuer Bündnisse zwischen denjenigen, die von Diskriminierung getroffen sind, und all jenen, die gegen Diskriminierung aufbegehren wollen« (Perko 2020, S. 63) und ähnelt damit den Bestrebungen der postmigrantischen Allianzen (s. Kapitel 7.6).

Im Social Justice sind Bündnisse als Veränderungs- und Handlungsstrategien ausgerichtet, die sich auf strukturelle Diskriminierung beziehen und auf die Intention von Individuen oder Gruppen abzielen, dagegen vorzugehen. Im Zentrum von SJ steht das Verbündet-Sein, eine Art politische Freundschaft. In dieser Freundschaft sind die Anliegen von anderen die je eigenen Anliegen. Dabei steht das eigene »Ich« bei Verbündeten nicht im Zentrum des Handelns, sondern die andere Person, die der eigenen nicht gleichen muss, im Gegensatz zur »klassischen Solidarität«, die auch als »Solidarität unter Vertrauten« (Mecheril 2018, S. 5) bezeichnet werden kann – beispielsweise wenn sich Frauen mit Frauen solidarisieren oder Arbeiter*innen mit Arbeiter*innen. *Verbündete* sind insanlar, die

»in bestimmten Kontexten zu privilegierten sozialen Gruppen gehören und ihre soziale Macht nutzen, um sich gegen Ungerechtigkeit und strukturelle Diskriminierung nicht privilegierter Menschen einzusetzen.« (Czollek/Perko 2014, S. 155)

Eine Person muss nicht zwangsläufig in allen Lebensbereichen beziehungsweise Diversitätskategorien (s. Arbeitsblatt IV) einer privilegierten Gruppe angehören, um sich als Person zu verstehen, die Privilegien besitzt und diese mit anderen teilen kann. In privilegierten Bereichen kann sie ihre Privilegien Machtärmeren zur Verfügung stellen, während sie in anderen Bereichen möglicherweise auf das Verbündet-Sein mit anderen angewiesen ist. Beispielsweise kann eine heterosexuelle Frau mit beruflich hoher Stellung und einer muslimischen Religionszugehörigkeit in Bezug auf Geschlecht und Religion zur weniger privilegierten Gruppe, im Bereich von Klasse und sexueller Orientierung aber der privilegierteren angehören. Während sie beim Kampf gegen antimuslimischen Rassismus und für Geschlechtergerechtigkeit aus einer unterlegenen Position auf das Verbündet-Sein von Machtstärkeren zugreift, kann sie ihre Privilegien, die mit ihrer Bildungsschicht und sexuellen Ausrichtung einhergehen, mit Machtärmeren teilen.

Zusammengefasst sind für ein Verbündet-Sein

»kein identitäres Wir, sind keine identitätslogischen Merkmale als Bedingung [...] gegeben, weder in Bezug auf Einzelpersonen noch in Bezug auf Gruppen respektive hinsichtlich eines gemeinsamen Handelns. Die Idee des Verbündet-Seins als spezifische Form von Solidarität richtet sich gegen Macht- und Herrschaftsverhältnisse und die dadurch hergestellte Exklusion, strukturelle Diskriminierung und soziale Ungleichheit bestimmter Menschen aufgrund spezifischer Diversitykategorien wie Geschlecht, Alter, zugewiesener Behinderung, kulturelle Herkunft, soziale Herkunft, Hautfarbe etc.« (Czollek/Perko 2014, S. 153)

Da keine Verbündung im Sinne einer klassischen Solidarität aufgrund gleicher Merkmale stattfindet, eignet sich das Social Justice-Konzept als eine Perspektive in der Migrationsgesellschaft (Czollek/Perko 2014) und bietet Chancen zur konstruktiven und kollektiven Konfliktbehandlung.

Wie auch Empowerment und Powersharing ist das Konzept des Verbündet-Seins mit der »Erkenntnis verbunden, dass die Auseinandersetzung mit Benachteiligung und struktureller Diskriminierung ein lebenslanger Prozess ist und kein einmaliges Ereignis« (Czollek/Perko 2014, S. 159).

Die Umsetzung von Bündnissen und/oder dem Verbündet-Sein kann mit drei Schritten beschrieben werden: 1. Ein *Bewusstsein über eigene Privilegien und* (ggf. auch eigens erfahrende) *Diskriminierungsformen*, 2. die *Bereitschaft*, die eigene zur Verfügung stehende Macht und daraus abgeleiteten Ressourcen mit anderen zu teilen – non-paternalistisch, ohne Gegenleistung und Kontrolle über die Verwendung –, und 3. die *Entwicklung von Ideen* zum konkreten Einsatz eigener Privilegien für Machtärmere.

Zur persönlichen Auseinandersetzung mit Ihren Privilegien und Möglichkeiten des Verbündeten-Seins können Sie für den ersten Schritt die folgenden zwei Arbeitsblätter nutzen. Das ▤ Arbeitsblatt IV »Analyse von Privilegien« unterstützt Sie mit einer Reflexionsübung über eigene Privilegien und Diskriminierungserfahrungen. Das ▤ Arbeitsblatt V »Verbündet-Sein als spezifische Form der Solidarität« zielt im dritten Schritt darauf ab, Ihnen die Methode des »Verbündet-Seins« als *eine* Möglichkeit des Powersharings näher zu bringen.

Empowersharing

Der Politikwissenschaftler Halil Can (2019) schlägt zur Überwindung von Ungleichheitsverhältnissen *Empowersharing* als individuell-kollektives Handlungskonzept vor. Dabei geht er vom Verständnis der sozialen Konstruiertheit von Ungleichheits- und Diskriminierungsverhältnissen aus. Empowersharing wird als ganzheitliches Zusammendenken der beiden Handlungsbausteine »Empowerment« und »Powersharing« gedacht – und somit vom individualisierenden Empowerment-Ansatz abgegrenzt.[58]

Empowersharing bietet auf konzeptioneller wie auf praktischer Ebene Handlungsstrategien zum Umgang mit sozialen Ungleichheits- und Diskriminierungsverhältnissen an. Das Handlungskonzept sieht drei Räume vor: Im »ersten politischen Raum«, dem *geschützten* Raum des Empowerments von und für Machtschwache, bedarf es des Powersharings durch Machtstärkere. Letztere benötigen als einen »zweiten politischen Raum« ebenfalls eigene, *getrennte* Räume, um sich ihrer Machtpositionen und Privilegien bewusst zu werden und machtbewusst und -kritisch handeln zu können. Diesen zweiten Raum bezeichnet Can (2019) als einen wichtigen Bau- und Meilenstein in der macht- und privilegienkritischen Arbeit. Aufbauend auf den vorangegangenen Vorarbeiten in »geschützten« bzw. »getrennten« Räumen kann ein dritter Raum, der »gemischte« Raum, entstehen, in dem Machtärmere und Machtreichere (wieder) zusammenkommen. In diesem

---

[58] »Beim *individualisierenden Empowerment-Ansatz* ist der Blick im Kern lediglich auf das einzelne Individuum und sein Handeln gerichtet. Sein gleichzeitig strukturelles Eingebettetsein und in dem Zusammenhang die Frage nach seiner sozialen Machtposition wird ausgeblendet.« (Can 2019, S. 34, Hervorh. i. Orig.)

»dritten politischen Raum« können individuelle und gesellschaftliche Transformationsprozesse initiiert werden (Can 2019).

Der ganzheitliche Empowersharing-Ansatz, das Zusammendenken von Empowerment- und Powersharing-Strategien und das Arbeiten in den drei politischen Räumen, basiert auf dem Verständnis, dass beide, Machtstarke und Machtarme, Gefangene der gesellschaftlichen Strukturen sind beziehungsweise in einem »wechselseitigen Verflechtungszusammenhang« (Can 2019, S. 42) stehen. Das Herstellen eines Machtgleichgewichtes kommt nicht nur Machtärmeren zugute, sondern würde nachhaltig auch die privilegierten Machtstarken von ihren Abhängigkeiten und Zwängen befreien, durch die sie in der Machtstruktur verwoben sind; materiell, symbolisch, ethisch und emotional (Can 2019).

Dekolonialisierung als erster politischer Raum

Die »Dekolonialisierung« ist aus der PoC-Perspektive eine Empowerment-Strategie zur Stärkung von disempowerten sozialen Gruppen (Farrokhzad 2019). Wir verorten sie in den »ersten politischen Raum« nach Can (2019).

Dabei gehen wir davon aus, dass diese Räume zwar geschützt sein müssen, es hierfür jedoch nicht obligatorisch das Powersharing von Machtstärkeren bedarf, da PoC's auch oft machtreich sind und ohne Unterstützung der Dominanzgesellschaft etwaige Räume schaffen,[59] wie die später aufgeführten Beispiele zeigen. Bei dem Dekolonialisierungs-Konzept beziehen wir uns auf Nassir-Shahnian, die Empowerment »als dekoloniales, Community-orientiertes Konzept zur Selbststärkung, Heilung und (Wieder-)Aneignung von Handlungsspielräumen von Menschen mit Diskriminierungserfahrungen« versteht (Nassir-Shahnian 2020, S. 30).

Die Strategie der Dekolonialisierung als Empowerment-Ansatz wurde unter anderem mit Bezug auf Rassismus durch Schwarze Feminist*innen in den USA erarbeitet. Für die PoC-Bewegung in Almanya eröffnet sie ebenfalls eine relevante Sichtweise:

> »Dekolonisierung ist als alltäglich gelebter politischer Prozess zu verstehen und als ›[...] Kampf, uns selbst zu definieren – im Widerstand gegen Beherrschung und darüber hinaus‹ (hooks 1994a: 13). In erster Linie meint die Dekolonisierung des Selbst den Prozess, sich über die unterdrückerischen Strukturen, in denen wir sozialisiert sind und die unser Leben prägen, bewusst

---

59 Nicht gemeint sind die Veränderung von strukturell verankertem Rassismus und anderen Ausgrenzungspraxen sowie damit einhergehende ungleiche Teilhabechancen. Bei strukturellen Umwälzungen bedarf es gegenwärtig gesamtgesellschaftlicher Bemühungen und Powersharing.

zu werden. Daher ist die kritische Reflexion über sich selbst und die Verortung der eigenen Identität in diesen Strukturen Ausgangspunkt für Befreiung und Selbststärkung [...]. Im Kontext der deutschen ›Integrationsdebatte‹ bedeutet dies beispielsweise die Erkenntnis, dass Integration hierzulande nichts anderes bedeutet als Assimilation an ein weißes Selbstverständnis der Nation. Migrant_innen sollen sich – vermeintlich aus eigenem Interesse – ›integrieren‹ und damit an die Gesellschaft anpassen, welche sie herabsetzt und ausgrenzt.« (Nassir-Shahnian 2013, S. 19)

Dekolonialisierung ist als Antwort auf rassistische, diskriminierende und unterdrückende Praxen durch Personen und Strukturen zu verstehen, die von einer »weißen Normsetzung« und der VerAnderung profitieren. Permanente Erfahrungen von Fremdheit und Ausgrenzung durch Rassismus führen dazu, dass die Ideologie auch in PoC's selbst wirksam wird. Dekolonialisierung kann ein Weg aus dieser toxischen Internalisierung sein. Der Soziologe Stuart Hall beschreibt, Bezug nehmend auf den Vordenker der Entkolonialisierung Frantz Fanon und auf den Literaturwissenschaftler Edward Said, dass durch die westlichen Wissenskategorien Menschen nicht nur zum »anderen« gemacht werden, sondern diese auch dazu gebracht werden, sich selbst als »andere« wahrzunehmen. Hall benennt dies als: »to become self-as-Othered« (Hall 1996, S. 17).

In Almanya führt die kollektive Verinnerlichung von Rassismus bei den VerAnderten häufig zu einem Gefühl von nie enden wollender »Bringschuld« und »Beweislast«. PoC's sind ständig in der »Pflicht«, »beweisen« zu müssen, dass sie »fortschrittlich«, »emanzipiert«, »intelligent« etc. sind. Attribute, die weißen Menschen »automatisch« zugeschrieben werden. Die Identitäten von PoC's sind permanent mit rassistischen Erwartungshaltungen konfrontiert, was zu einer wahrgenommenen Normalisierung und Verinnerlichung führen kann (Nassir-Shahnian 2013).

Die Illustratorin Dian Gohring berichtet dazu in einem Interview:

Als Teenager habe ich permanent versucht, nicht in das Stereotyp der Asiat*innen zu verfallen, alle Sachen weggeschoben, die damit in Verbindung gebracht werden könnten. Zum Beispiel habe ich nie Anime-Filme geguckt, oder wenn, nicht zugegeben, dass ich sie gut fand. Weil ich nicht wollte, dass Leute denken, ich mag Sachen, die im Geringsten etwas mit Asien zu tun haben. Als Kind habe ich super viele chinesische Filme und Serien geschaut. Das habe ich unter Verschluss gehalten und mit niemandem darüber gesprochen. Anfang meiner Zwanziger hatte ich dann das Gefühl, dass ich beweisen musste, nicht das Stereotyp der asiatischen Frau zu erfüllen, nicht devot oder zurückhaltend zu sein. Ich habe immer versucht, tough, vorlaut, unabhängig rüberzukommen. Irgendwann habe ich mich gefragt: Will ich beweisen, dass ich das nicht bin, oder *bin ich das?*[60]

Dekolonialisierung kann mit Bezug auf Empowerment als eine (Konfliktbehandlungs-)Strategie verstanden werden, mit der VerAnderte selbstbestimmt ihren Wert und ihre Position in der Gesellschaft bestimmen und sich diese nicht mehr durch die Dominanzgesellschaft zuweisen lassen.

Für den sogenannten »ersten politischen Raum« existieren neben der Strategie der Dekolonialisierung diverse weitere. Die *Desintegration,* die der Politikwissenschaftler und Publizist Max Czollek (2018) in seinem Buch »Desintegriert euch!« beschreibt, ist eine nahestehende Strategie, die auch in diversen Feldern der Kunst gelebt wird, zum Beispiel im Theater oder Hip-Hop. Desintegration ist auch im Social Justice-Konzept als eine Strategie integriert, mit der sich marginalisierte Gruppen den äußeren Zuschreibungen und Erwartungshaltungen entziehen. Desintegration ist

> »eine Haltung der Selbstbestimmung und eine Initiative zur Handlung und ist so Empowerment marginalisierter Positionen. Bei einer desintegrativen künstlerischen Intervention geht es darum, sichtbar zu machen, dass eine marginalisierte Position jenes Außen bildet, welches für die Erzeugung einer deutschen Identität und Gesellschaft in Integrations- oder Leitkulturdebatten notwendig ist.« (Perko 2020, S. 39)[61]

Empowerment-Angebote, die im ersten Raum verortet werden können, existieren sowohl in Einzelberatungssettings als auch auf der Gruppenebene. Sie finden in geschützten Räumen, sogenannten »safe(r) spaces« statt. Einzelberatungen bieten Antidiskriminierungsstellen und diverse kleinere Initiativen und Vereine an (s. »Liste für Workshop- und Seminarangebote zu Empowerment und Powersharing sowie Initiativen, Netzwerke und Vereine, die sich gegen Rassismus und Diskriminierung engagieren und/oder beraten«

---

60 Das Zitat ist aus einem Interview mit Dian Gohring entnommen und nicht wortwörtlich, sondern in Absprache mit der Interviewten sinngemäß wiedergegeben.
61 »Mit dem Adjektiv *deutsch* wird jene unsichtbare Normativität der postnationalsozialistischen Dominanzkultur markiert, die dem Gedächtnistheater seine Form gibt. Es verweist also auf die Zuschreibungspraxen, welche ›die Juden‹ als Statist_innen in einem deutschen Erinnerungsdiskurs verorten.« (Czollek/Perko/Kaszner/Czollek 2019, Hervorh. i. Orig.)

in »Zur Vertiefung«). Empowernde Gruppenangebote werden meist in Rahmen von Workshops durchgeführt und können in Form von »Erfahrungsaustausch, Strategien und Umgangsformen, Körperarbeit, Biographiearbeit, Kreative[m] wie Spoken Word, Theater, Tanz und viele[m] mehr« realisiert werden (Erdmann 2020, S. 155).

Die Workshops bieten Möglichkeiten zur Begegnung und zum Austausch zwischen Menschen mit ähnlichen Erfahrungen sowie zur (Wieder-)Entdeckung von Widerstandspotenzial und finden unter Ausschluss von Weißen statt. Als Beispiel sei hier das Empowermentprojekt für junge Schwarze Menschen »Visions beyond Wakanda« von Tupoka Ogette und ihrem Mann Stephen Lawson genannt.

Empowerment-Räume können auch durch Interessensgruppen (z. B. Eltern Schwarzer Kinder) geschaffen werden oder auch zufällig und informell entstehen; durch einen spontanen Erfahrungsaustausch im Freund*innenkreis der »PoC-Community« oder innerhalb der Familie. Private Räume können so zu safer spaces werden.

Die rassismuskritische Sensibilisierung »Critical Whiteness« als zweiter politischer Raum

Critical Whiteness (CW), ein Bildungsangebot zur rassimuskritischen Sensibilisierung für Nicht-PoC's, verorten wir hier im sogenannten »zweiten politischen Raum« nach Can (2019).

CW beziehungsweise die Critical Whiteness Studien haben das Anliegen, das Bewusstsein dafür zu schärfen, dass Individuen »in die rassistische Gesellschaftsmatrix verstrickt sind und dort bewusst und unbewusst Rassismus (re-)produzieren« (Tißberger 2017, S. 91). Der CW-Ansatz zielt auf die Thematisierung von Dominanzverhältnissen ab, die gewissermaßen selbstverständlich – sprich unsichtbar – geworden sind und im Verborgenen liegen. Die Kategorie der Whiteness beschreibt insofern auch keine Identität, sondern macht darauf aufmerksam, »dass jeder Person – eben auch weißen Menschen – ein Platz in dem rassistischen Machtverhältnis zugewiesen wird« (Pech zit. n. Messerschmidt 2014, S. 43 f.).

In diesem Gefüge müssen sich weiße Menschen meist wenig Gedanken über ihr Weiß-Sein und die damit einhergehenden Privilegien machen, während für PoC's in jeder Situation die Gefahr lauern kann, eine rassistische Diskriminierung oder VerAnderung zu erfahren. Weiße hingegen erfahren täglich, dass sie ein selbstverständliches Mitglied der Gesellschaft sind, überall repräsentiert und als *Individuum* wahrgenommen werden, während es für Schwarze und PoC's zum Alltag gehört, als *Vertreter*in einer bestimmten Gruppe* angesehen zu werden. »Wenn *ich,* eine sichtbare Muslimin, bei Rot über die Straße gehe, gehen mit mir 1,9 Milliarden Muslim*innen bei Rot über die Straße. Eine ganze Weltreligion missachtet die Verkehrsregeln« (Gümüşay 2021, S. 65, Hervorh. i. Orig.).

In CW-Seminaren setzen sich Weiße kritisch und selbstreflexiv mit ihren eigenen (Macht-)Positionen, mit dem daraus hervorgehenden Profit und ihren Privilegien auseinander. Dies findet unter anderem durch Wissensvermittlung über rassistische gesellschaftliche Strukturen und Diskriminierungserfahrungen von PoC's und durch erfahrungsbasiertes Lernen statt. Dabei wird die gesellschaftlich-strukturelle Ebene der Macht- und Ungleichheitsverhältnisse miteinbezogen. Das Wissen über Erscheinungsformen, strukturelle Einbettung von Rassismus und seine Funktionsweisen soll zum Powersharing anregen und die »Bereitschaft« der Teilnehmer*innen fördern, Rassismuserfahrungen anzuerkennen anstatt sie zu relativieren.

Critical Whiteness als Figur von hegemonialer Selbstreflexion ist in der Auseinandersetzung mit Rassismen und Feminismen entstanden. Die Vorläufer der Studien reichen bis ins 19. Jahrhundert zurück, darunter zu dem Philosophen und Soziologen William Edward Burghardt Du Bois und der Frauenrechtlerin Sojourner Truth (Tißberger 2017).

»In den Critical Whiteness Studies geht es um das symbolische Kapital des Rassismus, das Whiteness zukommt. [...] Bis zum Ende des 20. Jahrhunderts vermochten die einzelnen Studien allerdings keine breitere Debatte über das Weißsein* anzuregen. Erst Anfang des 21. Jahrhunderts wurde ›Critical Whiteness‹ zum Thema im deutschsprachigen Raum und Mitte der 2000er Jahre zu einem eigenständigen Forschungsfeld.« (Tißberger 2017, S. 87 f.)

Mit den Studien von Critical Whiteness begann ein Paradigmenwechsel in der Rassismusforschung. Die als *Objekte* des Rassismus markierten richteten nun umgekehrt ihre Finger auf diejenigen, die vorher auf sie zeigten, auf die *Subjekte* des Rassismus (Tißberger 2020).

Bei Letzteren lösen die Konfrontation mit der eigenen Machtposition und den Privilegien sowie das Benennen von Rassismus oft Abwehrstrategien aus. Eine häufige Reaktion ist beispielsweise das Relativieren von Diskriminierungspraxen durch eigene Erfahrungen (»Mich lassen auch nicht alle Türsteher*innen in Clubs rein.« »Ich werde als Weiße*r auch rassistisch beleidigt, von Ausländer*innen und unter anderem auch von Schwarzen!«).

»Erzählungen über Erfahrungen rassistischer Diskriminierung lösen offensichtlich bei denen, die in den Erzählungen gar nicht persönlich vorkommen, den Eindruck aus, damit gemeint zu sein, was dann zu abwehrenden Reaktionen führt. Ich möchte das so deuten, dass darin eine Ahnung von der strukturellen Präsenz von Rassismus ausgedrückt wird, die aber als unreflektierte und nicht artikulierte in der Form rhetorischer Zurückweisung auftritt.« (Messerschmidt 2010, S. 42 f.)

Lange Zeit galt Rassismus im deutschsprachigen Raum als Randproblem, bei dem die Täter*innen in Kreisen des Rechtsradikalismus verortet wurden und Opfer als Ausländer*innen (Tißberger 2017). Diese Sicht ist insofern bequem, weil sich ein Gros der Gesellschaft vom eigenen Involviertsein entlasten und einer aktiven Auseinandersetzung mit ihrer rassistischen Sozialisation entziehen kann. Eine Verortung als Randphänomen verschleiert die strukturelle Verankerung und wirkt einer breiten Auseinandersetzung und wirksamen Änderungen, auch im Feld der Pädagogik, entgegen. Damit sind es nur die

»moralisch schlechten Menschen, die einer rechten Szene zugeordnet und die somit am gesellschaftlichen Rand verortet werden [...]. Diese gesellschaftlichen Diskurse stellen eine ernstzunehmende Reduzierung der Problemlagen dar, denn sie verkürzen Rassismus als ein Phänomen des rechtsextremen Randes und nicht der Mitte der Gesellschaft, ihrer Institutionen und Strukturen. Dies ist ein immer noch wenig bedachtes postnationalsozialistisches Phänomen.« (Broden 2017, S. 819)

PoC-Wissenschaftler*innen, -Aktivist*innen und -Autor*innen haben den Grundstein für die Critical Whiteness-Studies gelegt. Nun ist es die Aufgabe von Nicht-PoC's, die CW-Arbeit zu vollziehen. Der Ausgangspunkt für Veränderungen und eine Voraussetzung für nachhaltige Veränderungsprozesse müssen stets die (Re-)Produzentin*innen rassistischer Diskurse, Strukturen und Verhältnisse selbst sein (Tißberger 2017).

Daneben gilt es zu berücksichtigen, dass alle Gesellschaftmitglieder »Opfer von Rassismus« sind (Fereidooni 2019).

»Menschen of Color bzw. Schwarze Menschen imaginieren weiße Menschen als Täter*innen, und weiße Menschen sind der Ansicht, dass POC und Schwarze Menschen sich immer wieder über Dinge beschweren, die gar nicht existent sind. Ein Ausweg aus dieser Alltagsrealität, die u. a. von rassismusrelevanten Internalisierungen geprägt ist, könnte die Thematisierung unterschiedlicher Sozialisations- und Lebenserfahrungen sein, die frei von Schuldzuschreibungen und gegenseitigen Verdächtigungen durchgeführt werden sollte, um einander zuzuhören, nicht um die Darstellungen der anderen zu widerlegen oder als falsch abzustempeln, sondern um voneinander zu lernen und sich auf einen gemeinsamen Weg der Rassismussensibilisierung zu machen. Jede*r ist Opfer von Rassismus, sonst würde Rassismus nicht funktionieren. Das zu ändern ist eine gemeinsame Aufgabe von Menschen of Color, Schwarzen und weißen Menschen.« (Fereidooni 2019, S. 9)

Zurück zur Umsetzung von Critical Whiteness: Für die praktische Umsetzung empfehlen sich nach Tißberger (2020) mehrere Schritte, die aufeinander aufbauen. Im ersten Schritt wird ein Bewusstsein für die strukturellen Dimensionen des Rassismus entwickelt. Hier werden Situationen, in denen sich Ungleichheit konkret abspielt, erkannt und damit einhergehend auch das eigene involvierte Handeln, die eigene rassismusrelevante Sozialisation, die eigenen Denkweisen etc. Anstatt wegzusehen, wird aktiv gehandelt. Das kann sich ganz konkret in Alltagssituationen vollziehen: Wenn sich die einzige Schwarze Person bei einer »stichprobenartigen Ausländerkontrolle«,[62] wie es der Komiker Abdel Karim nennt, im Zugabteil als einzige ausweisen muss, können andere Mitreisende solidarisch ebenfalls ihren Ausweis zeigen.

Im zweiten Schritt werden sich weiße Personen der Widersprüche bewusst, wenn sie sich in Situationen ertappen oder ertappt werden, in denen sie rassistisch agieren. Obwohl sie sich selbst möglicherweise als anti-rassistisch labeln. Hier gilt es,

»nicht mit Abwehr zu reagieren. Vielmehr sollten solche Situationen als Gelegenheit genutzt werden, etwas über die eigene ›rassistische Psychodynamik‹ zu erfahren. Welche Ausreden legt man sich zurecht, welche Beschämung soll nicht erlebt werden, welche Souveränität erhalten bleiben? Was passiert, wenn man sich eingesteht, dass man gerade jemanden symbolisch ins ›Ausland‹ verwiesen hat, weil man sich nicht vorstellen kann, dass der rassistisch markierte Sitznachbar im Zug von Koblenz nach Köln Deutsch spricht?« (Tißberger 2020, S. 91)

---

62 https://www.pressreader.com/germany/thuringer-allgemeine-nordhausen/20180104/ 281852938954534 (Zugriff am 27.11.2021).

In den beschriebenen Situationen ist Ambiguitätstoleranz enorm wichtig: das Aushalten von Widersprüchen und Unsicherheiten, auch in sich selbst. Die Konfrontation mit eigenen Widersprüchen im Selbstverständnis kann wohlwollend als gewinnbringende Lernerfahrung bewertet und als Ausgangspunkt für einen persönlichen Erkenntnisgewinn genutzt werden (Tißberger 2020). In einem Interview äußert El-Mafaalani: »Niemand muss sich rechtfertigen, dass er rassistisch denkt, sondern nur, wenn er nichts daran ändert« (Wossagk 2021).

Neben Critical Whiteness-Seminaren werden im deutschsprachigen Raum von verschiedenen Bildungseinrichtungen und freiberuflichen Expert*innen Seminare in der rassimuskritischen Bildungsarbeit, oft auch unter Einbezug der CW Studien, angeboten. Eine Übersicht bietet die »Liste für Workshop- und Seminarangebote zu Empowerment und Powersharing sowie Initiativen, Netzwerke und Vereine, die sich gegen Rassismus und Diskriminierung engagieren und/oder beraten«.

Der dritte politische Raum

Der dritte politische Raum ist ein »gemischter Raum«, in dem sich PoC's und Nicht-PoC's treffen. PoC's haben dabei den ersten Raum als Empowerment-Raum, Nicht-PoC's den zweiten Raum als Powersharing-Raum durchlaufen. Gemischte Räume, in denen sich Machtstarke und Machtschwache im öffentlichen Raum gemeinsam bewegen, bilden die »Normalität« ab. Jedoch findet hier für gewöhnlich keine kritische Reflexion über Positionen und Machtasymmetrien statt. Deshalb lässt sich auch nicht von einem »dritten politischen Raum« sprechen. Der »dritte politische Raum« als ein weiterer Reflexionsraum kann erst im Prozess und in der Folge eines zuvor begonnenen individuell und sozial machtkritischen Reflexionsprozesses entstehen. Dieser wäre gegeben, wenn Akteur*innen vorab den ersten beziehungsweise zweiten politischen Raum als einen machtkritischen (Selbst-)Reflexionsprozess im Sinne von Empowerment oder Powersharing durchlaufen hätten.

Eine abschließende, konkrete Konzeptualisierung und Erforschung des »dritten politischen Raumes« steht noch aus, so Halil Can auf eine Anfrage unsererseits Anfang 2021.

7.5 Self-Empowerment am Beispiel von Postmigrant*innen mit künstlerischer/kreativer Performanz

Arbeiter*innen aus dem Ausland, die ab dem ersten Anwerbevertrag zwischen Italien und Almanya im Jahr 1955 immigrierten, haben schon in den 1970er Jahren ihre Geschichten und Lebenserfahrungen ihrer neuen Haymat erzählt. Obwohl die erste Generation, verglichen mit ihren Kindern und Enkelkindern, stiller, zurückhaltender und unsichtbarer gewesen ist, lassen sich bei ihnen schon Empowermentstrategien finden. Ihre Nachkommen jedoch sind in viel größerem Maße sicht- und hörbar, viele von ihnen fordern ihre Rechte auf Parität offensiver ein.[63]

Die (Enkel-)Kinder der ersten immigrierten Arbeiter*innen setzen sich häufig mit ihrer eigenen Lebensgeschichte und ihren Lebensbedingungen auseinander und oftmals auch mit denen ihrer Eltern (Yıldız 2018).

»Wir haben heute die Möglichkeit, über diese Erfahrungen zu sprechen, über sie zu rappen, über sie Kunst zu machen und sie in die Öffentlichkeit zu tragen. Das konnten unsere Eltern noch nicht. Weil es ihnen niemand zugetraut hat. Und sie hatten auch nicht die Aufmerksamkeit wie wir heute.« (Ebow im Interview mit Zingher 2019)

Einige (Enkel-)Kinder drücken kreativ ihre zum Teil hybriden Lebensentwürfe aus, in denen sich kültürelle Überschneidungen, Zwischenräume, Selbstverortungen und Mehrfachzugehörigkeiten abbilden.

»Auf diese Weise schaffen sie auch ihre eigenen Räume, die beschränkten Vorstellungen zu ›Migration‹ und ›Integration‹ entgegenstehen. Dieses neue Verständnis und die Strukturen, die daraus hervorgehen, könnte man als ›postmigrantisch‹ bezeichnen.« (Yıldız 2018, S. 26)

Eine postmigrantische Verortungsstrategie ist die Selbstethnisierung. Anhand der Debatten über ein Stofftuch (unterschiedlicher Form, Farbe und Bindung), welches so manches Haar von Frauen in unterschiedlichem Maße bedeckt, kann dies kontinuierlich medial nachverfolgt werden. Der Soziologe Erol Yıldız (2018)

---

[63] In der Kompilation »Songs of Gastarbeiter Vol. 1«, auf die wir später Bezug nehmen, werden jedoch auch frühe Widerstandstrategin der »ersten Generation« deutlich. In den 90er Jahren demonstrieren einige zudem gegen Rassismus, was auf dem Cover des Buches »Geschichte und Gedächtnis in der Einwanderungsgesellschaft: Migration zwischen historischer Rekonstruktion und Erinnerungspolitik« (2004) von Jan Motte und Rainer Ohlinger sichtbar wird.

merkt an, dass viele junge Frauen, die hier geboren wurden und aufgewachsen sind, das Tuch nicht ausschließlich aus religiösen Motiven tragen; sie übernehmen die von außen herangetragenen Eigenschaften, stilisieren sich *selbst* als Fremde – und drehen damit die Funktion um.

>»Durch die Erzählung neuer Geschichten und die Umdeutung zugeschriebener Negativmerkmale werden einerseits Machtverhältnisse offengelegt und andererseits eine Anerkennung gleichzeitiger und widersprüchlicher Lebenswirklichkeiten gefordert.« (Yıldız 2018, S. 29)

Hall spricht bei der Umkehrung von negativen Zuschreibungen und deren ironischen Umdeutungen von »Transkodierung« (Yıldız 2018). Weitere Beispiele hierfür sind Appelle zur »Kanakisierung« (Interkultur Ruhr 2020), der Aufruf »migriert, migriert, sonst sind wir verloren!«, welchen der migrantenstadl in seinem Blog tituliert,[64] oder die Wortschöpfung »Kanakistan«.[65] Diese Umkehrung kann auch als »sprachliche Widerstandsperspektive« benannt werden; sie äußert sich in den Selbstbezeichnungen als »Kanaken« – vor allem durch das Bündnis »Kanak Attak«[66] geprägt –, »Schwarze Deutsche«, »BIPoC«, »PoC«, als »N*« etc. Durch die Umkehrung und Umdeutung eignen sich die ursprünglich Betitelten nicht nur die rassistischen Begriffe an – sie entmachten damit auch die Absender*innen.

Zur Veranschaulichung der sprachlichen Widerstandsperspektive beziehungsweise Transcodierung stellen wir Textausschnitte aus zwei Liedern vor. Dabei nehmen wir – wie auch in den darauffolgenden Beispielen – Bezug auf die Frage, wie Self-Empowerment zur Be- und Verarbeitung von Diskriminierungserfahrungen durch künstlerische/kreative Performanz und postmigrantische Verortung als Methode der Konfliktbehandlung von der Peripherie ins Zentrum wirken kann. Die abgebildeten Beispiele sind im Sinne der reflexiven Buchstabierung von Empowerment (die *aktive* (Wieder-)Aneignung von Kraft, Macht und Gestaltung) in der ersten Traditionslinie »Empowerment als Leitformel einer Politik der Selbstbemächtigung« (Herriger 2020, S. 19) eingebettet (s. Kapitel 7.4).

Das erste Lied von Yusuf (als Mann der »ersten Generation« migrierter Arbeiter*innen aus der Türkei) wurde 1977 aufgenommen, das zweite von Ebow (Enkelin eines Migrierten aus der Türkei und Rapperin aus München) im Jahr 2019.

---

64 http://dasmigrantenstadl.blogspot.com/ (Zugriff am 15.02.2021).
65 https://www.kanakistan.de/ (Zugriff am 15.02.2021).
66 https://www.kanak-attak.de/ka/about.html (Zugriff am 27.03.2021).

Yusuf Cavak

Yusuf's Song, auch auf der CD »Songs of Gastarbeiter Vol. 1« einhörbar, nennt sich »Türkisch Mann«. Vorab ein kleiner Einblick in die Entstehungsgeschichte des Albums:

Die Lebensleistung und die Geschichten der ersten Einwanderer*innengeneration aus der Türkei erhalten in der Öffentlichkeit und Gesellschaft kaum Anerkennung und Würdigung. Der Blick ist vielmehr durch Klischees und Rassismus getrübt. Die Stimme der ersten Generation ist gefüllt mit Kampfgeist, daneben auch mit Witz, Ironie und Lebensfreude. Sie erhebt ihre Stimme nicht nur gegen Ausbeutungsverhältnisse in den Fabriken und Alltagsrassismus, sondern auch, »um ausgelassen zu feiern und sich selbst auf die Schippe zu nehmen« (Güngör/Loh 2020, S. 58).

Die Projektinitiatoren Imran Ayata und Bülent Kullukcu haben aus einem Fundus von Liedern, die türkische »Gastarbeiter*innen« zwischen 1960 und 1990 aufgenommen hatten, fünfzehn ausgewählt. Der Antrieb des Duos für die Zusammenstellung des Albums bestand darin, Unbekanntes bekannter zu machen und die vielfältige ⊙ müzik kültürü zu dokumentieren. Die Musik wurde teilweise in Wohnzimmern, Wohnheimen oder auf politischen Veranstaltungen aufgenommen, hochwertige Aufnahmen aus der Zeit existieren kaum. Die Themen der Musiker*innen waren oft von Sehnsucht, Trennungsschmerz und den Arbeitsbedingungen, die sie in Almanya vorfanden, geprägt (Ayata/Kulukcu 2013). »Türkisch Mann« ist

> »eine ironische oder möglicherweise doch ernstgemeinte Charakterisierung des Mannes aus der Ich-Perspektive, die so ziemlich jedes Vorurteil aufnimmt, das Ende der 1970er Jahre in Deutschland gegenüber anatolischen Gastarbeitern herrschte.« (Ayata/Kulukcu 2013)

> »Ich türkisch Mann
> Nix Deutsch sprechen kann
> Kümmel, Knoblauch, Paprika esse ich auch
> Mir sagen Leute: ›Du nix Knoblauch heute‹
> Ich türkisch Mann
> Nur türkisch essen kann
> […]
> Viel Arbeit kann
> Kollegen haben Bier. Fragen: ›Du trinken auch mit mir?‹
> Ich sagen: ›Nein, nein, nein. Allah sehr böse sein‹
> […]

Ich türkisch Mann
Nix Bier trinken kann
[...]
Wir Kinder lieben. Ich habe schon sieben
[...]
Ich türkisch Mann
Viel Kinder lieben kann«
(Yusuf 1977)

Ebru Düzgün
Als zweites Exempel der Song »K4L« (»Kanak4life«) von Ebow, der 2019 veröffentlicht wurde:

»Willkommen in meiner Kanak World
An meine Kanak Boys
Kanak Girls
Ihr seid sauer wenn
Die Straßen schlauer klingen
Als all eure Magazine
All eure Sarrazine
[...]
Sauer wenn ich Para kriege
[...]
Wurde ausgenutzt
Wurde ausgesaugt
Ihr habt nie an mich geglaubt
Ich war immer was ihr braucht
Ihr habt nie an uns geglaubt
Wir waren immer was ihr braucht
[...]
Und so klatscht in eure Hände
Wenn ich die Straßen niederbrenne
[...]
Kanak for Life
[...]
Migrantenkind
In mir steckt der Zorn
Meiner Oma, meiner Mama, meiner Tanten drinnen

Kanak for Life
Kanaks jetzt live
[...]
An alle Nazilehrer die meinten
›Du wirst nie etwas erreichen‹
Hab'nen Master of Science
Wer will sich jetzt mit mir vergleichen, ey«
(Ebow 2019)

Kollektive Diskriminierungserfahrungen und VerAnderungen aufgrund kategorialer Unterscheidungen werden unabhängig der weit voneinander entfernten Entstehungszeiträume von beiden Musiker*innen erlebt. Sie ethnisieren sich folglich selbst als Kanakin beziehungsweise als türkischer Mann und transcodieren die negativ konnotierten Fremdbezeichnungen ironisch, wodurch die eigentliche Herabsetzung aufgehoben wird. Auch drehen sie den Spieß der VerAnderung um und performen eine postmigrantische Verortungsstrategie. Yusuf vollbringt dies in Zeiten, wo der Terminus »postmigrantisch« vermutlich noch nicht gefallen ist.

Die Tageszeitung »taz« stellte Ebow 2019 in einem Interview die Frage, warum sich ihr Song »K4L« explizit an ihre Community richtet:

»Lange Zeit haben Menschen wie ich Dinge produziert, die für alle konsumierbar waren. Wir wurden so sozialisiert, der Mehrheitsgesellschaft gefallen zu müssen. Oder nach Akzeptanz zu suchen. Und dabei das Eigene abzulegen und abzustoßen. Wir sollten jetzt aber mehr unsere eigene Community stärken.« (Zingher 2019)

Durch die Abgrenzung zur Mehrheitsgesellschaft könne sich

»auch gesamtgesellschaftlich etwas verändern [...]. Wenn man die ganze Zeit als Mensch zweiter Klasse behandelt wird, agiert man ja auch aus dieser Position heraus. Sobald man die Community stärkt, schafft man aber ein Gleichgewicht. Wir sind dann auf Augenhöhe mit der Mehrheitsgesellschaft.« (Zingher 2019)

Musik ist auch ein wichtiges Instrument, um mit Wut umzugehen. »Musik gibt uns Kraft und empowert uns, sie gibt uns ein Gefühl der Selbstermächtigung« (Zingher 2019). Es ist Ebow ein Anliegen, dass ihre Musik »die Leute empowert, die ich als Teil meiner Community ansehe« (Zingher 2019). Sie unterstützt ihre Community, indem sie ihr Wissen mit denen teilt, die keinen Zugang dazu haben, und sie aufklärt.

> »Und ich finde es immer wichtig, dass ich meine Community in meine Arbeit einbinde. [...] Das fängt damit an, mit welchen Leuten ich zusammenarbeite, welche Leute in meinen Musikvideos sichtbar sind. Erst durch so eine Sichtbarkeit kann ein Communitygefühl transportiert werden. [...] Es empowert.« (Zingher 2019)

Zwischen den Aufnahmen der beiden Songs liegt fast ein halbes Jahrhundert; auch können wir mittlerweile seit über zwanzig Jahren auf die Anerkennung durch die »Süssmuth-Kommission«[67] zurückblicken, nach der Almanya faktisch ein Einwanderungsland geworden ist. Unveränderte negative Fremdzuschreibungen und Diskriminierungspraxen bestehen dennoch bis in die Gegenwart und nehmen gegenüber manchen als homogen stilisierten Bevölkerungsgruppen zu. Diesem Kontinuum ist es auch geschuldet/zu »verdanken«, dass zahlreiche PoC-Künstler*innen ihren Erfahrungen auf kreative Weise Ausdruck verleihen und einer breiten Öffentlichkeit Zugang gewähren. Zwei weitere dieser Künstler*innen sind das Duo vom »migrantenstadl«.

Blog migrantenstadl

> »migrantenstadl ist ein blog von und für grenzüberschreitende, dadaisten und textterroristen, mit provokativen, subjektiven und politischen ansichten und geschichten aus dem migrantenmilieu, und darüber hinaus, in münchen und anderswo. migrantenstadl ist die stimme mitten aus der peripherie!«[68]

Der Blog »migrantenstadl« wurde 2011 von der Autorin, Kuratorin und freischaffenden Kulturarbeiterin Tünay Önder und dem Autor und Politologen Imad Mustafa initiiert. Entstanden ist die Idee dazu, als die Initiator*innen ihr Studium abgeschlossen hatten und sich ihre berufliche Ausrichtung noch in der Schwebe befand.

---

67 Die unabhängige Kommission Zuwanderung (Vorsitzende war die Politikerin Rita Süssmuth) wurde erstmals im Jahr 2000 vom Bundesinnenminister Otto Schily einberufen. Ein Expert*innen-Gremium befasste sich im Auftrag der Bundesregierung mit Einwanderung und Integration. Die Kommission bekannte, dass Deutschland faktisch ein Einwanderungsland sei, und sprach sich dafür aus, dass es eine dauerhafte und befristete Zuwanderung für den Arbeitsmarkt brauche. Daraus entstand im darauffolgenden Jahr ein Bericht mit umfangreichen Vorschlägen für eine Zuwanderungsgesetzgebung. Kurz darauf legte das Bundesinnenministerium den Referentenentwurf eines Zuwanderungsgesetzes vor, hierin wurde ein Teil der Vorschläge der Süssmuth-Kommission aufgegriffen. Das Zuwanderungsgesetz trat am 01. Januar 2005 in Kraft (Süssmuth 2015).
68 https://www.dasmigrantenstadl.blogspot.com/p/studio-o.html (Zugriff am 21.03.2021).

Wir wollten uns auf jeden Fall nicht instrumentalisieren lassen, zum Beispiel in einer Personalabteilung arbeiten oder für eine neoliberale Zeitung. Wir waren sehr wählerisch, auch gesellschaftskritisch und haben nicht gleich den Anschluss ins Berufsleben gefunden. Das hatte aber auch etwas mit dem familiären Background zu tun. Man war nicht gut vorbereitet und unwissend, zum Beispiel darüber, dass man Volontariate, Praktika usw. machen sollte. Das hat uns niemand gesagt und wir waren nicht so gut vernetzt. Gleichzeitig hatten wir eine wahnsinnige Energie und auch Wut in uns. Wir wollten ja immer mitreden und mitmischen und unseren Senf dazu geben, auch zu dem, was in den Zeitungen geschrieben wird. Es war die Zeit, wo Blogs noch nicht verbreitet waren, Podcast gab es noch gar nicht. Wir dachten: »Dann klinken wir uns jetzt selbst ein und machen unsere eigene Plattform.« Ich war meinerseits in München von Bekanntschaften aus Theaterprojekten beeinflusst. Dort habe ich gesehen, dass es ein Reden jenseits der wissenschaftlichen Welt gibt. Es muss nicht alles mit Fußnoten begründet sein. Man kann auch einfach mal etwas behaupten und wütend sein. Humorvoll, fragmentarisch, ohne Fußnote. Der Blog entstand mehr oder minder aus einer Verzweiflung heraus. Nach meinem Studium habe ich ein Jahr in der Luft gehangen, das war total frustrierend. Der Blog wurde so zu einer Selfempowerment-Methode. Das war eine Selbsttherapie und Aufrichtung.[69]

Neben dem Blog bist du in diverse Projekte eingebunden, die unter anderem das Thema (Post-)Migration in künstlerischen Formaten aufgreifen. Zum Beispiel hast du 2020 das Festival »Maşallah Dortmund« organisiert, publizierst und wirst regelmäßig zu Podiumsdiskussionen eingeladen. Empowert dich beziehungsweise hilft dir deine Arbeit, eigene Diskriminierungserfahrungen zu verarbeiten?

Ganz sicher. Es ist zwar nicht meine Motivation, mich mit dem, was ich mache, zu empowern. Aber ich denke, es ist von Anfang an eine unbewusste Überlebensstrategie gewesen. Man fühlt sich ohnmächtig, ist ausgegrenzt und hat keine Handlungsagency. Und dann fängt man klein an … alles, was ich mache, ist für mich definitiv Empowerment. Weil ich durch meine Arbeit zum Reden komme, meine Meinung hör- und sichtbar mache. Das ist auf jeden Fall empowernd. Wenn ich Texte schreibe, ist es das, weil es auch ein Frustablassen ist. In dem Augenblick, wo man den Text mit anderen teilen kann, sie den lesen, sich darüber schlapp lachen und sagen »genau darüber habe ich mich auch so aufgeregt, schön, dass

---

69 Die Zitate aus dem gesamten Kapitelabschnitt sind einem Interview mit Tunay Önder entnommen und nicht wortwörtlich, sondern in Absprache mit der Interviewten sinngemäß wiedergegeben.

du es sagst«, kann man gemeinsam darüber lachen. Wenn man über die Aufreger lachen kann, ist es wieder gut. Es zerfrisst einen nicht mehr so. Wenn ich Texte schreibe, ist das auf jeden Fall ein Moment, der mich empowert. Und wenn es Veranstaltungen sind, zum Beispiel Maşallah Dortmund oder die Wiesbaden Berlinale, also Versammlungen, ist das sowieso sehr empowernd. Da kommen so viele Leute zusammen, die alle Diskriminierungserfahrungen haben und die für Sichtbarkeit kämpfen. Alle haben einen gemeinsamen Erfahrungshintergrund mit der Dominanzgesellschaft. Und man weiß, da ist ein fetter runder Tisch und *wir* sitzen da dran. Normalerweise sitzen da andere dran und die wundern sich jetzt gerade, dass *wir* da jetzt versammelt sind, mit Mikrofonen, und die Definitionsmacht haben.

Der Soziologe Aladin El-Mafaalani ist 2020 zu einer Diskussionsrunde des Festivals »Maşallah Dortmund« eingeladen gewesen. Er beschreibt mit seiner Tisch-Metapher (s. Kap. 6.5), dass immer mehr Menschen, darunter auch mit Migrationsbiografie, am Tisch sitzen, den Kuchen, die Rezeptur und die Tischregeln mitbestimmen möchten. Wie ist dein Eindruck, wo stehen wir aktuell mit Partizipationsmöglichkeiten und der Teilhabe von Menschen mit Einwanderungsbiografie?

Insgesamt betrachtet sind wir definitiv zu unterrepräsentiert am gesamtgesellschaftlichen Tisch, geschweige denn, dass wir bestimmen, was auf den Tisch kommt. Es geht in die Richtung, und das ist auch die richtige, aber insgesamt sind wir an den Schaltstellen zu wenig vertreten. In Momenten wie bei Maşallah Dortmund wird eine vollständige Teilhabe, Mitbestimmung und Deutungshoheit eingeübt, das alles wird symbolisch sichtbar gemacht, es hat etwas Theatralisches. In der Realität ist es das alles nicht so. Wenn man sich die Orte mal anschaut, an denen Entscheidungen getroffen werden, zudem die Strukturen und Hierarchien; Schule, Gesetzgebung, Museen, Bühne, Medien, Narrative ... dann sind wir weit davon entfernt. Es tut sich viel, aber unterm Strich bin ich eher entsetzt.

Wie schätzt du deine Arbeit, ob im migrantenstadl, im Theater, bei Festivals etc., für das (Self-)Empowerment für PoC's ein, die diese Veranstaltungen besuchen?

Meine Antwort basiert auf dem Gesamtfeedback, das ich bekomme. Die Leute, die da eingeladen sind, sind kritische Autor*innen, Wissenschaftler*innen, Theatermacher*innen aus aktivistischen Kreisen. Die fühlen sich mega wohl, das ist eine fette Party für sie. Einfach mal entspannt reden, ohne dass jemand blöde Fragen stellt. Der gesamte Diskussionshorizont ist entspannt, weil man verstanden wird. Die, die am Tisch sitzen, hören mit ganz anderen Ohren zu, als man es sonst gewohnt ist. Man kennt ja auch Diskussionsrunden, bei denen man sich fragt:

»Was ist das denn jetzt für eine Frage? Die kommt jetzt echt aus der Parallelgesellschaft.« Ich weiß von allen Gästen, die ich eingeladen habe, dass sie die Veranstaltungen sehr, sehr gut fanden. Natürlich gibt es auch intern, also unter jenen, die nicht zur Dominanzgesellschaft gehören, Spannungen. Sowohl bei Maşallah Dortmund als auch auf der Wiesbaden Biennale wurde zum Beispiel von einigen Schwarz positionierten Menschen darauf hingewiesen, dass die Marginalisierung Schwarzer Perspektiven auch in emanzipatorischen Räumen fortbesteht. Das heißt, so groß mein Wunsch nach Allianzen über viele Communities und Identitäten hinweg auch ist, es muss noch viel mehr und intensiveren Erfahrungs- und Wissensaustausch zwischen den Gruppen geben, damit ein gleichberechtigter Schulterschluss möglich wird.

Podcastreihe »Halbe Katoffl«

Die Podcastreihe »Halbe Katoffl« wurde Ende 2016 von dem Berliner Journalisten Frank Joung initiiert; angestoßen durch den Europarat, der mit einer Ausschreibung für Projekte warb, die eine größere Vielfalt in den Medien abbilden. Joung hatte bis dahin in seiner journalistischen Arbeit bei unterschiedlichen Redaktionen erlebt, dass Diversity hier größtenteils noch in den Kinderschuhen steckte.

Bis heute besetzen mehrheitlich Weiße die ⌕ Ressorts in den Medienhäusern und bilden ihre weißen Perspektiven ab. Themen, die mit Migration in Verbindung gebracht werden, sind dementsprechend meistens einseitig und defizitär ausgerichtet. Berichte bedienen meist stereotype Allgemeinplätze: Typische Aufsteiger*innengeschichten, Kriminalität, Religion, Verbrechen. Darin bilden sich zwei Kategorien ab: deutsch versus nicht-deutsch, fremd versus einheimisch. In dieser Binarität existieren keine Zwischenräume, keine Halbe-Katoffl-Perspektiven mit den vielfältigen Themen, die halbe Katoffln beschäftigen. Darunter zum Beispiel der struggle bei der Identitätssuche, aber auch einfach das übliche ⌕ daily life – inklusive des Reichtums und der positiven Seiten, die mehrheimische Verortungen mit sich bringen.[70]

Neben den beruflichen Erfahrungen als Journalist gab es auch im Privaten verschiedene Begebenheiten, die zur Idee des Podcasts beigetragen haben. Darunter sich wiederholende Begegnungen mit Unbekannten im Alltag und damit einhergehenden VerAnderungen:

---

70 Die Zitate aus dem gesamten Kapitelabschnitt sind einem Interview mit Frank Joung entnommen und nicht wortwörtlich, sondern in Absprache mit dem Interviewten sinngemäß wiedergegeben.

Unabhängig von der eigenen Verortung, verorten andere mich. Dass ich Frank heiße, passt für viele weiße Menschen nicht in ihr Schema. Für viele stehe ich »auf der Ausländerseite«. Mein deutscher Name verwirrt sie. Sie können den »switch« nicht vollziehen, merken oft nicht, dass sie nur zwei Kategorien haben, und sind folglich verwirrt, weil ihnen die Einordnung nicht gelingt.

Bei Gesprächspartner*innen löst das häufig Unsicherheit und Unbehagen aus. Die Entscheidung, die Auflösung dieser Gefühle nicht abzunehmen, sondern dem Gegenüber die Aufgabe selbst zuzumuten, ist für Joung »der Anfang vom Auflösen der einzelnen Kategorien«, zu dem Halbe Katoffl mit seinen mittlerweile zahlreichen und vielfältigen Podcastfolgen beiträgt.

In Halbe Katoffl berichten Almans mit nicht-almanschen Wurzeln aus ihrem Leben und über ihre persönlichen Erfahrungen, oft auch über ihr Gefühl, »zwischen den Stühlen zu sitzen« – aber auch von der Bereicherung, in mehr als in einer kültür beheimatet zu sein. Halbe Katoffl ist »der erste deutschsprachige Podcast, der sich hauptsächlich mit der Lebenswelt der Menschen mit Migrationsgeschichte beschäftigt.«[71]

Frank, hilft der Podcast dir und/oder den Menschen, die du interviewst, Diskriminierungserfahrungen zu verarbeiten?

Persönlich hilft er mir dabei, weil ich mich durch die Arbeit an den einzelnen Podcasts mit anderen bespreche und ihre persönlichen Geschichten höre. Dabei erfahre ich stets aufs Neue, dass es innerhalb der nicht heterogenen »halben Katoffl Community« zum Teil ganz unterschiedliche Perspektiven, Erfahrungen und Wahrnehmungen gibt. Ich nehme auch deutlich wahr, dass den Gästen der Austausch guttut. Das liegt sicherlich auch daran, dass sie mit jemanden reden, bei dem sie das Gefühl haben, dass eine gewisse Sensibilität für bestimmte Themen vorhanden ist. Beide, die interviewte Person und ich als Interviewer, wissen durch einen ähnlichen Erfahrungshorizont sozusagen »Bescheid«. Der Austausch findet in einer Art »safe space« statt. Natürlich sind nicht alle Geschichten traumatisch und nicht alle halbe Katoffln haben Diskriminierung und Rassismus im selben Ausmaß erlebt – aber eigentlich haben alle diese Erfahrungen gemacht, nur in unterschiedlicher Intensität und unterschiedlich interpretiert und eingeordnet.

Auch aus Hörer*innenzuschriften lese ich heraus, dass der Podcast vielen PoC's in der Auseinandersetzung mit ihren erlebten Diskriminierungserfahrungen hilft.

---

71 https://halbekatoffl.de/projekt/ (Zugriff am 22.03.2021).

Es gehen Statements ein, die das ganz direkt ausdrücken: »Die Podcasts helfen mir voll! Es ist spannend, sie anzuhören. Ich kann das alles nachvollziehen, weil ich Ähnliches erlebt habe. Bisher dachte ich, ich wäre die einzige Person, die das so erlebt.« Genau das war auch meine Intention mit der Podcastreihe.

Aber auch Zuschriften von »vollen Katoffln« gehen ein. Viele von ihnen berichten, sie hätten bisher keine Idee gehabt von »dieser Welt« und keine Vorstellung, was halbe Katoffln zum Teil durchmachen müssten – auch solche, denen man nicht ansieht, dass sie halbe Katoffln sind. Weiße erfahren durch die Podcasts, dass da noch mehr ist als »nur« der struggle aufgrund von Rassismus durch Weiße.

Wie schätzt du Halbe Katoffl als (Self-)Empowermentstrategie für PoC's ein?

Ich finde es enorm wichtig, zu erkennen, wie man sich selbst fühlt und dass es ok ist, wie man ist. Beispielsweise passiert es häufig, dass Weiße Nicht-Weißen zuschreiben, wie oder was die Person ist, sie zum Beispiel als Deutsche*r markieren und davon auch nicht abrücken, wenn das Gegenüber sich selbst nicht als Deutsche*r definiert und dies auch mitteilt. Empowerment besteht für mich vor allem darin, dass jede*r für sich selbst bestimmt, welcher Gruppe sie oder er angehören möchte. Und auch zu merken, dass man in seiner gesamten Komplexität, so wie man ist, okay ist. Ganz nach dem Motto: Ich bin okay, du bist okay.

Verschiedene Lebensperspektiven, eine große Komplexität und Heterogenität wahrzunehmen, sind dabei enorm hilfreich. Dadurch wird deutlich, dass alle Menschen – so »anders« sie anfangs zu sein scheinen – etwas gemeinsam haben. Gleichzeitig aber sollte man die Unterschiedlichkeit erkennen und akzeptieren und realisieren, dass wir alle Individuen sind – und nicht repräsentativ für eine ganze Bevölkerungsgruppe stehen. Das allein ist schon empowernd. Zu sehen: Wir sind alle ok, wie wir sind. Das will ich mit meinem Podcast Halbe Katoffl vermitteln.

Buch »Ching Chang Stop«

»Ching Chang Stop« wurde 2020 von der Illustratorin Dian Gohring als Bachelorarbeit verfasst und illustriert. Sie ist im Frühjahr 2022 als Buch im Carl-Auer Verlag erschienen.

Die Idee zu der Arbeit ist während eines Auslandsemesters in Bologna entstanden. Italien war das erste europäische Land, in dem – damals noch auf Ende Januar 2020 datiert – Coronafälle bekannt wurden. Gohring wurde in Alltagssituationen von Unbekannten mit dem Virus in Verbindung gebracht, oft auch »witzig gemeint«, wie sie sagt. Offenen Rassismus und Schuldzuschreibungen für den Pandemieausbruch erlebten auch andere asiatische beziehungsweise asiatisch gelesene Menschen. In den sozialen Medien wurde antiasiatischer Rassismus daraufhin zunehmend offen thematisiert. Asiatische beziehungsweise asiatisch gelesene Menschen wehrten sich gegen die rassistischen Übergriffe und teilten ihre Erlebnisse öffentlich mit; das war für Gohring »eine neue und empowernde Erfahrung«. Als dem ein intensiver Austausch mit den Cousinen über eigens erlebten Rassismus folgte und zum gleichen Zeitpunkt die Bachelorarbeit angemeldet werden sollte, fügte sich das eine zum anderen und die Idee »Ching Chang Stop« wurde geboren.

Ching Chang Stop ist ein illustriertes Buch, in dem ich meine (Rassismus-)Erfahrungen über mein Leben hinweg verarbeite. Beginnend in der Kindheit, zum Beispiel mit Erlebnissen auf dem Schulhof, später in der Jugend durch Übersexualisierung und im Erwachsenenalter vor allem mit dem Thema der Identitätsfindung und der Frage »Wie gehe ich mit meiner zwiegespaltenen Identität um?«. Ich gebe auch Tipps, wie man selbst mit erlebten Rassismus umgehen kann. Das Buch hat eine ganz klare Botschaft: All die Gefühle, die Betroffene beim Erleben von Rassismus haben, sind berechtigt. Man darf wütend, traurig etc. sein und muss sich dafür nicht schämen. Weil einem Unrecht wiederfahren ist! Mir hat das als Kind und Jugendliche niemand gesagt. Ich würde mich freuen, wenn junge Leute, die Rassismus erleben, das Buch lesen und sagen: »Das ist genau das, was ich gerade hören muss.« Mit dem Buch möchte ich andere empowern und ihnen mit auf den Weg geben, dass sie nicht allein sind mit ihren Erfahrungen.[72]

Dian, hat dir deine Bachelorarbeit geholfen, eigene VerAnderungs- oder/und Diskriminierungserfahrungen zu verarbeiten?

Auf jeden Fall. Ich musste mich mit allem auseinandersetzen, was ich bis dahin an Diskriminierung erlebt hatte. Bei meinen Buchrecherchen ist mir bewusst geworden, wie viele blöde Situationen es in meinem Leben gegeben hat und wie oft ich blöde Kommentare zu hören bekam. Am Anfang der Auseinandersetzung und beim Sichten von Kommentaren auf Social Media zu antiasiatischem Rassismus war ich die ganze Zeit ultra wütend. Rückblickend war die eintretende Wut eine sehr gute Veränderung, *weil ich endlich mal wütend war.* Vorher habe ich mich dafür gegeißelt, wenn ich sauer war, über das, was man »Alltagsrassismus« nennt. Ich habe mir vorher oft selbst vorgeworfen, dass ich überreagiere und es für andere Leute unangenehm mache, wenn ich ihnen sage, dass sie etwas falsch machen.

---

72 Die Zitate aus dem gesamten Kapitelabschnitt sind einem Interview mit Dian Gohring entnommen und nicht wortwörtlich, sondern in Absprache mit der Interviewten sinngemäß wiedergegeben.

Dabei habe ich mich oft als »Spaßverderberin« empfunden. Diese Wut nicht mehr zurückzuhalten, hat mir sehr geholfen. Jetzt merke ich in solchen Situationen, dass ich gar nicht mehr so wütend bin, weil ich weiß, dass ich es potenziell sein darf. Dadurch kann ich mich eher entscheiden, ob ich in die Wut hineingehen will oder ob ich meinen Seelenfrieden bewahren und mir den Tag nicht versauen lassen möchte. Das mache ich nicht für mein Gegenüber, sondern für mich. Es gibt ein *vor* und *nach* der Bachelorarbeit in Bezug auf mein Verhalten in der Konfrontation mit Rassismus und als Reaktion auf meine Identität. Ich bin viel selbstbewusster geworden. Heute kann ich sagen: »Hier bin ich und das bin ich. Daran wirst du nichts ändern können. Ich bin Teil der deutschen Gesellschaft und auch daran kannst du nichts ändern.« Dieses (Standing) habe ich noch nicht lange und das kommt durch meine Bachelorarbeit.

Wie schätzt du künstlerischen/kreativen Ausdruck im Allgemeinen für das (Self-)Empowerment für PoC's ein?

Je nachdem, wie man veranlagt ist, würde ich es in dem eigenen präferierten Ausdruck jeder und jedem empfehlen. Am Anfang ist das mit super viel Schmerz verbunden. Wenn man sich vornimmt, das zu riskieren und dadurch zu gehen, lohnt es sich am Ende wirklich. Für mich war der Prozess wie eine Art Therapie, Selbstheilung. Ich will damit nicht sagen, dass man es machen *muss*, weil es auch super anstrengend sein kann. Egal, wie man sich ausdrückt, ob durch schreiben, zeichnen, Musik machen, singen, kann das unheimlich guttun. Meine Cousinen zum Beispiel übersetzen Lieder aus dem Stegreif vom Englischen ins Chinesische. Sie singen, begleiten sich dabei mit der Gitarre. Das Chinesisch ist durch die schnelle Übersetzung und die Tatsache, dass wir in der zweiten Generation die Sprache nicht fließend sprechen, sehr holprig. Dadurch bekommt das ganze einen humorvollen Twist, der nur von uns so richtig verstanden wird. Sie verknüpfen ihr Tun mit ihrer Kultur und Identität und das tut ihnen unheimlich gut. Vor ein paar Jahren hätten sie das noch nicht gemacht. Das Verhältnis zur eigenen Muttersprache ist für viele Menschen mit Migrationsbiografie ein gespanntes, schwieriges Thema. Man muss sich nicht direkt mit Rassismus beschäftigen, es können auch andere Sachen sein, die guttun und einen mit seiner Identität verbinden.

Rassismus und VerAnderungen zu erleben und zu verarbeiten ist ein aufreibender Kraftakt. Das Erlebte kann zu einer konflikthaften Auseinandersetzung mit der Selbstidentität führen und sich zudem auf die (Gesundheit auswirken.) *Selbstfürsorge* ist deshalb ein wichtiges Element im Alltag und Empowerment-Prozess – für PoC's und für professionell Helfende.

» Selfcare ist für mich ein großer Teil von Empowerment geworden. Ich habe lange gebraucht, um zu verstehen bzw. zu lernen, wie mein Körper auf all meine täglichen Erfahrungen reagiert und zu wissen, was mein Körper dementsprechend braucht. [...] Selfcare in meinen Alltag zu integrieren und als eine Form von politischem Handeln zu sehen, ist zum Teil immer noch eine große Herausforderung. Audre Lorde, eine schwarze Schriftstellerin und Aktivistin, hat das mal so formuliert: ›Caring for myself is not self-indulgence, it is self-preservation, and that is an act of political warfare.‹«[73] (Erdmann 2020, S. 151)

Selfcare kann auf vielfältige Weise ausgeübt werden. Zum Beispiel durch das Erlernen von konkreten Strategien zur Stressbewältigung, durch Bewegung in reizarmer Umgebung, durch Kunst, Musik, Sport, genussvolle Körperpflege und – ganz »banal«, wie schon im Zusammenhang mit Empowerment-Räumen erwähnt – durch »VerAnderungs-Auszeiten« in einem entspannten und wohlwollenden Austausch mit PoC-Freund*innen.

Kann Selbstfürsorge nur unter einem Rückzug aus der Dominanzgesellschaft stattfinden? Hier kann ein vages »Nein« formuliert werden, aber manchen PoC's *kann* es (temporär) guttun und das *darf* sich jede*r herausnehmen.

Deutlich geworden ist bis hierher – inşallah – dass Rassismus- und Diskriminierungspraxen sowie VerAnderungen durch Angehörige der Dominanzgesellschaft kein temporäres Phänomen sind, sondern ein strukturelles, das sich über Generationen zieht und sich bis heute im Kern nicht geändert hat. In den aufgeführten Beispielen treten die Auswirkungen deutlich hervor – auf individueller und kollektiver Ebene, bei Angehörigen von Minderheiten und der Majorität. Von den daraus entstehenden Konflikten und Misstönen werden alle insanlar der postmigrantischen Gesellschaft berührt. Der kreative Ausdruck von Ausgrenzungserfahrungen ist mehr als eine Bewältigungsstrategie im Sinne von (Self-)Empowerment für VerAnderte: Es macht alle Menschen, unabhängig von der Art und Intensität ihrer persönlichen Verstrickung, auf die Konfliktherde »Rassismus und Diskriminierung« aufmerksam. Nicht-PoC's können durch die öffentlich in Szene gesetzten Verarbeitungsstrategien für Migrationsspezifika und ihr eigenes Involviertsein in gesellschaftliche Schieflagen sensibilisiert werden. PoC's haben die Chance, ihre Wahrnehmung von »mit mir stimmt etwas nicht, ich

---

[73] Für mich selbst zu sorgen ist kein persönlicher Luxus. Es ist Selbsterhalt und damit ein Akt politischer Kriegsführung (Übersetzung der Autorin).

bin zu empfindlich« hin zu »ich bin ok so wie ich bin. Anderen widerfährt Ähnliches, strukturell stimmt etwas Grundlegendes nicht« korrigieren.

7.6 Postmigrantische Allianzen

Postmigrantische Allianzen können eine weitere und überaus politische Strategie der Konfliktbehandlung mit großer Wirkmacht sein. Seit den 1990er Jahren gründen sich auf zivilgesellschaftlicher und subkultureller Ebene vermehrt Kollektive und Initiativen, die sich als *post*migrantische Bündnisse verstehen.[74] Sie heben sich von der migrantischen Infrastruktur (den sogenannten »Migrant*innenselbstorganisationen«) im Bereich des Sports, der Musik- und Haymatvereinen der ersten Gasterbeiter*innengeneration ab (Stjepandić/Karakayali 2018).

Da postmigrantische Gesellschaften nicht nur durch Einwanderung, sondern vor allem durch die damit verbundenen, nachfolgenden Prozesse gekennzeichnet sind, kommt es auf persönlichen und beruflichen Ebenen zu Austausch und Beziehungen, die Menschen verschiedenster Herkunft und Erfahrungen miteinander verbinden. Es folgen private Verflechtungen über Familie und Freundschaftskreise, aber auch über Ausbildungsstätten, Vereine und Gewerkschaften. Dadurch verbreiten sich

> »neue Arten von Wissen. Diese neuen Verflechtungen können Empathie erzeugen und politische Einstellungen hervorbringen, auf deren Grundlage sogenannte postmigrantische Allianzen entstehen. Diese definieren sich nicht mehr über migrantische Biografien, Nationalität oder Religionszugehörigkeit, sondern über eine geteilte Haltung die auf Gleichheit, pluraler Demokratie und der aktiven Akzeptanz von Diversität und Vielfalt beruht.« (Foroutan 2018, S. 23)

Das zieht nach sich, dass sich insanlar mit internationaler Biografie nicht allein für Parität einsetzen und den Kampf gegen Rassismus und Stigmatisierung ausfechten müssen, sondern gemeinsam mit Gleichgesinnten und Verbündeten. Post-

---

74 »Als Gegenreaktion auf Rassismus, Stigmatisierung und Ausschluss melden sich ab den 1990er Jahren Initiativen und Kollektive zu Wort, die bereits mit ihrer Benennungspraxis provokant auf die Missstände hinwiesen: ›Kanak Attak‹, ›Tschuschenpower‹, ›migrantenstadl‹, ›die Unmündigen‹ usw. Zu beobachten war außerdem, dass sich unter diesen Initiativen explizit auch solche herausbilden, die die Trennung zwischen migrantischer und nicht-migrantischer Bevölkerung dahingehend aufzulösen suchten, dass Herkunft innerhalb ihrer Zusammenschlüsse keine Bedeutung beigemessen wurde und damit kein Ausschluss- oder Aufnahmekriterium war.« (Stjepandić/Karakayali 2018, S. 239)

migrantische Allianzen sind dabei nicht von paternalistischen Strukturen, sondern von einer Zusammenarbeit auf Augenhöhe gekennzeichnet.

In postmigrantischen Allianzen verschiebt sich die Gemeinsamkeit der *sozialen Nähe* zu einer gemeinsam *geteilten politischen Haltung* (Stjepandić/Karakayali 2018). Postmigrantische Allianzen sind wie auch das Konzept des Verbündet-Seins (s. Kap. 7.4) zeitgemäße Formen eines gemeinsamen Engagements gegen Ungleichheitsverhältnisse und Ausgrenzungspraxen in einer demokratischen, pluralen Migrationsgesellschaft und ermöglichen Powersharing. Sie heben sich, wie auch das Konzept des Verbündet-Seins, von klassischen Solidaritätskonzepten ab. Die klassische Solidarität hat in pluralen Gesellschaften keine ausgeprägte integrative Funktion. In einer Gesellschaft, die durch Pluralität und Diversität der Lebensformen gekennzeichnet ist, kann Solidarität eher zu einer Zementierung von Differenz und Dominanz führen und echter Anteilnahme und echtem Engagement im Wege stehen (Mecheril 2018).

Postmigrantische Allianzen dagegen adressieren auch jene, die nicht *direkt* von Konsequenzen der Ungleichheit betroffen sind, die nicht die gemeinsamen Merkmale mit anderen teilen, die mit Ausschlusspraxen einhergehen. In der Nicht-Betroffenheit kann es zu einem Empfinden einer »involvierten Solidarität« (Messerschmidt 2009) kommen, die eine Allianzbildung nach sich ziehen kann.

»Involviert, da diese realen Verhältnisse *alle* betreffen: Alle Mitglieder einer Gesellschaft sind von den Konsequenzen der Machtverhältnisse betroffen. Die Erfahrung von Ungleichheit und Ungerechtigkeit kann mit dieser Argumentation auf alle jene ausgeweitet werden, die gewillt sind, die ›Erfahrung‹ von Ungleichheit wahr- aber nicht hinzunehmen.« (Stjepandic/Karakayali 2018, Hervorh. i. Orig.)

Kanak Attak

Eines der ersten postmigrantischen Allianzen in Almanya war das Kollektiv »Kanak Attak«, das sich Ende der 1990er Jahre als eines der ersten bundesweiten Zusammenschlüsse gründete und heute nicht mehr besteht. Kanak Attak wollte den konventionellen Migrationsdebatten als Allianz junger Menschen jeglicher Herkunft etwas entgegenstellen. In ihrem Manifest heißt es:

»Unser kleinster gemeinsamer Nenner besteht darin, die Kanakisierung bestimmter Gruppen von Menschen durch rassistische Zuschreibungen mit allen ihren sozialen, rechtlichen und politischen Folgen anzugreifen. Kanak Attak ist anti-nationalistisch, anti-rassistisch und lehnt jegliche Form von Identitätspolitiken ab, wie sie sich etwa aus ethnologischen Zuschreibungen speisen [...]. Das Interventionsfeld von Kanak Attak reicht von der Kritik an politisch-ökonomischen Herrschaftsverhältnissen und kulturindustriellen Verwertungsmechanismen bis hin zu einer Auseinandersetzung mit Alltagsphänomenen in Almanya.« (Kanak Attak 1998)

Umgesetzt hat Kanak Attak dies beispielsweise durch Kongresse und Veranstaltungen zu diversen Themen rund um Migration (Gesetzgebung, Kunst und Kultur, politische Diskurse), in Form von Lesungen, Filmvorführungen, Vorträgen und Panels.

neue deutsche organisationen (ndo)

ndo etablierte sich 2017 als Verein mit Geschäftsstelle in Berlin. Es ist ein bundesweites Netzwerk von rund 130 Initiativen, die sich als postmigrantische Bewegung gegen Rassismus, für »Vielfalt als Normalität«, für ein inklusives und chancengerechtes Deutschland engagiert und zum Mitmachen einlädt.[75] ndo plant Veranstaltungen, Reden und Vorträge und publiziert in einem breit aufgestellten Themenspektrum. Ihr Alleinstellungsmerkmal ist ein bundesweit einmaliges Kompetenznetzwerk für das Zusammenleben in der Migrationsgesellschaft, bestehend aus den fünf Träger*innen: Bundesverband russischsprachiger Eltern e. V. (BVRE), Gegen Vergessen – für Demokratie e. V. (GVFD), Schwarzkopf-Stiftung Junges Europa (SF), Türkische Gemeinde in Deutschland e. V. (TGD) und neue deutsche organisationen e. V. (ndo).[76]

»Ausschlaggebend für die Gründung vieler Neuen Deutschen Organisationen war die Sarrazin Debatte im Jahre 2010. [...] Auch wenn seine Thesen weitgehend widerlegt wurden, gelten diese in Deutschland als freie Meinungsäußerung, während die UN sie als rassistisch eingestuft hat. Was all diese Organisationen zusammen bringt, sind Erfahrungen mit Rassismus und Diskriminierung.« (Tank/El/Lehmann 2020, S. 118)

In ihrem Manifest für ein plurales, postmigrantisches Deutschland heißt es:

»Deutschland hat ein Demokratieproblem und zur Lösung gehören wir. [...] Wir beobachten, dass Politiker*innen die Ängste und Sorgen von Schwarzen Menschen und People of Color (BPoC) konsequent übergehen. Seit Jahren sind BPoC immer öfter verbalen oder körperlichen Angriffen ausgesetzt. [...]

---

75 www.neuedeutsche.org/de/ (Zugriff am 26.03.2021).
76 https://www.neuedeutsche.org/de/kompetenznetzwerk (Zugriff am 26.03.2021).

Die Lösung für dieses Demokratieproblem liegt auch darin, Migrant*innen, Schwarzen Menschen und People of Color zuzuhören und ihre Erfahrungen und Bedarfe einzubeziehen. [...] Nicht nur weiße Menschen, auch Millionen Schwarze und People of Color (BPoC) sind hier zuhause. Trotzdem mangelt es noch immer an ausreichend Sichtbarkeit und Repräsentation. Wenn in Medien oder in der Politik von einem kollektiven, inländischen ›wir‹ die Rede ist, sind wir oft nicht inbegriffen. Sogar unsere Daseinsberechtigung wird immer wieder diskutiert. Wir finden, da gibt es nicht zu diskutieren. Das ist auch unser Land. [...] Es ist unser Recht, hier zu leben. Punkt.« (neue deutsche organisationen 2020)

Der Verein stellt konkrete Forderungen an die Politik: Eine Strategie gegen Rassismus und Rechtsextremismus, ein verbrieftes Recht auf Teilhabe, Wahlrecht für alle, eine Modernisierung des Staatsangehörigkeitsrechts und Reformen im Bildungssystem; darunter Lehrpläne, die explizit auf Rassismus, Kolonialgeschichte, Diskriminierung und Antisemitismus eingehen, die Präsenz der Einwanderungsgeschichte Almanyas im Unterricht und unabhängige Beschwerdestellen gegen Diskriminierung.

*Die Neuen deutschen Medienmacher*innen (NdM)*

NdM ist ein Verein, der sich 2009 gründete. Das Netzwerk besteht inzwischen aus rund 2000 Medienschaffenden und setzt sich für mehr Vielfalt im Journalismus, für mehr Diversität in den Redaktionen und für eine ausgewogene Berichterstattung ein, die die Migrationsgesellschaft adäquat abbildet. Die NdM engagieren sich gegen Diskriminierung in den Redaktionen und bieten Informationen und Handwerkszeug für Journalist*innen und Medienhäuser zur rassismusfreien Berichterstattung an. Sie verstehen sich als Interessenvertretung für Journalist*innen of Color und Medienschaffende mit Einwanderungsbiografie. Mitstreiter*innen benötigen diesen Background nicht, sie müssen lediglich die Ziele teilen. Mit ihrer Arbeit und den Netzwerken möchten die NdM Medienschaffende of Color/mit Einwanderungsbiografien empowern, gegenseitigen Austausch und Unterstützung fördern und sich für journalistischen Nachwuchs einsetzen. Besonders häufig genutzt wird das (NdM-Glossar) als Wörterverzeichnis mit »Formulierungshilfen, Erläuterungen und alternativen Begriffen für die Berichterstattung in der Einwanderungsgesellschaft«, das Journalist*innen, aber auch jedwede andere Interessierte beim diskriminierungssensiblen Sprachgebrauch unterstützt.

Welcher Stellenwert kann postmigrantischen Allianzen beigemessen werden, um Konflikten in der Migrationsgesellschaft zu begegnen und Lösungen auszuhandeln?

»Für gesellschaftspolitische Teilhabe brauchen marginalisierte Gruppen Interessenvertretungen. Indem sich Communities [...] zusammenschließen, können sie Bedürfnisse und Belange identifizieren und gemeinsame Forderungen ausarbeiten. Gleichzeitig wird hierdurch ein Raum geschaffen, um sich über gemeinsame Erfahrungen auszutauschen, sich zu unterstützen und gemeinsame Forderungen zu erarbeiten.« (Tank/El/Lehmann 2020, S. 121)

In postmigrantischen Allianzen werden Menschen unabhängig ihrer Zugehörigkeiten und Identitäten als kein-, ein- oder mehrheimisch Verortete zusammen mit Blick auf eine gemeinsame Zielsetzung aktiv: In ihnen bildet sich ab, dass Trennungen in »wir« und »die anderen« aufgrund (konstruierter) Zugehörigkeiten überwunden und gleichberechtigte Teilhabe gemeinsam erkämpft werden können. Postmigrantische Allianzen verkörpern eine gelungene Strategie für ein inkludierendes *Wir* zur Konfliktbehandlung, bei der alle mitwirken können, die die Ziele teilen: durch fördernde Mitgliedschaften, durch aktive Mitgestaltung, durch das Nutzen und Verbreiten der Publikationen und anderer Wissensbestände, durch Einladungen zu Vorträgen, Workshops etc. – und/oder durch die Initiierung neuer Allianzen.

Wohin die gemeinsame Reise gehen kann, pointierte Hall durch seine Bemerkung, mit der seine Vorlesungen schlossen: Die Frage lautet nicht »›Wer sind wir?‹, sondern ›Zu wem können wir werden?‹« (Chehata/Jagusch 2020, S. 17).

7.7 Interkulturelle Konfliktkompetenz für die Praxis

Interkulturelle Konfliktkompetenz aus Trainerinnenperspektive

Kompetenzen zur interkulturellen Konfliktbewältigung setzten vielfältige Fähigkeiten und Fertigkeiten voraus. Eine umfangreiche Zusammenfassung aus den vorangegangenen Kapiteln soll an dieser Stelle nicht erfolgen, vielmehr ein kurzer Überblick unserer Erfahrungen als Trainerinnen in der interkulturellen Bildungsarbeit: Offenheit, Unvoreingenommenheit, Konfliktfestigkeit und eine egalitäre Grundhaltung sind Merkmale, die einer interkulturellen Konfliktkompetenz enorm in die Hände spielen. Dies setzt eine allgemeine positive Grundhaltung gegenüber Menschen voraus, die durch Wissen über gesellschaftliche Strukturen, über die eigene Positionierung in ihnen, sprich Selbstreflexion, ergänzt werden sollte. In einer Gesellschaft, die von Rassismus durchzogen ist, die rassismusrelevante Themen aber weitestgehend tabuisiert oder als Ausnahmeerscheinung skandalisiert, ergibt sich der Handlungsimpuls an Menschen, die ihre Konfliktkompetenzen in einer postmigrantischen Gesellschaft weiterentwickeln wollen, sich mit der eigenen rassismusrelevanten Sozialisation auseinanderzusetzen, um sie zu de-konstruieren und zu verlernen. Kein Raum, in dem sich Menschen begegnen und ihre Interessen aushandeln, ist dauerhaft frei von Konflikten. Begegnungen sind von (imaginierten) Ungleichheiten und unterschiedlich gewichtete Teilhabemöglichkeiten geprägt, die in der Folge Konflikte produzieren können. Völlige Konfliktfreiheit ist eine Utopie und im Sinne von Fortschritt, Weiterentwicklung und erfolgreichen Aushandlungsprozessen nicht erstrebenswert – ein konstruktiver und kooperativer Umgang mit und in Konflikten, sprich Konfliktkompetenz, dagegen schon.

Handlungsimpulse aus Trainerinnenperspektive

Das komplexe Kapitel hat verschiedene Methoden, Chancen und Strategien zur Konfliktanalyse, -behandlung und -lösung dargestellt. Welche Handlungsimpulse lassen sich zusammenfassend ableiten? Die Antworten, die sich uns erschließen, bieten weder ein Rezept noch können sie als abschließend verstanden, sondern vielmehr, wie auch die Inhalte der vorangegangenen Kapitel, als Anregungen aufgefasst werden. Sie sind abschließend als Aufrufe gebündelt und beziehen PoC's sowie Nicht-PoC's mit ein. Da die Impulse je nach Eigenverortungen mehr oder minder passend sind, laden wir beim Lesen und Reflektieren zur Berücksichtigung des jeweils eigenen Selbstverständnisses ein:

▶ Reflektieren und hinterfragen Sie ethnozentrische Perspektiven sowie Narrative und haben Sie ein offenes Ohr für Gegennarrative.
▶ Überprüfen Sie Ihre eigenen (🔍 Wissensbestände rassismuskritisch) und überlegen Sie, wo Sie Fremdbilder und Vorurteile über Menschen(gruppen) gebildet und als »Wissen« abgespeichert haben.
▶ Setzen Sie sich mit (🔍 rassismuskritischen Bildungsansätzen) auseinander, vor allem, wenn Sie in pädagogischen (Bildungs-)Bereichen tätig sind.
▶ Überlegen Sie, ob und wo Sie Ihre Privilegien teilen, sich verbünden und Allianzen schaffen möchten und können.
▶ Überlegen Sie, ob Sie Strategien der *Des*integration[77] und De-Kolonialisierung umsetzen und/oder fördern können.
▶ Nehmen Sie als PoC Ihre Erfahrungen ernst, tauschen Sie sich (auch im Sinne von »selfcare«) mit anderen PoC's und/oder Verbündeten aus und überlegen Sie, ob und gegebenenfalls wie Sie sicht- und hörbar werden können.

---

77 *Des*integration ist hier als Strategie gegen das Integrationstheater gemeint, wie es Max Czollek (2018) beschreibt, und nicht als eine antidemokratische Gesinnung zu verstehen, die sich in Gewalt, Rechtsextremismus und anderen Radikalisierungsformen niederschlägt.

- Schenken Sie als machtstarke Person Machtärmeren Gehör und nehmen Sie ihre Berichte über diskriminierende Erfahrungen ernst.
- Und zu guter Letzt ... Gründen Sie Familien und Wohngemeinschaften mit Menschen aus Ihnen bisher unvertrauten kültürellen Umfeldern (☺).

7.8 Zur Vertiefung

Interkulturelle Pädagogik in der Elementarerziehung:
Keller, H. (2013): Interkulturelle Praxis in der Kita: Wissen – Haltung – Können. Freiburg.

Rassismus und Gesundheit:
Yeboah, A. (2017): Rassismus und psychische Gesundheit in Deutschland. In: K. Fereidooni/M. El (Hg.): Rassismuskritik und Widerstandsformen (S. 143–161). Wiesbaden.
   Strategien zur Stressbewältigung, für belastende Lebensereignisse und Trauma sowie zur Selbstfürsorge vom Institut Berlin.

NdM-Glossar: Formulierungshilfen, Erläuterungen und alternative Begriffe für die Berichterstattung in der Einwanderungsgesellschaft.

Rassismuskritische Überprüfung von Wissensbeständen:
Chimamanda, A. (2009): Die Gefahr einer einzigen Geschichte. TED-Talk.

Rassismuskritische Bildungsarbeit:
Rassismuskritischer Leitfaden zur Reflexion bestehender und Erstellung neuer didaktischer Lehr- und Lernmaterialien für die schulische und außerschulische Bildungsarbeit zu Schwarzsein, Afrika und afrikanischer Diaspora.

Fereidooni, K./Hößl, S. E. (Hg.) (2021): Rassismuskritische Bildungsarbeit. Reflexionen zu Theorie und Praxis. Schwalbach am Taunus.

Liste für Workshop- und Seminarangebote zu Empowerment und Powersharing sowie Initiativen, Netzwerke und Vereine, die sich gegen Rassismus und Diskriminierung engagieren und/oder beraten:

ADEFRA e. V. – Schwarze Frauen in Deutschland: www.adefra.de

ADNB des TBB e. V. – Antidiskriminierungsnetzwerk Berlin: www.adnb.de

AK UniWatch – Gegen Rassismus in unseren Räumen: www.akuniwatch.wordpress.com

Antidiskriminierungsstelle des Bundes: www.antidiskriminierungsstelle.de

BiMig e. V. – Bildungswerkstatt Migration und Gesellschaft: www.bildungswerkstatt-migration.de

Der Braune Mob – media watch e. V.: www.derbraunemob.info

ENAR – European Network Against Racism: www.enar-eu.org

Entschieden gegen Rassismus und Diskriminierung e. V.: www.entschieden-gegen-rassismus-und-diskriminierung.de

GLADT e. V. – Selbstorganisation von Schwarzen, Indigenen und of Color Lesben, Schwulen, Bisexuellen, Trans*, Inter* und Queeren Menschen in Berlin: www.gladt.de

HAKRA – Empowerment-Initiative aus der Minderheiten-Perspektive: hakra@hotmail.de

IDA – Informations- und Dokumentationszentrum für Antirassismusarbeit e. V.: www.idaev.de

ISD e. V. – Initiative Schwarzer Menschen in Deutschland: www.neu.isdonline.de

KARAWANE – Für die Rechte der Flüchtlinge und MigrantInnen: www.thecaravan.org

LesMigraS – Lesbische/bisexsuelle Migrant_innen und Schwarze Lesben und Trans*: www.lesmigras.de

Migrationsrat Berlin e. V.: www.migrationsrat.de

Phoenix e. V. – Für eine Kultur der Verständigung: www.phoenix-ev.org

Rassismuskritische und -sensible Beratung und Therapie: www.devpost.com/software/rassismuskritische-berater-innen-und-therapeut-innen

ReachOut – Opferberatung und Bildung gegen Rechtsextremismus, Rassismus und Antisemitismus: www.reachoutberlin.de

The VOICE Refugee Forum: www.thevoiceforum.org

Tsepo Bollwinkel – Critical Whiteness- und Empowerment: www.tsepo-bollwinkel-empowerment.de/critical-whiteness

Tupoka Ogette – Rassimuskritische Bildungsarbeit und Empowerment: www.tupoka.de

Werkstatt der Kulturen: www.werkstatt-der-kulturen.de

8. Statt eines utopischen Fazits: Ein utopisches Manifest

Dian Gohring, Szilvia Keilani, Tunay Önder, Sarah Saf, Lina Siri

Sachbücher, die gesellschaftsrelevante und damit einhergehende brisante Themen beinhalten, sind oftmals im ernsten Wortausdruck geschrieben. In vielen bilden sich, so wie auch in diesem Buch, Theorien und Modelle ab, die den nüchternen Sachverstand ansprechen. Trotz der Ernsthaftigkeit der hier vorliegenden Thematik darf aus unserer Sicht an manchen Stellen ein Gemenge von Ironie und Humor (und eine Prise Sarkasmus zur Verarbeitung von Mikroaggressionen) mit einfließen. Statt eines lautlosen Abschieds oder eines Nachworts hat sich ein Teil der Mitwirkenden versammelt, um ein abschließendes Manifest aus PoC-Perspektive, gewürzt mit einigen pikanten und leicht herben Wortzutaten, zu verfassen. Inspiriert wurde es vom Manifest des migrantenstadls.[78]

- Konfliktbewältigung ohne vorherige gemeinsame Mahlzeit ist harām.
- Streichen des Begriffes »Migrationshintergrund«. Oder: Wer von »Menschen mit Migrationshintergrund« spricht, sollte der Fairness halber auch »Menschen mit Nazihintergrund« als solche benennen.
- Einführung von drei Amtssprachen, davon mindestens eine Nicht-Kolonialsprache, die von Minderheiten in Almanya gesprochen wird – Wechsel im dreijährigem Rotationsprinzip.
- Jährliche Wahl einer Sprache des Jahres, Ausrichtung von diesbezüglichen Kulturveranstaltungen und Ausschüttung von Projektfördergeldern.
- Tagesschau in der jeweiligen Jahressprache, ergänzt durch almansche Untertitel.
- Einführung einer Nicht-Kolonialsprache als Schulpflichtfach ab der Grundschule.
- Recht auf Prüfungsablegung in der eigenen Muttersprache in allen Bildungseinrichtungen.

---

[78] Das Manifest des migrantenstadls kann durch Ergänzungen, ergänzende Anmerkungen, Teilsätze, Ersatzteile etc. von Ihnen angereichert werden: http://dasmigrantenstadl.blogspot.com/2011/03/das-migrantenstadl-manifest.html (Zugriff am 27.11.2021).

- Pro Kreuz im Klassenzimmer eine Lehrerin mit Kopftuch.
- Schatzkiste mit vielfältigen religiösen Symbolen in allen Klassenräumen.
- Beleidigungen mit Bezug auf symbolische beziehungsweise symbolisch gelesene Kleidungsstücke werden mit Bußgeldern belegt.
- Lehrer*innenzimmer, Behörden, Medien und Polizei müssen in ihrer Zusammensetzung prozentual die Diversität der Bevölkerung repräsentieren.
- Verpflichtendes Auslandsjahr im Zehn-Jahres-Turnus für alle ab 18 Jahren, durchgeführt als temporärer Bevölkerungsaustausch im Nord-Süd-Gefälle.
- Jährliche Feiertagstombola: Feiertage werden jedes Jahr neu ausgelost.
- Öffentliche Plätze, Straßen und Gebäude, die nach Nazis/Menschen mit nationalsozialistischem Hintergrund benannt sind, werden nach Menschen umbenannt, die (trotz Postnationalsozialismus held*innenhaft – oder wagemutig) nach Almanya ausgewandert sind.
- Kriminaldelikte beschreiben lediglich die konkrete Tat, ohne Verortung der Täter*innen und Opfer (»Femizid« statt »Ehrenmord« oder »Beziehungstat«. Alternativ, der Fairness halber, Ergänzung von Formulierungen: Mord an Frau durch Nazi-Nachfahr*innen/Nachfahr*innen von Holocaust-Dulder*innen. Der Begriff »Döner-Morde« ist nur zulässig, wenn ein Döner ermordet, sprich, zuerst das Döner-Tier vorsätzlich getötet und dann verspeist wurde).
- Der Begriff »Clankriminalität« wird nur in Bezug auf die CDU und CSU verwendet.[79]

---

79 In Gedenken an die »Maskenaffäre« 2020/2021 (Grill/Kampf 2021).

Glossar

(Handlungs-)Agency: Englisch für »Handlungsfähigkeit«

Almans: richtig: Almanlar (Plural von Alman). Türkisch für »Deutsche«

Almansche(n): Aus dem Türkischen, Slang fürs Adjektiv »deutsch«

Almanya: Türkisch für »Deutschland«

Ambiguitätstoleranz: Aus dem Lateinischen für »Mehrdeutigkeit«, »Doppelsinn« (»ambiguitas«) und »erdulden«, »ertragen« (»tolerare«). Ambiguitätstoleranz ist die Fähigkeit, mehrdeutige Situationen und widersprüchliche Handlungsweisen auszuhalten

Anerkennungsgerechtigkeit: Annerkennungsgerechtigkeit »bedeutet, dass alle Menschen durch die Möglichkeit der Teilhabe und der Partizipation an gesellschaftlichen Feldern und Belangen anerkannt werden. Hier geht es auch darum, wer an welchen Stellen über Entscheidungs- und Anweisungsmacht verfügt, wie die Arbeit aufgeteilt ist und welche kulturellen Reproduktionsmechanismen dabei eine Rolle spielen.« (Czollek/Perko/Kaszner/Czollek 2019)

Antagonistisch: Aus dem Griechischen für »gegensätzlich«, »widersprüchlich«

Antisemitismus: »Antisemitismus basiert auf einer doppelten Unterscheidung. Die Wir-Gruppe wird zunächst als ›Volk‹, ›Staat‹, ›Nation‹, ›Rasse‹, ›Identität‹, ›Kultur‹ oder Religion von anderen ›Völkern‹, ›Staaten‹ usw. unterschieden. Diese Einheiten werden in einer antisemitischen Logik immer als wesenhafte, einheitliche und harmonische Gemeinschaften verstanden. ›Die Juden‹ werden ihnen dann als Gegenprinzip gegenübergestellt. Durch eine entsprechende Stereotypisierung werden ›die Juden‹ für alle verunsichernden und als negativ empfundenen Umstände politischer, ökonomischer und kultureller Modernisierungsprozesse verantwortlich gemacht und es werden ihnen die Bedrohung und ›Zersetzung‹ jener als ursprünglich imaginierten Gemeinschaft(en) zugeschrieben. Daraus ergeben sich der Glaube an eine in Gut und Böse eingeteilte Welt sowie an das Wirken verborgener Mächte und Verschwörungen als weitere Grundelemente des Antisemitismus. Da ›die Juden‹ in dieser Logik die personifizierte Bedrohung darstellen, sind dem Antisemitismus außerdem die Umkehr von Opfern und Täter*innen und die Diskriminierung – bis zur Vernichtung von Menschen, die als ›Juden‹ markiert werden – auf interaktionaler, institutioneller und gesellschaftlich kultureller Ebene eingeschrieben. Antisemitische Stereotype rechtfertigen diese Diskriminierungen.« (Informations- und Dokumentationszentrum für Antirassismusarbeit e. V. o. J., Eintrag Antisemitismus)

Antizipieren: Aus dem Lateinischen für »vorausnehmen«, »verkürzen«; in der Psychologie und Soziologie für »vorwegnehmende gedankliche Erwartung/Erwartungshaltung«

Autochthon: Aus dem Griechischen, sinngemäß für »indigen«, »alteingesessen«

(to) avoid: Englisch für »vermeiden«

Background: Englisch für »Hintergrund«. Im Deutschen wird es meist in Bezug auf die Herkunft oder den beruflichen Hintergrund einer Person verwendet

Black Lives Matter (BLM): Englisch für »Schwarze Leben zählen«. BLM ist eine transnationale Bewegung, die in den USA entstanden ist und sich gegen Gewalt gegen Schwarze bzw. PoC's einsetzt

BPoC: Black People/Person of Color, Selbstbezeichnung von Schwarzen Menschen, die Rassismus erfahren. BPoC wird häufig verwendet, um Schwarze Menschen ausdrücklich mit einzuschließen (siehe auch »PoC«)

Cancel Culture: Der Begriff *Cancel Culture* wird im US-amerikanischen, aber auch im bundesdeutschen Kontext verwendet. Einer sogenannten *Cancel Culture* wird vorgeworfen, Meinungs- und Kunstfreiheit einzuschränken, indem Aussagen, Formate und Inhalte, die unter anderem rassistische, sexistische und klassistische Vorstellungen transportieren, mit dem Verweis auf die Verletzung von Personen, die mit diesen Begriffen stellvertretend bezeichnet werden, problematisiert oder auch mit den Forderungen der Unterbindung oder Absage (»canceln«) belegt werden. Eine sogenannte *Cancel Culture* wird überwiegend linksliberalen Positionen und Bewegungen vorgeworfen, während die Einschränkung oder auch Unterbindung von uneingeschränkter Rede in konservativen bis rechten Positionen und Kontexten gebraucht wird (s. Vertiefung in Kapitel 5)

Changieren: Aus dem Französischen für »wechseln«, »tauschen«, »verändern«

Clear button: Englisch für »Löschtaste«

Çocuklar: Türkisch für »Kinder«

Community: Englisch für »Gemeinschaft«. Im Deutschen steht es für eine Gruppe von Menschen, die Ziele, Interessen und/oder Wertvorstellungen teilen

(to) compromise: Englisch für »Kompromisse eingehen«

Critical Whiteness (CW): Englisch für »kritisches Weißsein«. CW »bezeichnet den kritischen Blick auf Weißsein als soziale Kategorie. Im Gegensatz zu anderen Rassismusanalysen, die Schwarze Menschen und People of Color als ›Opfer‹ im Blick haben, werden die Auswirkungen von Rassismus auf die Sozialisation weiß positionierter Menschen betrachtet. Auch wenn klar ist, dass es keine ›Rassen‹ gibt, sind rassifizierte Kategorisierungen eine soziale Realität. [...] Von Schwarzen Wissenschaftler:innen und Aktivist:innen in den USA und später in Europa erkämpft, hat sich diese Sichtweise auch im wissenschaftlichen Kontext etabliert: Die Critical Whiteness Studies [...] sind inzwischen auch an deutschen Universitäten vertreten und bilden mit ihrer Perspektive bspw. einen integralen Bestandteil der Migrationspädagogik.« (Informations- und Dokumentationszentrum für Antirassismusarbeit e. V. o. J., Eintrag Critical Whiteness)

Culture: Englisch für »Kultur«

Daily life: Englisch für »Alltag«

Deskriptiv: Aus dem Lateinischen, fachsprachlicher Ausdruck für »beschreibend«

Dichotomie: Griechisch für »Zweiteilung«, »Teilung in zwei Hälften«, »Zweigliedrigkeit«

Diskriminierung/strukturelle Diskriminierung: »Diskriminierung ist die ungleiche, benachteiligende und ausgrenzende Behandlung von konstruierten Gruppen und diesen zugeordneten Individuen ohne sachlich gerechtfertigten Grund. Diskriminierung kann sich zeigen als Kontaktvermeidung, Benachteiligung beim Zugang zu Gütern und Positionen, als Boykottierung oder als persönliche Herabsetzung. Der Begriff bezeichnet sowohl den Vorgang als auch das Ergebnis, also die Ausgrenzung und strukturelle Benachteiligung der diskriminierten Personen und Gruppen. Die Durchsetzung von Diskriminierung setzt in der Regel soziale, wirtschaftliche, politische oder diskursive Macht voraus. Diskriminierung ist nicht auf individuelles Handeln beschränkt, sondern auch in gesellschaftlichen, politischen, wirtschaftlichen und rechtlichen Strukturen verankert. Um dies deutlich zu machen, wird zwischen Diskriminierung auf subjektiver, interaktionaler, institutioneller, gesellschaftlich-kultureller und struktureller Ebene unterschieden.« (Informations- und Dokumentationszentrum für Antirassismusarbeit e. V. o. J., Eintrag Diskriminierung)

> »Unter struktureller Diskriminierung wird das Ineinandergreifen von Diskriminierung auf individueller, institutioneller und kultureller Ebene verstanden, die verschiedene Teilaspekte aufweisen kann wie Ausgrenzung, Gewalt, Unterdrückung, Marginalisierung etc. und die einhergeht mit Stereotypisierung, Vorurteilsbildung etc.« (Czollek/Perko 2014, S. 153)

Diskurs: Methodisch aufgebaute Abhandlung über ein bestimmtes (wissenschaftliches) Thema, (lebhafte) Erörterung/Diskussion

Disparität: Aus dem Lateinischen für »abgesondert«, »getrennt«, sinngemäß für »Verschiedenheit«, »Anderssein«

Divergent, divergierend: Aus dem Lateinischen für »entgegengesetzt«, »auseinanderstrebend«, »unterscheidend«, »abweichend«

Dominanzkultur: »Der Begriff der Dominanzgesellschaft oder -kultur geht auf die Psychologin und Sozialarbeiterin Birgit Rommelspacher zurück. Er versucht das Zusammenleben unter mehrdimensionalen, vielschichtigen Macht- und Herrschaftsbedingungen zu beschreiben. Die Dominanzgesellschaft ist geprägt von einer Geschichte, die Herrschen und Beherrscht werden zu ihren zentralen Ordnungskategorien hat werden lassen. Im Gegensatz zu kolonialen oder faschistischen Gesellschaften ist die Unterteilung in Unterdrückte und Unterdrückende aber nicht eindeutig, sondern verläuft anhand vieler verschiedener Differenzlinien (Frau/Mann, weiß/Schwarz, deutsch/nicht-deutsch, arm/reich usw.), was zu einem Verblassen der kollektiven Identitäten und zu Verunsicherung führt. Zudem sind Über- und Unterordnung in Normen, Normalitätsvorstellungen und Alltagshandeln eingelassen. Diese Uneindeutigkeiten verdecken und rechtfertigen bestehende Ungleichheiten und Diskriminierungen, sodass die Dominanzgesellschaft sich ihrer eigenen Hierarchien nicht bewusst ist (oder sein will), sondern sich (allerdings nur oberflächlich) zu Gleichheit und Gleichwertigkeit bekennt.« (Informations- und Dokumentationszentrum für Antirassismusarbeit e.V. o.J., Eintrag Dominanzgesellschaft)

Dominating: Englisch für »dominierend«

Do's and dont's: Aus dem Englischen, sinngemäß für »Verhaltensregeln«

Double-Bind: Englisch für »Doppelbindung«, »Doppelbotschaft«. In der klinischen Psychologie, Sozialpsychologie und Kommunikationswissenschaft wird damit ein dysfunktionales, paradoxes Muster zwischenmenschlicher Kommunikation bezeichnet. Der Begriff wird in der Rassismustheorie auch für »doppelte Botschaften« und ambivalente Logiken verwendet, die in rassistischen Diskursen transportiert werden

Egalitär/Egalität: Aus dem Französischen für »politische oder soziale Gleichheit«, »Gleichberechtigung«. Bildungssprachlicher Ausdruck für Bewegungen und Prozesse, die auf politische und soziale Gleichheit ausgerichtet sind

Emotional expression: Englisch für »emotionaler Ausdruck«

Empowerment: Englisch für »Ermächtigung«, »Befähigung«, »Stärkung«. Mit Empowerment wird eine Perspektive und ein Handlungsansatz bezeichnet, der Menschen in ihrer Selbstbestimmung und -definition ernst nimmt und Selbstermächtigung als wesentliches Ziel und Mittel begreift, um die eigene Handlungsfähigkeit zu erweitern oder (wieder) zu erlangen. Das Grundverständnis von Empowerment geht davon aus, dass Menschen selbst in der Lage sind, sich gegen diskriminierende, herabwürdigende Situationen durch selbstermächtigende Strategien und Zusammenschlüsse abzugrenzen und zu wehren. In Empowerment-Ansätzen wird das Vertrauen in die eigene Stärke, Resilienz und Abwehr gezielt angesprochen, bestärkt und weiterentwickelt, um Gefühlen und Situationen von Machtlosigkeit/Ohnmacht entgegenzuwirken. Der Empowerment-Ansatz begreift machtärmere Positionen als Ausdruck struktureller Schieflagen. Er grenzt sich damit von individualisierenden Konzepten und Herangehensweisen ab, die vor allem und oftmals allein den Unterstützungsbedarf und die Angewiesenheit von strukturell benachteiligten Gruppen betonen und damit Gefahr laufen, paternalistisch zu agieren. Empowerment versteht sich als ein gemeinschaftliches Projekt und als notwendiger Zusammenschluss von Communities. Empowerment-Ansätze mit Bezug auf Rassismus stammen ursprünglich aus der Schwarzen Bürger*innenrechtsbewegungen und finden auch in Deutschland Anwendung

Empowernd: »Denglisch« (Deutsch-Englisch) für »ermächtigend«, »befähigend«

Encodierung: Aus dem Englischen, hier sinngemäß für »Entschlüsselung«

Entität: Ein aus dem Lateinischen stammender Sammelbegriff für alles, was abstrakt oder konkret existiert. Aus philosophischer Sicht wird mit Entität auch das Wesen dieser Entitäten mit beschrieben

Eş(im): Türkisch für »(mein*e) Ehepartner*in«

Ethnie: Aus dem Griechischen; steht für »eine familienübergreifende und familienerfassende Gruppe, die sich selbst eine (u. U. auch exklusive) kollektive Identität zuspricht. [...] Die Bildung von Ethnien beruht auf einer Definition, die von den Mitgliedern selbst stammt, und ist in einer Dichotomie von ›Wir-Andere‹ [...] verankert. Vier Aspekte können als Basis zur Identifikation ethnischer Gruppen herangezogen werden: gemeinsame Kultur (Sprache, Religion, Normen, Werte und Traditionen); gemeinsame Herkunft und Geschichte; besondere Bevölkerungsstrukturen einschließlich sozialer Interaktionen und räumlicher Konzentration sowie physische Merkmale und Verhaltensweisen.« (Spektrum Akademischer Verlag 2001, Eintrag Ethnie)

Ethnozentrismus: »Der von dem US-amerikanischen Soziologen W. G. Sumner geprägte Begriff betont allgemein einen auf die Eigengruppe bezogenen Egozentrismus. Im engeren Verständnis bedeutet Ethnozentrismus die Beurteilung anderer Gruppen, ›Völker‹ und ›Kulturen‹ aus der Sicht der eigenen Gruppe und der ihr zugeschriebenen Wertmaßstäbe. Dabei kann es durch Auswahl und Hervorhebung bestimmter Informationen sowie Leugnung oder Ausblendung anderer Informationen zu einer Überhöhung der Eigengruppe kommen. Im Extremfall handelt es sich um eine Deutung der Welt, in der die eigene Gruppe das Zentrum aller ›guten Dinge‹ ist und alle anderen als negativ bewertet werden.« (Informations- und Dokumentationszentrum für Antirassismusarbeit e. V. o. J., Eintrag Ethnozentrismus)

Etymologie: Aus dem Griechischen für »Lehre von der Herkunft und Entwicklung der Wörter«, »historisch-vergleichende Wortforschung« etc.

Evet: Türkisch für »ja«

Exempel: Aus dem Lateinischen für »Abbild«, »(Lehr-)Beispiel«

Expat: Aus dem Englischen für »Fach-/Führungskraft«, die von einer international agierenden Organisation/einem Unternehmen vorübergehend an eine Zweigstelle im Ausland entsendet wird

Face: Englisch für »Gesicht«. In diesem Kontext für »Gesichtswahrung« der eigenen Person und der des Gegenübers. Das Konzept stammt ursprünglich aus dem asiatischen Raum. Das Gesicht wird beispielsweise »verloren« beziehungsweise »beschädigt«, wenn »Fehlverhalten«, »Peinlichkeiten« oder Schwächen (öffentlich) sichtbar (gemacht) werden oder direkt auf etwas hingewiesen wird, das vom Gegenüber bewusst zur Wahrung einer angenehmen Gesprächsatmosphäre umgangen wird. Daher ist es das Bestreben, das eigene Gesicht und das des Gegenübers zu wahren, indem nichts direkt (und öffentlich) thematisiert wird, was die (Gruppen-)Harmonie negativ beeinflussen könnte

Facework Management: Englisch für »Arbeit am Gesicht«, sinngemäß für ein Verhalten, mit dem das eigene und das Gesicht des Gegenübers in Kommunikationssituationen gewahrt werden können (s. »Face«)

Gangster: Aus dem Englischen, ein organisierter Schwerverbrecher, ggf. Mitglied einer Gang

Gender: Aus dem Englischen für »soziales Geschlecht« und »Geschlechtsidentität«. »In Abgrenzung zum biologischen Geschlecht (engl.: sex) sind mit sozialem Geschlecht die gesellschaftlich, sozial und kulturell konstituierten Geschlechterrollen von Frauen und Männern, die gesellschaftlich dominanten Vorstellungen von Weiblichkeit und Männlichkeit gemeint. Betont wird damit, dass Vorstellungen über ›typisch weibliche‹ oder ›typisch männliche‹ Aufgaben und Rollen nicht naturgegeben sind, sondern auf kulturellen Traditionen und gesellschaftlichen Konventionen beruhen. Gleichzeitig können sex und gender nicht trennscharf voneinander abgegrenzt werden: Soziales Geschlecht lässt sich nicht völlig von biologischen Merkmalen trennen und umgekehrt beeinflussen die sozialen Geschlechter die Vorstellung von biologischen Geschlechtern. Insofern beeinflussen sich beide Kategorien wechselseitig.« (Informations- und Dokumentationszentrum für Antirassismusarbeit e. V. o. J., Eintrag Gender)

Halāl: Arabisch für »erlaubt«, »zulässig«

Harām: Arabisch für »verboten«, »tabu«, »unzulässig«

Hastane: Türkisch für »Krankenhaus«

Hayır: Türkisch für »nein«

Haymat(land): »Deukisch« (Deutsch-Türkisch) für »Heimat(land)«

Hegemonial: Aus dem Griechischen für »Führung«, »Vorherrschaft«, »Vormachtstellung«

Herkunftsdeutsche: Deutsche mit ausschließlich deutscher Herkunft

Heterogenität: Aus dem Griechischen für »Verschiedenartigkeit«, »Ungleichartigkeit«

High: Englisch für »hoch«

Homogenisierung/Homogenität: Aus dem Griechischen für »Gleichmacherei«, »Gleichheit«. Der Begriff bezeichnet die Vereinheitlichung und Gleichmachung von Eigenschaften oder Gruppen, die deren Komplexität reduziert und einschränkt

»How to do Things with Words« (Austin 1972): Mit dieser Formulierung ist ein Buch von John L. Austin überschrieben. Der Sprachwissenschaftler vertritt in seiner Arbeit die These, dass wir beim Sprechen nicht nur einen Zusammenhang beschreiben, sondern diesen im Sprechen zugleich auch mit erschaffen. Er geht also davon aus, dass wir mit Wörtern die Wirklichkeit zugleich erzeugen als auch formen. Sprache ist nach Austin somit durch Sprechakte gekennzeichnet, die er als Handlungen versteht

Hybrid: Aus dem Lateinischen für etwas »Gebündeltes«, »Gekreuztes«, »Vermischtes«

Hybridität/hybride Identität: Ein Mensch fühlt sich zwei oder mehreren kulturellen Räumen gleichermaßen zugehörig. »Hybridität oder hybride Identität bezeichnen Identitäten, deren Elemente aus verschiedenen kulturellen Kontexten stammen. Mit Blick auf migrierte Menschen wird betont, dass es sich nicht um Übergangsphänomene, sondern um eine eigene soziale Wirklichkeit handelt. Dabei werden verschiedene kulturelle Phänomene miteinander vermischt, sodass nicht mehr von einer ›deutschen‹, ›türkischen‹ oder ›russischen‹ Kultur gesprochen werden kann, sondern von einer ›migrantischen‹ Kultur, die sich in hybriden Arbeitsformen, Freizeitaktivitäten etc. widerspiegelt.« (Informations- und Dokumentationszentrum für Antirassismusarbeit e. V. o. J., Eintrag Hybridität)

İmam bayıldı: Türkisches Auberginengericht; »Der Imam fiel in Ohnmacht«

Immanent: Aus dem Lateinischen; bildungssprachlicher Ausdruck für etwas, das innerhalb der Grenzen eines Bereichs liegt oder Eigenschaften bezeichnet, die einem Sachverhalt innewohnen

Ingroup: Aus dem Englischen, sinngemäß für eine »Gruppe, der man sich zugehörig fühlt und mit der man sich identifiziert«

Insan(lar): Türkisch für »Mensch(en)«, »Leute«

İnşallah: Arabisch für »So Gott will«

Integrating: Englisch für »einbinden«, »integrieren«

Integration: Aus dem Lateinischen, wird oft im Zusammenhang mit Migrant*innen verwendet und ist als Bringschuld der Einwanderer*innen gemeint. Wissenschaftler*innen dagegen verwenden »Integration«, um Sachverhalte zu beschreiben, beispielsweise Teilhabe, Zugang zu Arbeit oder Bildung. Auch: Eine Aufgabe für *alle Menschen* einer Gesellschaft, durch *Kooperation* und *Aushandlung* (Treibel 2016)

Intelligibel: Aus dem Lateinischen für »geistig erfassbar«, »verstehbar«. Gegenstände, die nur über den Verstand oder Intellekt erfasst werden können, weil sie der Sinneswahrnehmung nicht zugänglich sind. Judith Butler verwendet den Begriff, um zu verdeutlichen, dass in unserer heteronormativen und zweigeschlechtlichen Ordnung nur gewisse Geschlechter sozial und kulturell anerkennbar sind

Internalisieren: Aus dem Lateinischen. Wird in den Sozialwissenschaften als Aneignung und Verinnerlichung gesellschaftlicher Werte, Sitten, Normen und sozialer Rollen im Rahmen der Sozialisation und der Erziehung verstanden

Intersektionalität: Aus dem Englischen; Überschneidung und Gleichzeitigkeit von verschiedenen Diskriminierungskategorien

Intrinsisch: Aus dem Lateinischen für »von innen heraus, aus eigenem Antrieb«

Kalifat: Aus dem Arabischen für »Herrschaft«; ein Kalifat ist ein Amt oder Reich eines Kalifen. Ein Kalif ist ein »Nachfolger« oder »Stellvertreter des Gesandten Gottes«. Ein Kalifat stellt eine islamische Regierungsform dar, bei der die weltliche und die geistliche Führerschaft in der Person des Kalifen vereint sind

Kanake: In Almanya oft als Schimpfwort für »Menschen mit vermeintlich südländischem Aussehen« benutzt. Aus dem polynesischen »kanaka« für »Mensch« bzw. der Eigenbezeichnung der indigenen Bevölkerung Neukaledoniens (Hilal 2018)

Katharsis: Aus dem Griechischen für »Reinigung«; Hypothese in der Psychologie, dass das Ausleben innerer Konflikte und verdrängter Emotionen zu einer Reduktion selbiger führt

Koca(m): Türkisch für »(mein) Ehemann«

Kohärenz: Aus dem Lateinischen für »Zusammenhang«

Konfliktmythologeme: »Als Konfliktmythologeme bezeichnet Bühl (1976) vorwissenschaftliches Erklärungsgut im Bereich der Konflikte, das in der Regel vom Unbekannten ausgehend Bekanntes zu erklären versucht.« (Dahrendorf 1991, S. 27)

Konnotiert: Aus dem Lateinischen für »aufgeladen«, »besetzt«, »bewertet«

Konstituieren/Konstitutiv: Aus dem Lateinischen für »gründen«, »grundlegend«

Korrelation: Aus dem Lateinischen für »wechselseitige Beziehung«

Kültür: Türkisch für »Kultur«

Kulturalismus/Kulturalisierung: Wird als Praxis verstanden, »Kultur als wesentliche, zentrale und determinierende Erklärung für (individuelle) Handlungen, Einstellungen, Verhaltensweisen, Konflikte oder Ausdrucksweisen zu verstehen. Häufig wird dabei der Kulturbegriff ethnisiert und Menschen werden beispielsweise auf ihre – angebliche – ›türkische Kultur‹ festgeschrieben.« (Informations- und Dokumentationszentrum für Antirassismusarbeit e. V. o. J., Eintrag Kulturalisierung)

Labeln: »Denglisch« (Deutsch-Englisch) für »etikettieren«. Jemand, die*der »gelabelt« wird, wird von außen als zu einer definierten Gruppe zugehörig »markiert«. Dies geschieht häufig aufgrund des äußeren Erscheinungsbildes

Lahmacun: Türkische Pizza

Low: Englisch für »niedrig«

Machtarm: Die komplementäre Wortwahl Machtreich(e)-Machtarm(e) beziehungsweise Machtstark(e)-Machtschwach(e) beschreibt Individuen als handlungsfähige und -mächtige Subjekte. Sie haben grundsätzlich ein Potenzial, selbstbestimmt und in (eigener) Verantwortung auf ihr Leben und die Welt Einfluss zu nehmen – im Innen sowie im Außen (Can 2019)

Machtreich: Siehe »Machtarm«

Mehrheitsbevölkerung: Almans ohne »Migrationsvorteil«

Migrant*innenselbstorganisationen (MSO): »Unter […] (MSO) werden Vereine, Organisationen und Zusammenschlüsse von Menschen [verstanden], die über eigene Migrationserfahrung verfügen oder einen Migrationshintergrund zugeschrieben bekommen und sich dauerhaft und mit unterschiedlichen Zielen zusammenschließen. Das Spektrum der Vereine ist äußerst breit und reicht von religiösen bis zu politischen MSO, umfasst herkunftshomogene und herkunftsheterogene, zielgruppenspezifische (wie z. B. Frauenvereinen) oder zielgruppenübergreifende Organisationen. Für Organisationen, die von Jugendlichen mit Migrationshintergrund gegründet werden, haben sich die Begriffe Verein oder Verband von Jugendlichen mit Migrationshintergrund (VJM) oder Migrant:innenjugendselbstorganisationen (MJSO) etabliert.« (Informations- und Dokumentationszentrum für Antirassismusarbeit e. V. o. J., Eintrag Migrant*innenselbstorganisationen)

Migrantisiert: »Der Begriff ›migrantisiert‹ wird für Personen mit einem zugeschrieben oder tatsächlichen Migrationshintergrund verwendet. Migrantisierung geht mit Prozessen der Rassifizierung und Praxen der Andersmachung (Othering) einher, die Menschen zu Fremden machen und sie an einen Herkunftsort außerhalb Deutschlands beziehungsweise Europas verweisen.« (JFF – Institut für Medienpädagogik o. J.)

Migrationshintergrund: Gemäß der Definition des Statistischen Bundesamtes (2020): Person, die selbst oder mind. ein Elternteil nicht mit deutscher Staatsangehörigkeit geboren wurde. Zugewanderte und nicht zugewanderte Ausländer*innen, zugewanderte und nicht zugewanderte Eingebürgerte, (Spät-)Aussiedler*innen und die als Deutsche geborenen Nachkommen dieser Gruppen. »Eine realitätsnähere und den migrationsgesellschaftlichen Veränderungsprozessen entsprechende Bezeichnung könnte beispielsweise ›Deutsche mit Migrationshintergrund‹ (Broden/Mecheril 2007, S. 11) sein, da sie die vermeintlich dichotome Logik von ›Deutsch‹ und ›Migrationshintergrund‹ sprachlich durchbricht. Allerdings ändert die sprachliche ›Intervention‹ von vermeintlichen Zugehörigkeitsnormalitäten nichts an der Tatsache, dass beispielsweise zur Sichtbarmachung und zum Abbau von Ungleichheitsverhältnissen zunächst einmal mit diesen sozial wirksamen Kategorien gearbeitet werden muss.« (Foroutan/İkiz 2016, S. 140)

Migrationsspezifika/migrationsspezifische Erfahrungen: In diesem Buch Synonym für »Machtasymmetrien, soziale Ungleichheiten, Fremdbilder und Diskriminierungspraxen« (in dem Wissen, das dies nicht auf *alle* Migrant*innen zutreffen *muss* bzw. zutrifft)

Mikroaggression: »Unter Mikroaggressionen werden die Folgen bewusster und unbewusster Akte verstanden, die durch offene und subtile Botschaften strukturell diskriminierte Menschen wiederholt und nadelstichartig verletzen, indem sie sie als abweichend von der dominanten Norm darstellen, stereotypisieren, entwürdigen und symbolisch ausschließen. Beispiele für Mikroaggressionen sind Alltagsrassismen.« (Informations- und Dokumentationszentrum für Antirassismusarbeit e. V. o. J., Eintrag Mikroaggression)

Misogynie: Aus dem Altgriechischen; Frauenfeindlichkeit/krankhafter Hass von Männern gegenüber Frauen

Müzik: Türkisch für »Musik«

Müzik kültürü: Türkisch für »Musikkultur«

Narrativ: Lehnübersetzung des Englischen »narrative«: Erzählung/Darstellung, um eine Gesellschaft oder historische Periode zu erklären/zu rechtfertigen

Nation: »Es lassen sich drei Arten unterscheiden, eine Nation zu definieren: Subjektivistische Definitionen behaupten, die Nation beruhe einzig auf dem freien Entschluss und der Überzeugung ihrer Mitglieder, dass sie zusammengehören. Objektivistische Definitionen versuchen, Individuen durch scheinbar objektive, außerhalb der Individuen liegende Kriterien wie ›Sprache‹, ›Kultur‹ usw. eindeutig Nationen zuzuordnen. Sie verstehen Nationen als natürlich gegebene Gemeinschaften. Da sich Nation auf diese Weisen aber nicht eindeutig bestimmen lässt, sehen dekonstruktivistische Definitionsansätze Nationen allein durch die wechselseitige Identifikation und Anerkennung sozialer Akteur:innen definiert. Nation setzt somit die Bildung einer Ethnizität voraus, die sich auf eine ›vorgestellte Gemeinschaft‹ (deren Angehörige sich niemals alle kennenlernen und miteinander interagieren können), auf einen Staat und auf ein Territorium bezieht (ihre Angehörigen stellen sich die Nation als begrenzt und souverän vor) und deren Angehörige unabhängig von realen Ungleichheiten als Gleiche verstanden werden. Nation setzt also die Vorstellung ihrer Existenz voraus.« (Informations- und Dokumentationszentrum für Antirassismusarbeit e.V. o. J., Eintrag Nation)

Naturalisierung: Naturalisierung bezeichnet in der Definition von Rassismus den Prozess, bei dem Menschen unveränderliche, quasi natürliche Eigenschaften zugeschrieben werden. Mit dieser Zuschreibung einer (vermeintlichen) Natur wird neben dem Bezug auf Kultur rassistische Unterscheidung legitimiert

Neglect (passive aggressive): Englisch für »Vernachlässigung (passiv-aggressiv)«

Non-Western approach: Englisch für »Nicht-westlicher-Ansatz«

(to) oblige: Englisch für »entgegenkommen«

Other-Face Concern: Englisch für »fremdgesichtige Besorgnis«; im Sinne von »für die Gesichtswahrung von anderen Sorge tragen« (s. »Face«)

Othering: Siehe »VerAnderung«

Outgroup: Aus dem Englischen, sinngemäß für »Fremdgruppe, der man sich nicht zugehörig fühlt und mit der man sich nicht identifiziert«

Para: Türkisch für »Geld«

Paradigmatisch: Aus dem Griechischen; mit dem Begriff wird ein Zusammenhang bezeichnet, der nicht nur allein für sich steht, sondern von beispielhaftem Charakter ist. Paradigmatische Fälle weisen über einen einzelnen Fall oder ein einzelnes Ereignis hinaus und verdeutlichen eine übergreifende Struktur

Parität: Aus dem Lateinischen für »Gleichstellung«, »Gleichberechtigung«

Performanz: Aus dem Englischen für »Verrichtung«, »Ausführung«

Performativ: Aus dem Englischen; mit diesem Begriff werden sprachliche Äußerungen bezeichnet, die nicht nur einen Sachverhalt beschreiben, sondern ihn zugleich sprachlich ankündigen und vollziehen. Beispielhaft können hier Sätze wie »Hiermit sind die Spiele eröffnet« angeführt werden

Peripherie: Aus dem Griechischen; im allgemeinen Sprachgebrauch eingesetzt für »Randgebiet«, »Umgebung eines Zentrums«, »Stadtrand«

Phylogenetisch: Aus dem Griechischen, beschreibt die Stammesentwicklung der Lebewesen und die biologische Entwicklung der Menschheit

PoC: People/Person of Color »dient als analytischer und politischer Begriff, der sich an all diejenigen Menschen und Communities wendet, die in kolonialer Tradition als ›Andere‹ rassifiziert und unterdrückt wurden bzw. werden. Er wird aktiv als Selbstbezeichnung – oft verbunden mit einem politischen Verständnis – verwendet. Der Begriff zielt darauf ab, die dem Rassismus innewohnende Strategie des Teilens und Herrschens zu unterlaufen. Denn mit Hilfe dieser Strategie spielt die weiße Dominanzgesellschaft rassifizierte Gruppen gegeneinander aus, indem sie sie hierarchisiert und ihnen unterschiedliche Privilegien gewährt. Dies schwächt ihre wechselseitige Solidarität und erhält Rassismus weiterhin aufrecht. Dagegen versuchen rassistisch diskreditierbare Menschen mit dem Begriff People of Color, sich einerseits die ihnen verweigerte gesellschaftliche Definitionsmacht wieder anzueignen, andererseits die Vielfältigkeit der Rassismuserfahrungen von People of Color zu verdeutlichen und dadurch schließlich solidarische Bündnisse über die Grenzen marginalisierter Communitys hinweg zu ermöglichen.« (Informations- und Dokumentationszentrum für Antirassismusarbeit e. V. o. J., Eintrag People of Color)

Political Correctness: Mit dem Ausdruck Political Correctness (dt. »politische Korrektheit«) wird das öffentlich kontrovers diskutierte Anliegen und Bestreben bezeichnet, einen sprachsensiblen Umgang mit (potenziell) verletzenden Begriffen – unter anderem rassistischen, hetero-sexistischen, klassistischen – zu verfolgen und damit auf diskriminierende Verhältnisse auf sprachlicher Ebene hinzuweisen. In den letzten Jahren wird der Begriff Political Correctness in Deutschland zunehmend von der konservativen und rechten Seite als Schlagwort und Kampfbegriff eingesetzt, um die Kritik von als bedroht empfundener Meinungsfreiheit zu vertreten und politische Interventionen für einen sprachsensiblen und diskriminierungskritischen Umgang in Politik, Unterhaltung, Kultur und Wissenschaft abzuwehren (s. Vertiefung in Kapitel 5)

Postulieren: Aus dem Lateinischen für »fordern«, »annehmen«, »als gegeben hinstellen«

Power: Englisch für »Macht«

Powerlessness: Englisch für »Machtlosigkeit«

Power relations: Englisch für »Machtverhältnisse«

Powersharing: Englisch für »Teilen der Macht«

Präskriptiv: Aus dem Lateinischen für »wertend«, »vorschreibend«, »festlegend«

Psychosozial: Die Psyche und das Sozialverhalten (soziale Interaktion) betreffend

Race: »Der aus dem Englischen stammende Begriff *race* steht für eine sozialwissenschaftliche Analysekategorie, die politische, soziale und kulturelle Konstruktionen vom Weiß- und Nichtweißsein beschreibt. Das aus dem US-Kontext übernommene Konzept von *race* lässt sich nicht mit dem deutschen Begriff ›Rasse‹ übersetzen. Anders als der biologistisch konnotierte Rassenbegriff ist das Konzept *race* in den USA eng mit den Kämpfen Schwarzer Menschen gegen rassistische Ungleichheit verbunden.« (JFF – Institut für Medienpädagogik o. J., Eintrag Race, Hervorh. i. Orig.)

Rassismus: »Prozess, in dem Menschen aufgrund tatsächlicher oder vermeintlicher körperlicher oder kultureller Merkmale (z. B. Hautfarbe, Herkunft, Sprache, Religion) als homogene Gruppen konstruiert, hierarchisierend bewertet und ausgegrenzt werden. Der klassische Rassismus behauptet eine Ungleichheit und Ungleichwertigkeit von Menschengruppen auf Grundlage angeblicher biologischer Unterschiede. Im Neorassismus wird die Ungleichheit und Ungleichwertigkeit mit angeblichen Unterschieden zwischen ›Kulturen‹ zu begründen versucht [auch ›Kulturrassismus‹ genannt, Anm. der Autorin]. Rassismus ist die Summe aller Verhaltensweisen, Gesetze, Bestimmungen und Anschauungen, die den Prozess der Hierarchisierung und Ausgrenzung unterstützen. Sie beruhen auf ungleichen Machverhältnissen.« (Informations- und Dokumentationszentrum für Antirassismusarbeit e. V. o. J., Eintrag Rassismus)

Rassismuskritik: »Rassismuskritik geht von der Annahme aus, dass Rassismus eine gesellschaftliche Normalität darstellt, insofern alle Menschen durch rassistische Kategorisierungen, Zuschreibungen und Diskriminierungen in unserer Gesellschaft positioniert werden [...]. Ein Handeln ist also nur innerhalb dieser Verhältnisse möglich. Daher kann Rassismus nur in ihrem Rahmen bekämpft, Zugehörigkeitsordnungen können verschoben und rassistische Diskriminierungen abgebaut werden. Dabei ist die Positionierung der Akteur:innen zu berücksichtigen, um nicht erneut rassistische Strukturen der Über- und Unterordnung zu stützen [...]. Insofern ist Rassismuskritik eine (selbst)reflexive, theoriegebundene, widersprüchliche und prinzipiell nicht abschließbare Praxis. Dadurch setzt sich Rassismuskritik ausdrücklich von Haltungen und Handlungsformen ab, die auf der Annahme beruhen, es reiche aus, für Gleichheit und gegen Rassismus einzutreten, um nicht rassistisch zu sein. Denn sie blenden rassistische Strukturen aus und sind daher auch blind für die Folgen der eigenen Praxis.« (Informations- und Dokumentationszentrum für Antirassismusarbeit e. V. o. J., Eintrag Rassismuskritik)

Reframing: Englisch für »Umdeutung«, »Neurahmung«

Rekurrieren: Aus dem Lateinischen für »auf etwas früher Erkanntes, Gesagtes o. ä. Bezug nehmen oder anknüpfen«

Reputation: Aus dem Lateinischen, beschreibt im heutigen Sprachgebrauch »das Ansehen einer Person, sozialen Gruppe oder Organisation«

Resilienz: Aus dem Lateinischen für »psychische Widerstandskraft«

Responsiv: Englisch für »reagierend«

Ressort: Englisch für »Aufgaben-/Arbeitsbereich«

Retrospektiv: Aus dem Lateinischen für »zurückschauend«, »rückblickend«

Rezipieren: Aus dem Lateinischen; bildungssprachliche Bezeichnung für »sich etwas aneignen«, »etwas aufnehmen und (sinnlich) verarbeiten und erfassen«

Reziprozität: Aus dem Lateinischen für »Gegen-/Wechselseitigkeit«

Roma*nja: Kollektive Selbstbezeichnung der »Romas« in Deutschland

Safe(r) Space: Englisch für »Sicherer(er) Raum«

Şaka: Türkisch für »Scherz«

Schwarz: »Der Begriff Schwarz wird oft als Selbstbezeichnung von Menschen afrikanischer und afro-diasporischer Herkunft, schwarzen Menschen, Menschen dunkler Hautfarbe und people of colo(u)r gewählt. Das großgeschriebene ›S‹ wird bewusst gesetzt, um eine sozio-politische Positionierung in einer mehrheitlich weiß dominierten Gesellschaftsordnung zu markieren und gilt als Symbol einer emanzipatorischen Widerständigkeitspraxis.« (Diversity Arts Culture o. J.)

Selfcare: Englisch für »Selbstfürsorge«, »Selbstpflege«

Self-Empowerment: Englisch für »Selbstermächtigung«

Self-Face Concern: Englisch für »Sorge um das eigene Gesicht«

Semantisch: Aus dem Griechischen; mit dem Begriff wird der Inhalt oder die Bedeutung eines Wortes bezeichnet. Die Semantik beschäftigt sich als sprachwissenschaftliche Disziplin mit der Analyse der Bedeutung von Worten

Seniorität: Aus dem Lateinischen für »Prinzip des Vorrangs von Personen mit höherem Lebensalter«

Setting: Englisch für »Rahmen«, »Umgebung«

Shoah: Hebräisch für »Katastrophe«, »Unheil«. Der Begriff bezeichnet den nationalsozialistischen Völkermord an Juden in Europa zwischen 1933 und 1945

Signum: Aus dem Lateinischen für »Symbol«, »Emblem«

Sinti*zze: Kollektive Selbstbezeichnung der »Sintis« in Deutschland

Social Media: Englisch für »soziale Medien«

Song: Englisch für »Lied«

Sound: Englisch für »Klang«

Spoken Word: Englisch für »gesprochenes Wort«. Ein Genre der darstellenden Kunst, bei dem eine Erzählung oder ein lyrischer Text vor Publikum vorgetragen wird

Standarddeutsche: Beschreibt »Deutsche ohne Migrationshintergrund und macht auf eine Norm-Vorstellung aufmerksam, von der Deutsche mit Migrationshintergrund vermeintlich abweichen.« (Neue deutsche Medienmacher*innen e. V. o. J., Eintrag Standard-Deutsche)

Standing: Englisch für »Stellung«, »Ansehen«

Statement: Englisch für »Aussage«

Stereotyp: »Stereotype sind positive und negative Eigenschaften und Verhaltensweisen, die mit bestimmten sozialen Kategorien oder Gruppen assoziiert werden. Sie können fremde soziale Gruppen (›Die Franzosen sind besonders romantisch‹) oder die eigene Gruppe (›Die Deutschen sind besonders gehorsam‹) betreffen. Sie sind automatisch, auch wenn sie häufig unzutreffend sind. Meist herrscht ein gewisser sozialer Konsens darüber, welche Eigenschaften mit welchen Gruppen assoziiert werden.« (Geschke 2012)

Stereotypisierung: Prozess, »durch den konstruierten sozialen Gruppen wenige, stark vereinfachte Eigenschaften zugeschrieben werden. Ihnen zugeordnete Personen werden infolgedessen auf ihre zugeschriebene Gruppenzugehörigkeit und diese Eigenschaften reduziert. Dadurch werden sowohl Gemeinsamkeiten zwischen als auch Unterschiede innerhalb der konstruierten Gruppen verwischt. Durch Stereotypisierung wird das ›Wesen‹ der konstruierten Gruppen und der ihr zugeordneten Personen bestimmt und umgekehrt die zugeschriebenen Eigenschaften mit dem ›Wesen‹ der konstruierten Gruppen erklärt. Zugeschriebene Eigenschaften und Verhalten werden also essentialisiert und naturalisiert. Die ›den Anderen‹ zugeschriebenen Eigenschaften sind weder willkürlich noch zufällig. Sie leiten sich von den gesellschaftlich vorherrschenden Werten ab. Mittels Stereotypisierung können rassistisch nicht diskreditierbare Menschen also alles Abweichende und ›Unnormale‹ auf ›die Anderen‹ projizieren und auf diese Weise von sich abspalten. Dadurch werden gesellschaftliche Normen durchgesetzt, die eigene Identität stabilisiert und symbolische Grenzen gezogen. Denn durch Stereotypisierung werden ›die Anderen‹ vollends zu absolut und wesenhaften ›Anderen‹. Dieser Prozess funktioniert unabhängig davon, ob die Stereotype positiver (Exotisierung, Idealisierung, Romantisierung) oder negativer (Dämonisierung) Natur sind.« (Informations- und Dokumentationszentrum für Antirassismusarbeit e. V. o. J., Eintrag Stereotypisierung)

Stigmatisierung: »Der aus dem Griechischen stammende Begriff steht für ›Mal, entehrendes Kennzeichen‹. Stigmatisieren bedeutet, eine Person oder eine Gruppe in diskriminierender Weise zu kennzeichnen, indem ihr bestimmte, von der Gesellschaft als negativ bewertete Merkmale zugeschrieben werden und/oder sie mit Fremdbezeichnungen belegt wird. Dabei kann sich die diskriminierende Kennzeichnung auf sichtbare Merkmale (z. B. Hautfarbe, Geschlecht) oder unsichtbare Merkmale (z. B. Religion, Sexualität) beziehen.« (Informations- und Dokumentationszentrum für Antirassismusarbeit e. V. o. J., Eintrag Stigmatisierung)

Struggle: Englisch für »Kampf«, »Ringen«, »Anstrengung«

Subaltern: Aus dem Lateinischen; einen untergeordneten Rang einnehmend, beschränkte Entscheidungsbefugnisse innehabend

Switch: Englisch für »Wechsel«, »umschalten«

Switchen: »Denglisch« (Deutsch-Englisch) für »wechseln«, »umschalten«

Third-Party Help: Englisch für »Hilfe von Dritten«

Timing: Englisch für »Zeitwahl«, »zeitliche Koordinierung«

Tough: Englisch für »stark«, »robust«

Transcodieren: Aus dem Englischen für »umwandeln«, »umcodieren«

Turko-Deutsche*r: Person mit türkischen und deutschen Wurzeln. Es ist sinnvoll, den »Lebensmittelpunkt zu betonen; also ›Turko-Deutsche‹ oder ›Türkei-Deutsche‹ statt ›Deutsch-Türken‹ [...]. Denn bei Wortzusammensetzungen im Deutschen steht die Hauptbedeutung immer am Ende.« (Neue Deutsche Medienmacher*innen o. J., Eintrag Deutsch-Türken)

Unconscious bias: Englisch für »unbewusste Voreingenommenheit«

Validierung: Aus dem Lateinischen für »Feststellung von Gültigkeit, Wichtigkeit, des Wertes von etwas«

VerAnderung (othering): »Basierend auf ›Wir‹-›Ihr‹-Konstruktionen wird das ›Ihr‹ zum:zur vermeintlich gänzlich Anderen, der:die im Gegensatz zum ›Wir‹ als weniger emanzipiert, aufgeklärt, tolerant, demokratisch, gebildet etc. gedacht wird. Es werden elementare Verschiedenheiten konstruiert, die hierarchisierend – ob offen negativ oder in exotisierender Weise scheinbar positiv – bewertet und betont werden. Wenn das Gegenüber durch die ständige Konfrontation mit den Zuschreibungen nach und nach diese unbewusst übernimmt, ist sie oder er tatsächlich zum vermeintlich Anderen geworden, er oder sie hat sich dem Bild vom Anderen angeglichen [...]. Migrierte beispielsweise, deren bilinguale Kompetenzen offen gering geschätzt werden, werden nach und nach ihr Augenmerk auch selbst auf ihre Defizite im Deutschen legen und es deswegen womöglich weniger sprechen, wodurch sie schließlich das Vorurteil bekräftigen und so unbewusst den Prozess des Othering (dt. z. B. Veranderung, Fremdmachen) bestätigen.« (Informations- und Dokumentationszentrum für Antirassismusarbeit e. V. o. J., Eintrag Othering)

Verteilungsgerechtigkeit: »Verteilungsgerechtigkeit meint, dass alle Menschen in Bezug auf das physische und psychische Leben in Sicherheit und Wohlbefinden leben können. Dabei geht es um die Verteilung von Geld und Gütern, aber auch anderer Ressourcen wie z. B. Zeit und Aufmerksamkeit.« (Czollek/Perko/Kaszner/Czollek 2019, S. 24)

Visions beyond Wakanda: Englisch für »Visionen über Wakanda hinaus«. »Wakanda ist ein fiktiver Staat in Afrika, welcher vom Black Panther regiert wird. Wakanda ist für seine Rohstoffschätze, besonders das Vibranium, bekannt und verfolgte jahrelang eine isolationistische Außenpolitik – das heißt, es schottete sich vom Rest der Welt ab.«[80]

---

80 https://marvel-filme.fandom.com/de/wiki/Wakanda (Zugriff am 20.07.2021).

Vorurteil: »Vorurteile sind herabsetzende Einstellungen gegenüber sozialen Gruppen oder ihren Mitgliedern, die auf wirklichen oder zugeschriebenen Merkmalen von Mitgliedern dieser Gruppen beruhen. Sie treten zwischen (sozialen) Gruppen auf, umfassen eine (positive oder negative) Bewertung einer Gruppe, stellen eine verzerrte Wahrnehmung einer Gruppe dar und basieren auf wirklichen oder vorgestellten Gruppenmerkmalen. Demnach sind Vorurteile verzerrte Bewertungen eines sozialen Reizes, die kognitive (wie Stereotype), emotionale (wie Angst) und verhaltensmäßige Komponenten (wie Vermeidung) enthalten.« (Geschke 2012)

Literatur

Akhtar, M. (2012): Rassismus wird gemacht. Eine Hausbau-Geschichte zur Bedeutungskonstruktion. In: Berliner Entwicklungspolitischer Ratschlag e. V. (Hg.): Wer andern einen Brunnen gräbt ... (S. 16–19). Berlin.
Amani, E. (2021): Die beste Instanz. Presented by Enissa Amani. Mit N. A. Kelly, N. Zarabian, M. Czollek, G. Jovanovic, M. Amijahid u. E. Amani (2021). https://www.youtube.com/watch?v=r45_9wvbDoA&ab_channel=EnissaAmaniEnissaAmani (Zugriff am 17.6.2021).
Arndt, S. (2011): Sprache, Kolonialismus und rassistische Wissensformationen. In: S. Arndt/N. Ofuatey-Alazard (Hg.): (K)Erben des Kolonialismus im Wissensarchiv deutsche Sprache. Ein kritisches Nachschlagewerk (S. 121–125). Münster.
Arndt, S./Ofuatey-Alazard, N. (Hg.) (2011): (K)Erben des Kolonialismus im Wissensarchiv deutsche Sprache. Ein kritisches Nachschlagewerk. Münster.
Auernheimer, G. (1999): Notizen zum Kulturbegriff unter dem Aspekt interkultureller Bildung. In: M. Gemende/W. Schröer/S. Sting (Hg.): Zwischen den Kulturen. Pädagogische und sozialpädagogische Zugänge zur Interkulturalität. Dresdner Studien (S. 27–36). Weinheim.
Auernheimer, G. (Hg.) (2013): Interkulturelle Kompetenz und pädagogische Professionalität (4. Aufl.). Wiesbaden.
Auernheimer, G. (2016): Einführung in die Interkulturelle Pädagogik (8. Aufl.). Darmstadt.
Austin, J. (1972): Zur Theorie der Sprechakte (How to do things with words). Deutsche Bearbeitung von Eike von Savigny. Stuttgart.
Ayata, I./Kulukcu, B. (2013): Songs of Gastarbeiter Vol. 1 (Booklet). München.
Barmeyer, C. (2010): Kulturdimensionen und Kulturstandards. In: C. Barmeyer/P. Genkova/J. Scheffer (Hg.): Interkulturelle Kommunikation und Kulturwissenschaft. Grundbegriffe, Wissenschaftsdisziplinen, Kulturräume (S. 93–127). Passau.
Barthes, R. (1957): Mythen des Alltags. Frankfurt am Main.
Berkel, K. (2014): Konflikttraining: Konflikte verstehen, analysieren, bewältigen (12. Aufl.). Hamburg.
Bertelsmann Stiftung (2006): Interkulturelle Kompetenz – Schlüsselkompetenz des 21. Jahrhunderts? Thesenpapier der Bertelsmann Stiftung auf Basis der Interkulturellen-Kompetenz-Modelle von Dr.[in] Darla K. Deardorff. https://www.jugendpolitikineuropa.de/downloads/22-177-414/bertelsmann_intkomp.pdf (Zugriff am 22.01.2021).
Bertelsmann Stiftung (2008): Interkulturelle Kompetenz – Die Schlüsselkompetenz des 21. Jahrhunderts? Gütersloh.
Blank, B. (2018): Empowerment. Ein Leitkonzept der Sozialen Arbeit in der Migrationsgesellschaft? In: B. Blank/S. Gögercin/K. E. Sauer/B. Schramkowski (Hg.): Soziale Arbeit in der Migrationsgesellschaft. Grundlagen – Konzepte – Handlungsfelder (S. 327–340). Villingen-Schwenningen.
Bolten, J. (2006): Interkultureller Trainingsbedarf aus der Perspektive der Problemerfahrungen entsandter Führungskräfte. In: K. Götz (Hg.): Interkulturelles Lernen, interkulturelles Training (S. 57–75). München.

Bolten, J. (2011): Unschärfe und Mehrwertigkeit: »Interkulturelle Kompetenz« vor dem Hintergrund eines offenen Kulturbegriffes. In: U. Hößler/W. Dreyer (Hg.): Perspektiven interkultureller Kompetenz (S. 55–70). Göttingen.
Bolten, J. (2012): Interkulturelle Kompetenz. Thüringen.
Bouheraoua, S. (2008): Journal 4th Asia-Pacific Mediation Forum Conference. International Islamic University Malaysia. http://www.asiapacificmediationforum.org/resources/2008/11-_Said.pdf (Zugriff am 28.06.2021).
Bourdieu, P. (2015): Was heißt sprechen? Zur Ökonomie des sprachlichen Tausches. Wien.
Bourdieu, P. (2017): Der Fetisch Sprache. In: P. Bourdieu: Sprache. Schriften zur Kultursoziologie 1 (S. 7–72). Berlin.
Brake, T. et al. (1995): Doing Business Internationally: The Guide to Cross Cultural Success. New York.
Broden, A. (2017): Rassismuskritische Bildungsarbeit. Herausforderungen – Dilemmata – Paradoxien. In: K. Fereidooni/M. El (Hg.): Rassismuskritik und Widerstandsformen (S. 819–835). Wiesbaden.
Broden, A./Mecheril, P. (2010): Rassismus bildet. Einleitende Bemerkungen. In: A. Broden/P. Mecheril (Hg.): Rassismus bildet (S. 7–23). Bielefeld.
Bundeszentrale für politische Bildung (2016): Bruttosozialprodukt. https://www.bpb.de/nachschlagen/lexika/lexikon-der-wirtschaft/18946/bruttosozialprodukt (Zugriff am 06.11.2021).
Bundeszentrale für politische Bildung (2020): Bevölkerung mit Migrationshintergrund I. https://www.bpb.de/nachschlagen/zahlen-und-fakten/soziale-situation-in-deutschland/61646/migrationshintergrund-i (Zugriff am 07.07.2021).
Bundeszentrale für politische Bildung (2021): Bevölkerung mit Migrationshintergrund. https://www.bpb.de/nachschlagen/zahlen-und-fakten/soziale-situation-in-deutschland/61646/migrationshintergrund (Zugriff am 26.11.2021).
Butler, J. (1991): Das Unbehagen der Geschlechter: Aus dem Amerikanischen von Katharina Menke. Frankfurt am Main.
Butler, J. (1997): Körper von Gewicht. Die diskursiven Grenzen des Geschlechts: Aus dem Amerikanischen von Karin Wördemann. Frankfurt am Main.
Butler, J. (2006). Haß spricht. Zur Politik des Performativen. Aus dem Englischen von Katharina Menke und Markus Krist. Frankfurt am Main.
Can, H. (2013): Empowerment aus der People of Color-Perspektive. Reflexionen und Empfehlungen zur Durchführung von Empowerment-Workshops gegen Rassismus. Berlin.
Can, H. (2019): Handreichung. Habe Mut zu handeln und dich (kritisch) deiner Macht zu bedienen! Veränderung durch (Selbst-)Hilfe, Partizipation und Empowersharing. Berlin.
Caspari, L./Tröger, J./Sundermann, T. (2018): Sie sind nicht vergessen. https://www.zeit.de/gesellschaft/zeitgeschehen/2018-07/nsu-morde-opfer-prozess?utm_referrer=https%3A%2F%2Fwww.google.com%2F (26.11.2021).
Chehata, Y./Jagusch, B. (2020): »Wenn Wissen und Diskurs persönlich wird« und werden sollte. In: B. Jagusch, Birgit/Y. Chehata (Hg.): Empowerment und Powersharing: Ankerpunkte – Positionierungen – Arenen (S. 9–18). Weinheim.
Czollek, M. (2018): Desintegriert euch! München.
Czollek, L./Perko, G./Weinbach, G. (2012): Praxishandbuch Social Justice und Diversity. Theorien, Training, Methoden, Übungen. Weinheim.
Czollek, L./Perko, G. (2014): Das Konzept des Verbündet-Seins im Social Justice als spezifische Form der Solidarität. In: A. Broden/P. Mecheril (Hg.): Solidarität in der Migrationsgesellschaft. Befragung einer normativen Grundlage (S. 153–166). Bielefeld.
Czollek, L./Perko, G./Kaszner, C./Czollek, M. (2019): Praxishandbuch Social Justice und Diversity. Theorien, Training, Methoden, Übungen (2. Aufl.). Weinheim.
Çevikkollu, F. (2010): Güle güle Goethe! ZMI-Magazin, 2/2010, 42–43.
Çiçek, A./Heinemann, A./Mecheril, P. (2015): Warum so empfindlich? Die Autorität rassistischer Ordnungen oder ein rassismuskritisches Plädoyer für mehr Empfindlichkeit. In: B. Marschke/

H. U. Brinkmann (Hg.): »Ich habe nichts gegen Ausländer, aber ...«: Alltagsrassismus in Deutschland (S. 143–167). Berlin.

Dağdeviren, M./Leenen, R./Scheitza, A. (2018): Seminarreihe Interkulturell sensible Berufsorientierung – Lehrbriefe. 9. Interkulturelle Kommunikation: Vertiefung. https://www.berufsorientierungsprogramm.de/bop/shareddocs/downloads/angebote-fuer-zugewanderte/lehrbrief-9-interkulturelle-ko-kation-vertiefung_barrierefrei.pdf?_blob=publicationFile&v=3 (Zugriff am 27.11.2021).

Dahrendorf (1991): Der soziale Konflikt. https://www.google.de/url?sa=t&rct=j&q=&esrc=s&source=web&cd=&ved=2ahUKEwiFocGz0rrxAhWUOewKHdnVBRkQFjACegQIFRAD&url=https%3A%2F%2Fopus4.kobv.de%2Fopus4-fau%2Ffrontdoor%2Fdeliver%2Findex%2FdocId%2F12%2Ffile%2F03.%2BDer%2Bsoziale%2BKonflikt.pdf&usg=AOvVaw2kKq9-YXfepCF-DaX1tS91 (Zugriff am 28.06.2021).

Damásio, A. R. (2014): Descartes' Irrtum: Fühlen, Denken und das menschliche Gehirn. Berlin.

dekoloniale (2021): Über uns. https://www.dekoloniale.de/de/about (Zugriff am 18.06.2021).

Dinges, N. G./Baldwin, K. D. (1996): Intercultural competence. A research perspective. In: D. Landis/R. S. Bhagat (Hg.): Handbook of intercultural training (S. 106–123). Thousand Oaks.

Diversity Arts Culture (o. J.): Schwarz. https://diversity-arts-culture.berlin/woerterbuch/schwarz (Zugriff am 15.02.2022).

Döring, N. (1999): Sozialpsychologie des Internet. Göttingen.

Dreher, E./Oerter, R. (2008): Jugendalter. In: R. Oerter/L. Montada (Hg.): Entwicklungspsychologie (6. Aufl.; S. 271–332). Weinheim.

Dreyer, W. (2011): Hofstedes Humbug und die Wissenschaftslogik der Idealtypen. In: W. Dreyer/U. Hößler (Hg.): Perspektiven interkultureller Kompetenz (S. 82–96). Göttingen.

Eggers, M. (2008): Pippi Langstrumpf – Emanzipation nur für weiße Kinder? Rassismus und an (weiße) Kinder adressierte Hierarchiebotschaften. http://blog.derbraunemob.info/2008/12/19/pippi-langstrumpf-emanzipation-nur-fuer-weisze-kinder/ (Zugriff am 18.06.2021).

El-Mafaalani, A. (2018): Das Integrationsparadox. Köln.

Erdmann, I. (2020): Perspektiven aus der Praxis – ein Gespräch unter drei Empowerment–Trainer*innen. In: B. Jagusch/Y. Chehata (Hg.): Empowerment und Powersharing: Ankerpunkte – Positionierungen – Arenen (S. 150–162). Weinheim.

Erikson, E. H. (1968): Jugend und Krise: Die Psychodynamik im sozialen Wandel. Stuttgart.

Espahangizi, K. M. (2018): Ab wann sind Gesellschaften *post*migrantisch? In: N. Foroutan/J. Karakayali/R. Spielhaus (Hg.): Postmigrantische Perspektiven. Ordnungssysteme, Repräsentationen, Kritik (S. 35–55). Bonn.

Faller, K. (1998): Mediation in der pädagogischen Arbeit. Mülheim.

Farrokhzad, S. (2019): Empowerment junger Menschen mit (zugeschriebenem) Migrationshintergrund im Spannungsfeld von Othering und Selbstbemächtigung. Düsseldorf.

Fechler, B. (2013): Interkulturelle Mediationskompetenz. Umrisse einer differenz-, dominanz- und kontextsensiblen Mediation. In: G. Auernheimer (Hg.): Interkulturelle Kompetenz und pädagogische Professionalität (4. Aufl.; S. 173–200). Wiesbaden.

Fereidooni, K. (2019): Rassismuskritik für Lehrer*innen und Peers im Bildungsbereich. Zwei Praxisbeispiele aus dem Schulunterricht. https://schwarzkopf-stiftung.de/content/uploads/2021/10/19_a4_rassismuskritische-bildung_dt_web.pdf?x91003 (Zugriff am 27.01.2022).

Ferreira, G. (2003): Die Kolonialisierung des Selbst – der Platz des Schwarzen. In: H. Steyerl/E. G. Rodríguez (Hg.): Spricht die Subalterne deutsch? Migration und postkoloniale Kritik (S. 146–165). Münster.

Flammer, A. (1996): Entwicklungstheorien. Psychologische Theorien der menschlichen Entwicklung (2. Aufl.). Bern.

Foucault, M. (1978): Dispositive der Macht: Michel Foucault über Sexualität, Wissen und Wahrheit. Berlin.

Foroutan, N. (2013): Hybride Identitäten. Normalisierung, Konfliktfaktor und Ressource in postmigrantischen Gesellschaften. In: H. U. Brinkmann/H. H. Uslucan (Hg.): Dabeisein und Dazugehören. Integration in Deutschland (S. 85–99). Wiesbaden.

Foroutan, N. (2018): Die postmigrantische Perspektive: Aushandlungsprozesse in pluralen Gesellschaften. In: M. Hill/E. Yıldız (Hg.): Postmigrantische Visionen. Erfahrungen – Ideen – Reflexionen (S. 15–27). Bielefeld.

Foroutan, N./İkiz, D. (2016): Migrationsgesellschaft. In: P. Mecheril (Hg.): Migrationspädagogik (S. 138–151). Weinheim.

Foroutan, N./Karakayalı, J./Spielhaus, R. (2018): Einleitung: Kritische Wissensproduktion zur postmigrantischen Gesellschaft. In: N. Foroutan/J. Karakayali/R. Spielhaus (Hg.): Postmigrantische Perspektiven. Ordnungssysteme, Repräsentationen, Kritik (S. 9–16). Bonn.

Geppert, M. (2019): Maslowsche Bedürfnispyramide: Bedürfnisse und menschliches Handeln. https://www.herder.de/leben/lebensberatung-und-psychologie/maslowsche-beduerfnispyramide/ (27.11.2021).

Geschke, D. (2012): Vorurteile, Differenzierung und Diskriminierung – sozialpsychologische Erklärungsansätze. https://www.bpb.de/apuz/130413/vorurteile-differenzierung-und-diskriminierung-sozialpsychologische-erklaerungsansaetze (28.11.2021).

Goel, U. (2020): Freundlichkeit gegenüber Fehlbarkeiten – ein Ansatz für diskriminierungskritische Bildungsarbeit. In: S. Bücken/N. Streicher/A. Velho/P. Mecheril (Hg.): Migrationsgesellschaftliche Diskriminierungsverhältnisse in Bildungssettings. Analysen, Reflexionen, Kritik (S. 147–166). Wiesbaden.

Goldberg, D. T. (2001): Racial Knowledge. In: L. Back/J. Solomos (Hg.): Theories of Race and Racism. A Reader (S. 154–180). London.

Glasl, F. (1999): Konfliktmanagement. Ein Handbuch für Führungskräfte, Beraterinnen und Berater (6. Aufl.). Bern.

Glasl, F. (2020): Konfliktmanagement. Ein Handbuch für Führungskräfte, Beraterinnen und Berater (11. Aufl.). Bern.

Goffman, E. (1955): Techniken der Imagepflege. Psychiatry: Journal for the Study of Interpersonal Processes, 18 (3), 213–231.

Goffman, E. (1967): Stigma. Über Techniken der Bewältigung beschädigter Identität. Frankfurt am Main.

Grill, M./Kampf, L. (2021): Millionen-Honorar für Andrea Tandler. https://www.tagesschau.de/investigativ/ndr-wdr/maskengeschaefte-provisionen-105.html (Zugriff am 27.11.2021).

Gugutzer, R. (2002): Leib, Körper und Identität. Wiesbaden.

Gümüşay, K. (2021): Sprache und Sein (14. Aufl.). Berlin.

Güngor, M./Loh, H. (2020): Vom Gastarbeiter zum Gangsta_Rapper? HipHop, Migration und Empowerment. In: B. Jagusch/Y. Chehata (Hg.): Empowerment und Powersharing: Ankerpunkte – Positionierungen – Arenen (S. 54–71). Weinheim.

Ha, K. N. (2007): People of Color – Koloniale Ambivalenzen und historische Kämpfe. In: H. Kien Nghi/N. Lauré al-Samarai/S. Mysorekar (Hg.): re/visionen. Postkoloniale Perspektiven von People of Color auf Rassismus, Kulturpolitik und Widerstand in Deutschland (S. 31–39). Münster.

Hall, E. T. (1973): The Silent Language. New York.

Hall, E. T. (1976): Beyond Culture. New York.

Hall, S. (1994): Kulturelle Identität und Diaspora Rassismus und kulturelle Identität. Ausgewählte Schriften 2. Herausgegeben und übersetzt von Juha Koivisto und Ulirch Mehlem (S. 26–43). Berlin.

Hall, S. (2000): Rassismus als ideologischer Diskurs. In N. Räthzel (Hg.): Theorien über Rassismus (S. 7–16). Hamburg.

Hayn, E. (2013): ›Political Correctness‹. Machtvolle Sprachaushandlungen und sprachliche Mythen in Diskussionen um ›Politische Korrektheit‹. In: A. Nduka-Agwu/A. L. Hornscheidt (Hg.): Rassismus auf gut Deutsch. Ein kritisches Nachschlagewerk zu rassistischen Sprachhandlungen (S. 337–343). Frankfurt am Main.

Heckmann, F. (2001): Nationalstaat – multikulturelle Gesellschaft und ethnische Minderheitenpolitik. http://library.fes.de/fulltext/asfo/01009004.htm#E9E5 (Zugriff am 17.6.2021).

Hentges, G./Reuter J. (2021): Kontroverse um Meinungs- und Wissenschaftsfreiheit. https://www.linksnet.de/artikel/48207 (Zugriff am 06.07.2021).

Henze, J. (2018): Theorie-Inseln und Praxis-Camps: Horizonte der Interkulturellen Kompetenzdiskussion. In: E. Rößler (Hg.): Wilhelm, Alexander und wir: Einheit von Lehre und Forschung im Fremdsprachenunterricht (S. 89–136). Bochum.

Henze, J. (2020): Horizonte der interkulturellen Kompetenzdiskussion. In: A. Moosmüller (Hg.): Interkulturelle Kompetenz. Kritische Perspektiven (S. 57–98). Gütersloh.

Henze, J./Nguyen, U. (2011): Interkulturelle Kommunikation aus erziehungswissenschaftlicher Sicht. In: A. Moosmüller (Hg.): Interkulturelle Kommunikation. Konturen einer wissenschaftlichen Disziplin (S. 97–118). Münster.

Herriger, N. (2020): Empowerment in der Sozialen Arbeit. Eine Einführung (6. Aufl.). Stuttgart.

Hillmann, K.-H. (1994): Wörterbuch der Soziologie (4. Aufl.). Stuttgart.

Hilal, M. (2018): Ich bin kein Kanake, und du wahrscheinlich auch nicht. https://www.disorient.de/magazin/ich-bin-kein-kanake-und-du-wahrscheinlich-auch-nicht (Zugriff am 21.03.2022).

Hooks, B. (1989): Talking Back. Thinking Feminist. Thinking Black. Boston.

Hofstede G./Hofstede G. J./Minkov, M. (2017): Lokales Denken, globales Handeln. Interkulturelle Zusammenarbeit und globales Management (3. Aufl.). München.

Hormel, U./Jording, J. (2016): Kultur/Nation. In: P. Mecheril (Hg.): Migrationspädagogik (S. 211–225). Weinheim.

Hornscheidt, A. L./Nduka-Agwu, A. (2010): Der Zusammenhang zwischen Rassismus und Sprache. In: A. Nduka-Agwu/A. L. Hornscheidt (Hg.): Rassismus auf gut Deutsch. Ein kritisches Nachschlagewerk zu rassistischen Sprachhandlungen (S. 11–49). Frankfurt am Main.

Huppertz, N./Schinzler, E. (1995): Grundfragen der Pädagogik. Eine Einführung für sozialpädagogische Berufe (10. Aufl.). Köln.

Informations- und Dokumentationszentrum für Antirassismusarbeit e. V. (o. J.): Glossar. https://www.idaev.de/recherchetools/glossar (Zugriff am 08.07.2021).

Interkultur Ruhr (2020): Maşallah Dortmund: Tunay Önder vom migrantenstadl ruft zur Kanakisierung in die Nordstadt. https://interkultur.ruhr/notiz/masallah-dortmund-tunay-oender-vom-migrantenstadl-ruft-zur-kanakisierung-in-die-nordstadt (Zugriff am 27.01.2022).

Jablonka, F. (2015): Herders Kugelmodell der Kultur die Kugel geben – eine runde Sache. https://www.tabularasamagazin.de/herders-kugelmodell-der-kultur-die-kugel-geben-eine-runde-sache-2/ (Zugriff am 31.01.2021).

JFF – Institut für Medienpädagogik (o. J.): Migrantisierte Menschen. https://rise-jugendkultur.de/glossar/migrantisierte-menschen/ (Zugriff am 23.07.2021).

JFF – Institut für Medienpädagogik (o. J.): Race. https://rise-jugendkultur.de/glossar/race/ (28.11.2021).

Kahneman, D. (2017): Schnelles Denken, langsames Denken. München.

Kalpaka, A./Mecheril, P. (2010): »Interkulturell«. Von spezifisch kulturalistischen Ansätzen zu allgemein reflexiven Perspektiven. In: S. Andresen/K. Hurrelmann/C. Palentien/W. Schröer (Hg.): Migrationspädagogik (S. 77–91). Weinheim/Basel.

Kanak Attak (1998): Kanak Attak und Basta! https://www.kanak-attak.de/ka/down/pdf/manifest_d.pdf (Zugriff am 05.12.2021).

Kanter, R. M. (1977): Some Effects of Proportions on Group Life: Skewed Sex Ratios and Responses to Token Women. American Journal of Sociology, 82 (5), 965–990.

Keller, C. (2013): Jilet Ayse ist die prollige Neuköllner Göre. https://www.tagesspiegel.de/berlin/kabarettistin-idil-baydar-in-der-bar-jeder-vernunft-jilet-ayse-ist-die-prollige-neukoellner-goere/8725048.html (Zugriff am 26.11.2021).

Keller, R. (2007): Diskursforschung. Eine Einführung für SozialwissenschaftlerInnen. Wiesbaden.
Kermani, N. (2015): Wer ist Wir? Deutschland und seine Muslime. München.
Kilomba, G. (2008): Plantation Memories. Episodes of Everyday Racism. Münster.
Köck, P./Ott, H. (1994): Wörterbuch für Erziehung und Unterricht (5. Aufl.). Donauwörth.
Kohl, P. (2013): Aufwertung und Identität im transkulturellen Raum. Divergierende Konzeptionen zweier Mannheimer Stadtquartiere. Wiesbaden.
Kourabas, V. (2019): Sprache – Macht – Rassismus: Eine Einführung. In: Bezirksregierung Arnsberg (Hg.): Arbeitspapier. Denkanstöße für eine rassismuskritische Perspektive auf kommunale Integrationsarbeit in den Kommunalen Integrationszentren – Ein Querschnittsthema (S. 19–26). www.stadt-muenster.de/fileadmin//user_upload/stadt-muenster/v_zuwanderung/pdf/Denkanstoesse_fuer_eine_rassismuskritische_Perspektive_finale_Fassung.pdf (Zugriff am 05.07.2021).
Kourabas, V. (2021): Die Anderen ge-brauchen. Eine rassismustheoretische Analyse von ›Gastarbeit‹ im migrationsgesellschaftlichen Deutschland. Bielefeld.
Kroger, J./Marcia, J. E. (2011): The Identity Statuses: Origins, Meanings, and Interpretations. In: S. J. Schwartz/K. Luyckx/V. Vignoles (Hg.): Handbook of Identity Theory and Research (S. 31–53). New York.
Lange, M./Pagels, N. (2000): Interkulturelle Kompetenz. Zeitschrift für Migration und Soziale Arbeit, 1/2000, S. 10–15.
Leenen, W. R./Groß, A./Grosch, H. (2016): Interkulturelle Kompetenz in der Sozialen Arbeit. In: G. Auerheimer (Hg.): Interkulturelle Kompetenz und pädagogische Professionalität (4. Aufl.; S. 105–126). Wiesbaden.
Leggewie, C. (2001): Politik im 21. Jahrhundert. Berlin.
Lesben- und Schwulenverband (o. J.): Glossar der Vielfalt. Was ist queer? https://www.lsvd.de/de/ct/3385-Was-bedeutet-LSBTI-Glossar-der-sexuellen-und-geschlechtlichen-Vielfalt#:~:text=Queer%20wird%20h%C3%A4ufig%20als%20Sammelbegriff,%2F%20%E2%80%9Eschwul%E2%80%9C%20zu%20bezeichnen (28.11.2021).
Marschke, B./Brinkmann, H. U. (Hg.) (2015): »Ich habe nichts gegen Ausländer, aber ...«: Alltagsrassismus in Deutschland. Berlin.
Maslow, A. (1943): A Theory of Human Motivation. Toronto.
Mayer, C. H. (2019): Trainingshandbuch Interkulturelle Mediation und Konfliktlösung. Didaktische Materialien zum Kompetenzerwerb (3. Aufl.). Münster.
Mbembe, A. (2014): Kritik der schwarzen Vernunft. Berlin.
MDR (2019): Der polnischen Kirche rennt die Jugend davon. https://www.mdr.de/nachrichten/welt/osteuropa/land-leute/immer-weniger-polen-glauben-100.html (Zugriff am 22.11.2021).
Mecheril, P. (1999): Wer spricht über wen? Gedanken zu einem (re-)konstruktiven Umgang mit dem Anderen des Anderen in den Sozialwissenschaften. In: W.-D. Bukow/M. Ottersbach (Hg.): Fundamentalismusverdacht. Plädoyer für eine Neuorientierung der Forschung im Umgang mit allochthonen Jugendlichen (S. 231–266). Opladen.
Mecheril, P. (2004): Einführung in die Migrationspädagogik. Weinheim/Basel.
Mecheril, P. (2010a): Die Ordnung des erziehungswissenschaftlichen Diskurses in der Migrationsgesellschaft. In: S. Andresen/K. Hurrelmann/C. Palentien/W. Schröer (Hg.): Migrationspädagogik (S. 54–76). Weinheim/Basel.
Mecheril, P. (2010b): Migrationspädagogik. Hinführung zu einer Perspektive. In: S. Andresen/K. Hurrelmann/C. Palentien/W. Schröer (Hg): Migrationspädagogik (S. 7–22). Weinheim/Basel.
Mecheril, P. (2013): »Kompetenzlosigkeitskompetenz«. Pädagogisches Handeln unter Einwanderungsbedingungen. In: G. Auernheimer (Hg.): Interkulturelle Kompetenz und pädagogische Professionalität (4. Aufl.; S. 15–35). Wiesbaden.
Mecheril, P. (2016): Migrationspädagogik – ein Projekt. In: P. Mecheril (Hg.): Handbuch Migrationspädagogik (S. 8–30). Weinheim.

Mecheril, P. (2018): Solidarität als Anspruch rassismuskritischer politischer Bildung. In: Allianzen bilden in der Migrationsgesellschaft (S. 3–7). Düsseldorf.

Messerschmidt, A. (2008): Postkoloniale Erinnerungsprozesse in einer postnationalsozialistischen Gesellschaft – vom Umgang mit Rassismus und Antisemitismus. PERIPHERIE. Zeitschrift für Wirtschaft und Ökonomie in der Dritten Welt, 28 (109/110), 42–60.

Messerschmidt, A. (2009): Weltbilder und Selbstbilder. Bildungsprozesse im Umgang mit Globalisierung, Migration und Zeitgeschichte. Frankfurt am Main.

Messerschmidt, A. (2010): Distanzierungsmuster. Vier Praktiken im Umgang mit Rassismus. In: A. Broden/P. Mecheril (Hg.): Rassismus bildet. Bildungswissenschaftliche Beiträge zur Normalisierung und Subjektivierung in der Migrationsgesellschaft (S. 41–57). Bielefeld.

Messerschmidt, A. (2011): Rassismusanalyse in einer postnationalsozialistischen Gesellschaft. In: C. Melter/P. Mecheril (Hg.): Rassismuskritik. Theorie und Forschung. Band 1 (S. 59–74). Schwalbach im Taunus.

Messerschmidt, A. (2014): Kritik und Engagement in den Uneindeutigkeiten von Befreiung, Unterdrückung und Vereinnahmung. In: A. Broden/P. Mecheril (Hg.): Solidarität in der Migrationsgesellschaft. Befragung einer normativen Grundlage (S. 37–52). Bielefeld.

Migazin (2016): Hälfte der Türkeistämmigen fühlt sich als Bürger zweiter Klasse. https://www.migazin.de/2016/06/17/studie-haelfte-tuerkeistaemmigen-buerger-klasse/ (Zugriff am 31.12.2020).

Mohseni, M. (2020): Empowerment-Workshops von People of Color für People of Color. Von den Gelingensbedingungen von Empowerment in der Bildungsarbeit. In: B. Jagusch/Y. Chehata (Hg.): Empowerment und Powersharing: Ankerpunkte – Positionierungen – Arenen (S. 264–275). Weinheim.

Moore, C. W. (2014): The Mediation Process: Practical Strategies for Resolving Conflict (4. Aufl.). San Francisco.

Motte, J./Ohlinger R. (2004): Geschichte und Gedächtnis in der Einwanderungsgesellschaft. Migration zwischen historischer Rekonstruktion und Erinnerungspolitik. Essen.

Müller, B. (2011): Empirische Identitätsforschung. Personale, soziale und kulturelle Dimensionen der Selbstverortung. Wiesbaden.

Münch, R. (2002): Soziologische Theorie. Bd. 2. Frankfurt am Main.

Nassir-Shahnian, N. (2013): Dekolonisierung und Empowerment. In: Heinrich-Böll-Stiftung (Hg.): Empowerment. Dossier (S. 16–25). Berlin.

Nassir-Shahnian, N. (2020): Powersharing: es gibt nichts Gutes, außer wir tun es! Vom bewussten Umgang mit Privilegien und der Verantwortlichkeit für soziale (Un-)Gerechtigkeit. In: B. Jagusch/Y. Chehata (Hg.): Empowerment und Powersharing: Ankerpunkte – Positionierungen – Arenen (S. 29–42). Weinheim.

Neue deutsche Medienmacher*innen e. V. (o. J.): NdM-Glossar. Wörterverzeichnis der Neuen deutschen Medienmacher*innen (NdM) mit Formulierungshilfen, Erläuterungen und alternativen Begriffen für die Berichterstattung in der Einwanderungsgesellschaft. https://glossar.neuemedienmacher.de/glossar/filter:a/ (Zugriff am 28.11.2021).

neue deutsche organisationen (2020): Manifest für eine plurale Gesellschaft. https://neuedeutsche.org/de/artikel/manifest-fuer-eine-plurale-gesellschaft-1/ (Zugriff am 05.12.2021).

Ngũgĩ wa, Thiong'o (2011): Lehren der Sklaverei. Das Vermächtnis des Versklavungshandels in der modernen Gesellschaft. In: S. Arndt/N. Ofuatey-Alazard (Hg.): Wie Rassismus aus Wörtern spricht. (K)Erben des Kolonialismus. Ein kritisches Nachschlagewerk (S. 100–102). Münster.

Noack, J. (2010): Erik H. Erikson: Identität und Lebenszyklus. In: B. Jörisson/J. Zirfas (Hg.): Schlüsselwerke der Identitätsforschung (S. 37–53). Wiesbaden.

Odağ, Ö./Wallin, H. R./Kedzior, K. K. (2015): Definition of Intercultural Competence According to Undergraduate Students at an International University in Germany. Journal of Studies in International Education, 5/2015, 1–22.

Oetzel, J. G./Ting-Tomey, S. (2001): Managing Intercultural Conflicts Effectively. Thousands Oaks.
Oetzel, J. G./Ting-Tomey, S. (2003): Face Concerns in Interpersonal Conflict. A Cross-Cultural Empirical Test of the Face Negotiation Theory. Communication Research, 30 (6), 599–624.
Önder, T./Mustafa, I. (2016): Migrantenstadl. Münster.
Perko, G. (2020): Social Justice und Radical Diversity. Veränderungs- und Handlungsstrategien. Weinheim.
Rathje, S. (2003): Holzhammer und Mimose – Interkulturelles Konfliktverhalten in der deutsch-thailändischen Zusammenarbeit. http://www.interculture-journal.com/index.php/icj/article/view/10/11 (Zugriff am 28.11.2021).
Reuter, J./Mecheril, P. (2015): Schlüsselwerke der Migrationsforschung. Pionierstudien und Referenztheorien. Wiesbaden.
Reuters (2018): Merkel widerspricht Seehofer – »Islam gehört zu Deutschland«. https://www.reuters.com/article/deutschland-islam-merkel-idDEKCN1GS1RX (Zugriff am 08.08.2021).
Riese, D. (2019): »Wir messen mit zweierlei Maß«. Interview mit Journalistin Ferda Ataman. https://taz.de/Interview-mit-Journalistin-Ferda-Ataman/!5578306/ (Zugriff am 26.11.2021).
Rose, N. (2012): Migration als Bildungsherausforderung: Subjektivierung und Diskriminierung im Spiegel von Migrationsbiographien. Bielefeld.
Rosenstreich, G. (2006): Von Macht, Zugehörigkeiten und Zwischenräumen: Empowerment und Powersharing in interkulturellen und Diversity Workshops. In: G. Elverich/A. Kalpaka/K. Reindlmeier (Hg.): Spurensicherung – Reflexion von Bildungsarbeit in der Einwanderungsgesellschaft (S. 195–231). Berlin.
Rosenstreich, G. (2009): Empowerment in der politischen Bildungsarbeit mit MigrantInnen. In: D. Lange/A. Polat (Hg.): Unsere Wirklichkeit ist anders. Migration und Wirklichkeit. Bundeszentrale für politische Bildung (S. 233–245). Bonn.
Rosenstreich, G. (2018): Empowerment und Powersharing – eine Einführung. Überblick. Zeitschrift des Informations- und Dokumentationszentrums für Antirassismusarbeit in Nordrhein-Westfalen, 2/2018, 7–10.
Rudolph, H. (2008): Alles eine Frage der Zeit? Geschlechterpolitik über Zeitpolitik. https://www.uni-due.de/imperia/md/content/ekfg/sb_rudolph.pdf (Zugriff am 18.06.2021).
Schmid, S. (2005): Interkulturelle Trainings im Dienste der Integrationsförderung. http://www.bdp-bw.de/backstage2/baw/documentpool/pdf_lpt2005/Trainings%20Migrafoerderung%20internet%20version.pdf (Zugriff am 26.11.2021).
Schroll-Machl, S. (2013): Die Deutschen – Wir Deutsche. Fremdwahrnehmung und Selbstsicht im Berufsleben (4. Aufl.). Göttingen.
Schugk, M. (2004): Interkulturelle Kommunikation: Kulturbedingte Unterschiede in Verkauf und Werbung. München.
Spektrum (2001): Ethnie. https://www.spektrum.de/lexikon/geographie/ethnie/2209 (Zugriff am 01.08.2021).
Spielhaus, R. (2018): Zwischen Migrantisierung von Muslimen und Islamisierung von Migranten. In: N. Foroutan/J. Karakayali/R. Spielhaus (Hg.): Postmigrantische Perspektiven (S. 129–143). Bonn.
Stangl, W. (2021): Struktur-Modell der Psyche. Lexikon für Psychologie und Pädagogik. https://lexikon.stangl.eu/4394/struktur-modell-der-psyche (Zugriff am 05.12.2021).
Statistisches Bundesamt (2019): Mikrozensus. Bevölkerung und Erwerbstätigkeit. Bevölkerung und Migrationshintergrund. https://www.destatis.de/DE/Themen/Gesellschaft-Umwelt/Bevoelkerung/Migration-Integration/Publikationen/Downloads-Migration/migrationshintergrund-2010220197004.pdf?__blob=publicationFile (Zugriff am 08.07.2021).
Statistisches Bundesamt (2020a): Bevölkerung mit Migrationshintergrund 2019 um 2,1 % gewachsen: schwächster Anstieg seit 2011. https://www.destatis.de/DE/Presse/Pressemitteilungen/2020/07/PD20_279_12511.html#:~:text=WIESBADEN%20%E2%80%93%20Im%20Jahr%202019%20hatten,%3A%20%2C8%20Millionen (Zugriff am 08.07.2021).

Statisches Bundesamt (2020b): Familie heute. Daten. Fakten. Trends. Familienreport 2020. https://www.bmfsfj.de/blob/163108/edcf52db42aa6bc27683f797f16a350e/familienreport-2020-familie-heute-daten-fakten-trends-data.pdf (Zugriff am 29.11.2021).

Stjepandić, K./Karakayali, S. (2018): Solidarität in postmigrantischen Allianzen: Die Suche nach dem Common Ground jenseits individueller Erfahrungskontexte. In: N. Foroutan/J. Karakayali/R. Spielhaus (Hg.): Postmigrantische Perspektiven. Ordnungssysteme, Repräsentationen, Kritik (S. 237–252). Bonn.

Süssmuth, R. (2015): »Wir brauchen ein Einwanderungsgesetz«. https://mediendienst-integration.de/artikel/15-jahre-zuwanderungskommission-rita-suessmuth-einwanderungsgesetz.html (Zugriff am 27.11.2021).

Tank, G./El, M./Lehmann, J. M. (2020): IN.POWERMENT – neue deutsche organisationen: ein inklusives Netzwerk. In: B. Jagusch/Y. Chehata (Hg.): Empowerment und Powersharing: Ankerpunkte – Positionierungen – Arenen (S. 117–122). Weinheim.

Terkessidis, M. (2004): Die Banalität des Rassismus. Migranten zweiter Generation entwickeln eine neue Perspektive. Bielefeld.

Thomas, A. (2003): Psychologie interkulturellen Handelns (2. Aufl.). Göttingen.

Thomas, A. (2005): Kultur und Kulturstandards. In: A. Thomas/E. Kinast/S. Schroll-Machl (Hg.): Handbuch Interkulturelle Kommunikation und Kooperation. Band 1 (2. Aufl.; S. 19–31). Göttingen.

Thomas, A. (2011): Interkulturelle Handlungskompetenz. Versiert, angemessen und erfolgreich im internationalen Geschäft. Wiesbaden.

Thomas, A./Utler, A. (2012): Kultur, Kulturdimensionen und Kulturstandards. In: P. Genkova/T. Ringeisen/F. T. L. Leong (Hg.): Handbuch Stress und Kultur (S. 41–58). Wiesbaden.

Thrien, U. (2015): Critical Whiteness. Rassismus und Weiß-Sein. In: Woher komme ich? Reflexive und methodische Anregungen für eine rassismuskritische Bildungsarbeit (S. 109–113). Stuttgart.

Thurm, F. (2014): Und woher kommst du wirklich? https://www.zeit.de/gesellschaft/zeitgeschehen/2014-08/deutsch-identitaet-migranten-sarrazin (Zugriff am 05.12.2021).

Ting-Toomey, S. (2004): Translating conflict face-negotiation theory into practice. In: D. Landis/J. Bennett (Hg.): Handbook of intercultural training (3. Aufl.; S. 217–248). Thousand Oaks.

Tißberger, M. (2017): Critical Whiteness. Zur Psychologie hegemonialer Selbstreflexion an der Intersektion von Rassismus und Gender. Wiesbaden.

Tißberger, M. (2020): Critical Whiteness als Maxime des Powersharings. In: B. Jagusch/Y. Chehata (Hg.): Empowerment und Powersharing: Ankerpunkte – Positionierungen – Arenen (S. 84–95). Weinheim.

Velho, A. (2010): (Un-)Tiefen der Macht. Subjektivierung unter den Bedingungen von Rassismuserfahrungen in der Migrationsgesellschaft. In: A. Broden/P. Mecheril (Hg.): Rassismus bildet (S. 113–137). Bielefeld.

Velho, A. (2015): Alltagsrassismus erfahren. Prozesse der Subjektbildung – Potenziale der Transformation. Bern u. a.

Villa, P.-I. (2003): Judith Butler. Frankfurt am Main.

Virtuelles Migrationsmuseum (o. J.): Ausländerpädagogik. https://virtuelles-migrationsmuseum.org/Glossar/auslaenderpaedagogik/ (Zugriff am 16.07.2021).

von Kardorff, E. (2009): Goffmans Stigma-Identitätskonzept – neu gelesen. In: H. Willems (Hg.): Theatralisierung der Gesellschaft. Band 1: Soziologische Theorie und Zeitdiagnose (S. 137–161). Wiesbaden.

Walgenbach, K. (2005): ›Weißsein‹ und ›Deutschsein‹ – historische Interdependenzen. In: M. Eggers/G. Kilomba/P. Piesche/S. Arndt (Hg.): Mythen, Masken und Subjekte. Kritische Weißseinsforschung in Deutschland (S. 377–393). Berlin.

Weiß, A. (2001): Was macht interkulturelle Konflikte aus? Kulturelle Differenzen, ethnische Identitäten und die Frage der Macht. Journal für Konflikt- und Gewaltforschung, 3 (2), 87–110.

Wossagk, B. (2021): »Niemand muss sich rechtfertigen, dass er rassistisch denkt, sondern nur, wenn er nichts daran ändert«. Soziologe Aladin El-Mafaalani im Interview. https://www.br.de/radio/bayern2/sendungen/zuendfunk/interview-mit-aladin-el-mafaalani-ueber-identitaets-politik-100.html (Zugriff am 04.04.2021).

Yıldız, E. (2016): Das strategische Geflecht von Migration, Ethnizität und Geschlecht. Österreichische Zeitschrift für Soziologie, 3 (41), 29–45.

Yıldız, E. (2018): Ideen zum Postmigrantischen. In: N. Foroutan/J. Karakayali/R. Spielhaus (Hg.): Postmigrantische Perspektiven. Ordnungssysteme, Repräsentationen, Kritik (S. 19–34). Bonn.

Zingher, E. (2019): »Wir müssen nicht mehr stark sein«. Rapperin Ebow über Identität. https://taz.de/Rapperin-Ebow-ueber-Identitaet/!5621512 (Zugriff am 04.04.2021).

Downloadmaterial

Download unter:
www.vandenhoeck-ruprecht-verlage.com/interkulturellekonfliktkompetenz

Code für Download-Material:
S!lvflwx